湖北省学术著作
Hubei Special Funds for Academic Publications 出版专项资金

中华文化系

丛书主编　李建中

神：中华文化的幽情壮采

孙盼盼　著

WUHAN UNIVERSITY PRESS
武汉大学出版社

图书在版编目(CIP)数据

神:中华文化的幽情壮采/孙盼盼著.—武汉:武汉大学出版社,2021.4(2022.4 重印)

中华字文化大系/李建中主编

湖北省学术著作出版专项资金资助项目

ISBN 978-7-307-21977-9

Ⅰ.神…　Ⅱ.孙…　Ⅲ.中华文化—研究　Ⅳ.K203

中国版本图书馆 CIP 数据核字(2020)第 234743 号

责任编辑:蒋培卓　　责任校对:汪欣怡　　版式设计:马　佳

出版发行:**武汉大学出版社**　(430072　武昌　珞珈山)

(电子邮箱:cbs22@ whu.edu.cn　网址:www.wdp. com.cn)

印刷:武汉邮科印务有限公司

开本:720×1000　1/16　印张:20　字数:276 千字　插页:1

版次:2021 年 4 月第 1 版　2022 年 4 月第 2 次印刷

ISBN 978-7-307-21977-9　定价:79. 00 元

总序　字孳字乳的文化：中华文化的“字”生性特征

李建中

人类轴心期五大文明(古巴比伦、古埃及、古希腊、古印度、古中国)，惟有华夏文明传承至今，生生不息，个中缘由非常复杂，但文字的特性无疑是重要因素之一。同为轴心期文明，拉丁语的最小单位(字母)是无意义的，而汉语的最小单位(包括部首在内的字)则能显现独立甚至全息的意义，一字一世界，一字一意境。在漫长的历史演变过程中，方块字既没有被梵化，也没有被拉丁化，中国文化因之分久必合，华夏文明因之亘古至今。

东汉许慎(约56—147)《说文解字·叙》曰：“字者，言孳乳而浸多也。”①孳者孳生，乳者哺乳。从观念和思想的层面论，方块字是中华文化之母，不仅孕生而且哺育了中华文化，会意指事、形声并茂地建构起中华文化的意义世界。《周易》讲“鼓天下之动者存乎辞”，许慎讲“盖文字者，经艺之本，王政之始”，刘勰讲“心生而言立，言立而文明”，金圣叹讲“以文运事，因文生事”，一直到鲁迅讲“自文字至文章”和陈寅恪讲“凡解释一字，即是做一部文化史”，均可视为从不同层面揭示中华文化的“字”生性特征。

中华文化产生、传承并能在长久历程中与多种外来文化交流而生生

① (汉)许慎撰，(清)段玉裁注：《说文解字注》，上海古籍出版社1981年版，第754页。

不息，与汉字密切相关。汉字是一种世界上非常独特的文字，每个汉字独立且集音、形、义于一体。在上古，汉语以单音词为主，其中有些单音词成为中国文化的核心词，作为中华文化之元（本原与起源），在其后不断的演变中扩展、丰富。我们这套《中华字文化大系》，精选奠基华夏文明、代表中国文化特征的100个汉字（又可以称为“中华文化关键词”或“中华文化核心词”），一个字一本书，对每个字既作“原生—沿生—再生”之源流清理，又作“字根—坐标—转义”之义理阐释，从而在文化思想、社会政治、智性审美、民族心理乃至民风民俗、日常生活等多元面向，标举中华文化的“字”生性特征，建构中华文化的话语体系，彰显中华文化的巨大影响力和恒久生命力，为海内外广大读者奉献中华字文化高远的美学意境和深广的意义世界。

南朝刘勰（约465—521）《文心雕龙·序志》曰：“若乃论文叙笔，则囿别区分，原始以表末，释名以章义，选文以定篇，敷理以举统，上篇以上，纲领明矣。”①“原始以表末”四句，既是《文心雕龙》的理论纲领，又是刘勰文学理论批评的基本原则。刘勰的“文学”是广义的文学，与我们今天所说的狭义的“文化”（即小文化或称观念形态的文化）大体上是相通甚至是重合的。因此，刘勰《文心雕龙》“论文叙笔”的四项基本原则，完全适用于我们这套《中华字文化大系》（以下简称《大系》）对汉字的诠解与阐释。《大系》各分册对所选汉字（以下简称“本字”）的解读，大体上在“释名章义”“原始表末”“选文定篇”和“敷理举统”等层面深入展开。

第一，释名章义。名不正则言不顺，言不顺则事不成。“字”的定义（内涵与外延）尚未厘清，文化阐释从何谈起？本《大系》所精选的汉字，大多是上古时代以单个方块字为词的核心观念或术语，既有形、声、义三大基本要素，又有从殷商卜辞到六国文字到篆、隶、草、行的

① 本书所引《文心雕龙》，均据范文澜：《文心雕龙注》，人民文学出版社1958年版。下不另注。

历史演变，其语义还有词根义、引申义、转借义、修辞义以及词性活用的不同。凡此种种，各分册在诠解本字时，都是需要讲清楚的。

第二，原始表末。不述先哲之诰，无益后生之虑。本字的语义嬗变，既标识不同时代的文化观念，又贯通不同时代的文化命脉，故须从历史的层面对本字的语义嬗变作出阶段性清理和分时段呈现，尤其要注意在外来文化（如古代的佛学和近现代的西学）影响下，本字与异域文化的冲突与融合。

第三，选文定篇。单个的字，活在文本之中。这里所说的“文本”，既包括传世文书如文史哲经典等，也包括出土文物如简帛、铭器等，还包括民间的和日常生活的口传文化。各分册对本字的解读，须借助多类文本以及由文本所构成的复杂语境，依凭丰富多元、翔实鲜活的语言材料，叙述并阐释本字所涵泳的智性审美、民族心理乃至民风民俗等多重旨趣。

第四，敷理举统。本《大系》所精选的汉字，大多具有全息特征，一字一意境，一字一世界，会意指事、形声并茂地呈现出中华文化高远的美学意境和深广的意义世界。故各分册对本字的诠释和解读，还需要从思想文化的深度，剖析本字所包蕴的哲学、伦理、宗教、政治、文学、艺术等多重语义内涵，概括并揭示本字对于中国文化乃至世界文明的独特价值和意义。

在囊括上述四项基本内容的前提之下，本《大系》的各个分册的入思路径、整体框架、章节设计乃至撰著风格等，既因“字”（本字）而异，又因“人”（著者）而异，但在总体上具有鲁迅《汉文学史纲要》所称颂的汉字“三美”：“意美以感心，一也；音美以感耳，二也；形美以感目，三也。”

一、文字乃经艺之本，王政之始

许慎的《说文解字》，其《叙》称“文字者，经艺之本，王政之始”。陈梦家（1911—1966）《中国文字学》指出，汉代以前，文字的名称经历了三个时期：首称文字为“文”（如《左传》有“夫文止戈为武”、“故文反正为乏”和“于文皿虫为蛊”），次称文字为“名”（如《论语》“必也正名乎”皇疏引郑注“古者曰名，今世曰字”），末称“文”“名”为“文字”（如秦始皇《琅琊台刻石》“同书文字”）并沿用至今。①章太炎（1869—1936）《国故论衡》曰：“文学者，以有文字著于竹帛，故谓之文。论其法式，谓之文学。”②这里所说的“文学”是广义上的，与狭义的“文化”（即观念形态的文化或曰小文化）大体重合。从字面上看，章太炎似将文化与文字等同；究其奥义，则是从源头（竹帛）处找到汉语文化与汉语文字的内在关联。章太炎又称“凡文理、文字、文辞，皆称文”，可见“文字”还包括了“名”“言”“辞”等。在中华文化的产生、生成乃至生生不息之中，汉语的文字扮演着“名”正言顺、一“言”九鼎和“辞”动天下之重要角色。

章太炎《国故论衡》称“榷论文学，以文字为准”③，“以文字为准”是中国文化及文学研究的一大传统，这里的“准”既有标准、法式之义，亦有本根、源起之义。刘勰的“文章”颇类似于章太炎的“文学”，也是广义上的，与“文化”重合。刘勰著《文心雕龙》，专门辟有《练字》一篇，叙述“字”的历史，表彰“字”的伟绩，楬櫫“字”的诸种功能。《练字》篇论“字”从仓颉造字说起：“仓颉造之，鬼哭粟飞；黄帝用之，官治民察。”仓颉造字是华夏文明史上伟大的文化事件，动天地泣鬼神，孳文明乳文化。汉字的历史也就是中华文化的历史，汉字的功绩也就是中华文化的功绩，故《文心雕龙·序志》讲“文”之功德时称“君臣所以炳焕，军国所以昭明”，亦即《练字》篇所言“官治民察”。刘勰之前，东汉许慎曰：“盖文字者，经艺之本，王政之始，前人所以垂后，后人所以

---

① 陈梦家：《中国文字学》，中华书局2006年版，第255页。

② 章太炎：《国故论衡》，上海古籍出版社2003年版，第49页。

③ 章太炎：《国故论衡》，上海古籍出版社2003年版，第49~50页。

识古。故曰'本立而道生'，'知天下之至啧(赜)而不可乱也'。"①许慎"故曰"所引两段文字，前者出自《论语·学而》，后者出自《周易·系辞上传》。由此可见，从《论语》到《易传》，从《说文解字》到《文心雕龙》，中华元典对"字"之文化本根义的体认是一以贯之的。

《练字》篇称"字"乃"言语之体貌""文章之宅宇"，汉语的方块字是言语的生命体，是文章的宅基和家园。《尔雅》有"言者，我也"，"我"以何"言"？字。故《练字》篇说"心既托声于言，言亦寄形于字"。无言，心何以托？无字，言何以寄？《文心雕龙·章句》赞"字"，称其"振本而末从，知一而万毕"，亦即许慎所言"经艺之本，王政之始"。字乃统末之本，驭万之一。《章句》篇胪列"立言"的四大要素(字、句、章、篇)，"字"居其首，"字"立其本："夫人之立言，因字而生句，积句而成章，积章而成篇。"无论是单篇的文章还是观念形态的文化，其创制孳乳，其品赏识鉴，都是从一个一个的方块"字"开始的。②在源起与流变、创制与识鉴、传播与接受等多重意义上，"字"皆为文化之"始"或"本"，故在此意义上可以说"字生文化"。

许慎《说文解字》对"字"这个汉字的解释是"乳也。从子在宀下，子亦声"。段玉裁(1735—1815)注曰："人及鸟生子曰乳，兽曰产。引申之为抚字，亦引申之为文字。《叙》云：'字者，言孳乳而浸多也。'"③字者，孳乳也。"孳"是生孩子，"乳"是哺孩子。由"字"我们想到"孕"，两个汉字都是会意："孕"还只是十月怀胎，"字"则不仅是一朝分娩，更是含辛茹苦地将孩子抚养成人；"孕"还只是怀一个孩子(胎)，"字"则是生产并哺育一个又一个的孩子，引而申之，则表明一个字可

① (汉)许慎撰，(清)段玉裁注：《说文解字注》，上海古籍出版社1981年版，第763页。

② 民间将文人著书立说称之为"码字"，将接受者的文化解读称之为"识文断字"，亦可见对文化活动中"字"元素的高度重视。

③ (汉)许慎撰，(清)段玉裁注：《说文解字注》，上海古籍出版社1981年版，第743页。

衍生出许多个词和短语。段玉裁为《说文解字·叙》“字者，言孳乳而浸多也”作注时，还将“字”拿来与“名”和“文”相比较，先讲“名者自其有音言之，文者自其有形言之，字者自其滋生言之”，后说“独体曰文，合体曰字”，强调的都是“字”的“孳乳”“浸多”“滋生”“合体(再造)”之功能。

当然，许慎和段玉裁说“字”，还只是在小学(文字学)的场域内讨论“字”的孳乳性或繁衍力。如果我们将“字，孳乳也”放在广阔的文化领域，来追问并验明“文字”与“文化”的血缘关系，则不难发现中华文化的字生性特征。《文心雕龙》开篇“原道”，追溯“文”即文化之本原与起源，《原道》篇在为“文”释名章义即解决了“文”的本原问题之后，继之回答“文”的起源问题：“自鸟迹代绳，文字始炳，炎皞遗事，纪在三坟。”从“唐、虞文章”到“益、稷陈谟”，从夏后氏“九序惟歌”到周文王“繇辞炳曜”，从周公旦“制诗辑颂”到孔夫子“熔钧六经”，刘勰为我们描述的这一部上古文化史，分明滥觞于“文字始炳”，分明嬗变为文字的“符采复隐，精义坚深”，又分明完成于先秦圣哲的“组织辞令”、“斧藻群言”。

《原道》篇的上古文化史在论及商周文化时，称“逮及商周，文胜其质，《雅》《颂》所被，英华日新”，这是伟大的《诗经》时代，这是辉煌的风雅颂时代。商周始祖的“英华”记录在《雅》《颂》文字之中。商的始祖是契，契建国于商；周的始祖是后稷，后稷的母亲是姜嫄。再往上追问：契乃谁生？姜嫄如何生后稷？幸好，我们有《诗经》的文字：《商颂·玄鸟》说“天命玄鸟，降而生商”，《大雅·生民》说“(姜嫄)履帝武敏歆，攸介攸止。载震载夙，载生载育，时维后稷”。玄鸟生商(契)，姜嫄履帝之足迹而生后稷，这是《诗经》的文字所记录的商周历史。就历史的真实而言，玄鸟不可能生商(契)，姜嫄亦不可能履帝迹而生后稷；就文化(神话与传说)的真实而论，“玄鸟生商”“姜嫄履帝迹生后稷”则不仅是“真”的，更是“美”和“善”的。而关于商周始祖的真善美的历史，与其说是《诗经》的文字所记录，还不如说是《诗经》的文字所创造。关于"字生文化"的例证，除了"玄鸟生商"和"履帝武敏歆"，还可以举出后羿射日、女娲补天、皇英嫔虞、伏羲画卦、仓颉造字……中华文化史上这些动天地泣鬼神的壮美故事，这些孳文明乳文化的伟大事件，无一不是我们的方块字所创造出来的，"字生文化"是也。

"文化"和"文字"的"文"，被许慎解释为"错画也，象交文，凡文之属皆从文"①。东汉的许慎虽读过《庄子》却未见过殷商卜辞，故不知道这个"文"就是《庄子·逍遥游》的"越人断发文身"之"文"。甲骨文中的"文"，从武丁时期到帝辛时期，均有"文身"之义："象正立之人形，胸部有刻画之纹饰，故以文身之纹为文。"②纹身所具有的符号性、象征性、修饰性、结构性和文本化，使得"文"这个独体象形的汉字成为人类最早的文化产品之一，亦成为汉语言"字生文化"的最早例证之一。如果说，人在自己身体上的交文错画是人类最早的文化行为，那么"以文身之纹为文"则是人类最早的文化识鉴和文化交往，是人对"字生文化"的感性鉴赏和理性批评。交文错画着形形色色之"文"的龟甲兽骨，虽然被掩埋在殷商帝辛的废墟之中，但"字生文化"作为华夏文明的重要特征却生生不息，历经数千载而不朽。我们今天从文明、文化、文字、文辞、文献、文学、文章、文艺、文采、文雅等众多中华文化的诸多关键词之中，从诗、词、歌、赋、曲、文、说、剧、碑、诔、铭、檄、章、奏、书、记等各体文学及文化产品之中，不难窥见掩埋在殷墟小屯的"字生文化"之元素及景观。

二、心生而言立，言立而文明

"文字"与"文化"都有一个"文"，"文"既是独体象形的上古汉字的典型代表，也是"字生文化"的典型例证。《文心雕龙》以"文"肇端(《原道》篇首句"文之为德也大矣")，以"文"终章(《序志》篇末句"文果载

---

① (汉)许慎撰，(清)段玉裁注：《说文解字注》，上海古籍出版社 1981 年版，第 425 页。

② 徐中舒主编：《甲骨文字典》，四川辞书出版社 2006 年版，第 996 页。

心，余心有寄”)，可谓始于“文”而终于“文”。《原道》篇追原“文”之“元”(原本与源起)，在很诗意也很哲理地阐释了“天之文”和“地之文”之后，水到渠成地引出“人之文”的定义：“心生而言立，言立而文明，自然之道也。”“人”(天地之心)诞生了，“字”(语言文字)才会被发明被创立；语言文字创立之后，“文”才会彰显、章明、刚健、灿烂。作为天地之心的“人”，以自己所独创的“字”(“名”“言”“辞”等)，去彰明“自然之道”，这一彰显的过程、结果及其规律就是“文”(文章、文学和文化)。如果说，《原道》篇“鸟迹代绳，文字始炳”，《章句》篇“人之立言，因字而生句”“振本而末从，知一而万毕”讲的都是文字对于文化之产生即历史起源的决定性价值，那么这里的“心生而言立，言立而文明”讲的则是文字对文化之生成即逻辑本原的规定性意义。

鲁迅《汉文学史纲要》亦借刘勰“心生而言立，言立而文明”论汉语“文章”即狭义文化的本原、起源及流传，其首篇《自文字至文章》讲文字乃文章之始：“专凭言语，大惧遗忘，故古者尝结绳而治，而后之人易之以书契”，“文字既作，固无愆误之虞矣”①，连属文字而成文章，即刘熙《释名》所云“会集众字以成辞义”，“字生文化”是也。汉娜·阿伦特《人的境况》讲人生在世须做三件事：活着，工作着，说(书写)着。② 人的工作，制作出各种文化产品，创造出灿烂的文明。而只有当人类用文字“立言”之时，才真正创造出“人之文”。或者说，人类只有凭借“立言”这种文化行为，才能创造出“言立”的文化。《左传》讲三不朽——立德、立功、立言。就“德”和“功”的历史传承而言，前人如何垂后？后人如何识古？立言。何以立言？言寄形于字，因字而生句。故刘勰的“心生而言立，言立而文明”是对中华文化“字”生性特征的高度概括。

汉语“文学”一词有文献可征者，始见于《论语·先进》：“文学：子

---

① 鲁迅：《鲁迅全集》第九卷，人民文学出版社 1982 年版，第 343~345 页。

② [美]汉娜·阿伦特著，王寅丽译：《人的境况》，上海人民出版社 2009 年版，第 14~17 页。

游，子夏。"孔子(前551—前479)的这两位高足，既不创制诗歌更不撰写小说，何来"文学"之名？杨伯峻(1909—1992)《论语译注》将此处的"文学"释为"古代文献，即孔子所传的《诗》《书》《易》等"①。这里的"文学"实际上是我们今天所说的文献学，是观念形态之"文化"的重要组成部分。中国古代，小学(文字学)是经学的根基(故十三经有《尔雅》)，经学家首先是小学家(字乃经艺之本)。《世说新语》据《论语》孔门四科而列"文学"门，叙述的是马融(79—166)、郑玄(127—200)、何晏(？—249)、王弼(226—249)、向秀(约227—272)、郭象(约252—312)这些学者注经的故事。精通小学和经学的文化大师们，统统被划归于孔儒的"文学"之门。

夜梦仲尼、以孔子为精神导师的刘勰本来是要去传注儒家经典的，但他觉得自己在经学领域很难超过马融、郑玄，就转而去撰写《文心雕龙》，其《序志》篇坦陈："敷赞圣旨，莫若注经；而马郑诸儒，弘之已精，就有深解，未足立家。唯文章之用，实经典枝条，五礼资之以成，六典因之致用，君臣所以炳焕，军国所以昭明，详其本源，莫非经典。"可见以"敷赞圣旨"即以弘扬孔儒文化为人生理想的青年刘勰，实际上是从经学(包括小学)切入"文"的研究，或者说是从经学(包括小学)与文章之关系入手建构其"文"本体。以五经为标准来考察他那个时代的"文"，刘勰很容易发现"(时文)去圣久远，文体解散，辞人爱奇，言贵浮诡，饰羽尚画，文绣鞶帨，离本弥甚，将遂讹滥"。坚守儒家文化的经学立场和小学本位，青年刘勰敏锐地看出他那个时代的"文"(时文)在"言"与"辞"(即语言文字)方面出了大问题，而问题之要害则是严重背离了儒家五经"辞尚体要"的传统："盖《周书》论辞，贵乎体要；尼父陈训，恶乎异端：辞训之异，宜体于要。于是搦笔和墨，乃始论文。"批判时文的"言贵浮诡"，回归元典的"辞尚体要"，竟然成了刘勰撰写《文心雕龙》的文化心理动因。

---

① 杨伯峻译注：《论语译注》，中华书局1980年版，第110页。

如果说《序志》篇是在“文心（为文用心）”的深潜层次讲“辞尚体要”，那么《征圣》篇和《宗经》篇则是在“雕龙（创作技法）”的精微领域讨论如何以圣人和经典为师来“辞尚体要”。二者虽有巨细之别，但其经学立场和小学本位（即“字本位”）则是一致的。《征圣》篇连续三次讲到“辞尚体要”，要求文学家学习春秋经的“一字以褒贬”和礼经的“举轻以包重”，其文字方可“简言以达旨”；学习易经的“精义以曲隐”和左传的“微辞以婉晦”，其文字方可“隐义以藏用”；学习诗经的“联章以积句”和礼经的“缛说以繁辞”，其文字方可“博文以该情”。《宗经》篇则针对“励德树声，莫不师圣，而建言修辞，鲜克宗经”之时弊，大讲特讲儒家五经在“言”“辞”即文字上的优长：易经的“旨远辞文，言中事隐”，诗经的“藻辞谲喻，温柔在诵”，书经的“通乎尔雅，文意晓然”，礼经的“采掇片言，莫非宝也”，春秋经的“一字见义，五石六鹢，以详略成文”。“五经之含文也”，宗经征圣落到实处，是要学习五经的文字功夫即雕龙技法，这也是刘勰撰著《文心雕龙》的用心之所在，苦心之所在。

青年刘勰“征圣立言”的经学立场不仅铸就其文学本体观的“字本位”，同时也酿成其文学史观的“字本位”，即从“字”的特定层面来考察文学的历史嬗变。《章句》篇讲诗歌的演变，称“笔句无常，而字有条（常）数”，诗歌句子的变化似无常规，而（每一句）字数的多少则是有规律可循的：“四字密而不促，六字格而非缓，或变之以三五，盖应机之权节也。”在刘勰的眼中，中国古代诗歌的发展演变史，落到实处，就是“字”数之多少的应变史：“二言肇于黄世，竹弹之谣是也；三言兴于虞时，元首之诗是也；四言广于夏年，洛汭之歌是也；五言见于周代，行露之章是也。六言七言，杂出诗骚；两体之篇，成于西汉。情数运周，随时代用矣。”《明诗》篇对诗歌史的描述，也是以“字有常数”为演变规律的：“四言正体，则雅润为本；五言流调，则清丽居宗。……至于三六杂言，则出自篇什；离合之发，则明于图谶；回文所兴，则道原为始；联句共韵，则柏梁余制。巨细或殊，情理同致，总归诗囿，故不繁云。”总之，一时代有一时代之诗歌，彼一时代与此一时代的诗歌之异，或短或长，或密或疏，或促或缓，或多或寡，完全取决于字数的或增或减。王国维《人间词话》说著一字而境界全出，对于诗歌创作而言，增(或减)一字则格调迥别、境界迥异，“字”之多寡，岂能以轻心掉之？

三、鼓天下之动者存乎辞

《周易·系辞上》讲到《周易》的四大功用，首条便是“以言者尚其辞”①。《周易》的文化符号包括了两大系统：卦爻象系统与卦爻辞系统，借用王弼《周易略例》的话说，前者是“象者，出意者也”，“尽意莫若象”；后者是“言者，明象者也”，“尽象莫若言”②。但是，“象”之出意尽意，完全有赖于“言”之明象尽象，若无卦爻辞的文字阐释，《周易》那么多的卦爻象究为何意是谁也弄不清楚的。因此，《系辞下》要说“是故《易》者，象也；象也者，像也”，《周易》就是象征，象征就是通过模拟外物以喻晓内意，而拟物喻意离开了“辞”是根本无法进行也无法完成的。作为修辞手法，象征有两个端点：一头是物一头是意。物何以达意指意或明意？必须有“辞”。故《周易》的经与传要用“辞”来拟物(人物、事物、景物等)出意(意义、价值、情志等)。《周易》作为中国的文化经典，其生生不息的奥秘在于斯，其动天地泣鬼神的感染力亦在于斯，故刘勰要借用《周易》的话来浩叹：“鼓天下之动者存乎辞！”

在因“五经皆文”而征圣宗经的刘勰心目中，《周易》无疑是最好的“文”(即文化经典)之一，故《文心雕龙·原道》讲述上古文明史以《周易》的原创与阐释为主线，所谓“庖牺画其始，仲尼翼其终”。《周易》的创卦者，观物而画卦，“系辞焉以尽其言，变而通之以尽利，鼓之舞之以尽神”；《周易》的观卦者，尚辞而解卦，“观其象而玩其辞”，观察卦

---

① 本书所引《周易·系辞传》，均据(清)阮元：《十三经注疏》，中华书局1980年版，第75~92页，下不另注。

② (魏)王弼注，楼宇烈校释：《王弼集校释》下册，中华书局1980年版，第609页。

爻的象征意味而探究玩味其文辞，或者反过来说，通过品味卦爻辞而领悟其象征及修辞。“辞”对于《周易》的意义是无论怎么强调也不过分的：无“辞”何以识训诂？无“辞”何以明象征？无“辞”何以成易道？无“辞”何以定乾坤？

《周易》是象思维和象言说，而《周易》的象思维和象言说，是靠“辞”(小学之训诂加上文学之修辞)来完成的。受《周易》的影响，中国古代文化历来有“尚辞”之传统，笼统而言是讲究语言文字的艺术，具体而论是注重象征、隐喻、比兴、夸饰等修辞手法。《文心雕龙》创作论二十多篇，有超过一半的篇幅是专门谈“字”说“辞”的：属于谈“字”(即讨论语言文字)的篇目有《声律》《章句》《俪辞》《练字》等，属于说“辞”(即讨论文章修辞)的有《比兴》《夸饰》《事类》《隐秀》等，属于通论二者的有如何通变(《通变》)与定势(《定势》)，如何指瑕(《指瑕》)与附会(《附会》)，如何熔裁(《熔裁》)与总术(《总术》)。广而论之，中国古代文论的批评文本，数量最巨的是历朝历代的诗话、诗式、诗格、诗法等。明清以降，继海量的“规范诗学”或“修辞诗学”，又出现热衷于作法和读法的小说戏曲评点。金圣叹《第五才子书》讲《水浒传》的创作是“因文生事”，“只是顺着笔性去，削高补低都由我”①，故“因文生事”是在叙事层面对“字生文化”的经典表述。

汉语的方块字孳生了文化，也哺乳了文化，字是文化之母。就“文字”创制与“文化”创造之关系而言，汉字的六书作为“字”的构造规律，深情地也深度地哺乳了中华文化，并成为观念形态之文化的创造规律。刘歆、班固将“象形”置于六书之首，并将六书前四项表述为“象形”“象事”“象意”“象声”②，无意中触到字乳文化之要害。鲁迅《汉文学史纲要》亦论及“六书”尤其是“象形”与文化的关系：“文字初作，首必象

① 陈曦钟、侯忠义、鲁玉川辑校：《水浒传会评本》上册，北京大学出版社1981年版，第16页。

② (汉)班固撰，(唐)颜师古注：《汉书》第6册，中华书局1982年版，第1720页。

形，触目会心，不待授受，渐而演进，则会意指事之类兴焉。"①

我们以文字与文学的关系而论。汉字六书对汉语文学的孳乳，若概而言之，则是鲁迅所言"意美以感心，一也；音美以感耳，二也；形美以感目，三也"②。若分而言之，其"象形"之"画成其物，随体诘诎"既是汉字区别于拉丁文的标志性特征，也是文学的标志性特征，方块字的象形孳乳了文学的形象性和意境化，此其一。如果说"指事"的"视而可识，察而见意"，养育了文学之"赋"的直书其事，体物写志；那么，"比类合谊，以见指撝"之"会意"，与"本无其字，依声托事"之"假借"，则分别孳乳了文学的"比显"与"兴隐"，此其二。此外，"转注"的"同意相受"启迪了文学的互文性，而"形声"的"取譬相成"成就了文学的谐音之趣与声韵之美，此其三。至于具体的创作过程之中，文学家如何推敲，如何炼字，如何捶字坚而难移，如何语不惊人死不休，亦可见出"字"对于文学的特殊意义。

被称为现代语言学之父和结构主义鼻祖的费尔迪南·德·索绪尔（1857—1913），视"文字"为"语言"的表现或工具。与此同时，索绪尔又不得不承认："书写的词跟它所表现的口说的词紧密地混在一起，篡夺了主要的作用；人们终于把声音符号的代表看得和这符号本身一样重要或比它更加重要。"③把书写的词即文字看得比口说的词即言语更加重要，这在表音体系（如拉丁语）中或许不太正常，但在表意体系（如汉语）中却是非常正常也是非常真实的。

或许是看到了表意体系的这种独特性，宣称"我们的研究将只限于表音体系"④的索绪尔，却在《普通语言学教程》中用了整整一节的篇

---

① 《鲁迅全集》第九卷，人民文学出版社 1982 年版，第 344 页。

② 《鲁迅全集》第九卷，人民文学出版社 1982 年版，第 344 页。

③ ［瑞士］费尔迪南·德·索绪尔：《普通语言学教程》，高名凯译，商务印书馆 1980 年版，第 48 页。

④ ［瑞士］费尔迪南·德·索绪尔：《普通语言学教程》，高名凯译，商务印书馆 1980 年版，第 51 页。

幅，专门讨论表意体系中“文字的威望”及其形成原因：首先，“词的书写形象使人突出地感到它是永恒的和稳固的，比语音更适宜于经久地构成语言的统一性”；其次，“在大多数人的脑子里，视觉印象比音响印象更为明晰和持久”；再次，“文学语言更增强了文字不应该有的重要性。它有自己的辞典，自己的语法”，并最终形成自己的“正字法”，“因此，文字成了头等重要的”；最后，“当语言和正字法发生龃龉的时候，除语言学家以外，任何人都很难解决争端。但是因为语言学家对这一点没有发言权，结果差不多总是书写形式占了上风，因为由它提出的任何办法都比较容易解决。”①我们看索绪尔从逻各斯中心主义立场出发的对“文字威望”的批评，在某种意义上恰好是对汉字这种典型的表意体系的表扬。书写形象的永恒和稳固，视觉形象的明晰和持久，文字威望对语言统一性的塑造和维护，尤其是文学语言如何以“头等重要”的身份来解决文字与语言的矛盾等，表意体系的这些特征及优长，构成了“字生文化”的文字学根基。

解构主义大师、后现代理论家雅克·德里达(1930—2004)，其《论文字学》解构索绪尔语言学的二分结构，认为“文字并非言语的‘图画’或‘记号’，它既外在于言语又内在于言语，而这种言语本质上已经成了文字”②，故“文字学涵盖广阔的领域”，甚至可以用文字学替代语言学，从而给文字理论提供机会以对付逻各斯中心主义的压抑和对语言学的依附关系③。逻各斯中心主义又称语音中心主义，声音使意义出场，不同于汉字的书写使意义出场。德里达《论文字学》在批评索绪尔对文字与言语作内外之分时指出：“外在/内在，印象/现实，再现/在场，

---

① [瑞士]费尔迪南·德·索绪尔著，高名凯译：《普通语言学教程》，商务印书馆1980年版，第50页。

② [法]雅克·德里达著，汪堂家译：《论文字学》，上海译文出版社1999年版，第63页。

③ [法]雅克·德里达著，汪堂家译：《论文字学》，上海译文出版社1999年版，第50页。

这都是人们在勾画一门科学的范围时依靠的陈旧框架。”①我们今天研究中华字文化，应该打破陈旧的框架，以一种跨学科的宏阔视野来说“文”解“字”。

文字乃经艺之本，就人类轴心期文明的典型代表华夏文明而言，以“经艺”为代表的汉语元典，用一个一个的方块字(中华文化关键词或中华文化核心词)，建构起轴心期华夏文明的意义世界。中华文化是字孳字乳的文化，华夏文明是字孳字乳的文明。观念意义上的中华文化，其源起是“鸟迹代绳，文字始炳”，其元典是或“一字以褒贬”或“联章以积句”的经艺，其楷模是情见文字、采溢格言、辞尚体要、辞动天下的圣贤文章，其种类是肇于经艺、著于竹帛的所有文体。字生文化，上古汉语的方块字从起源与本原处孳乳了中华文化，孳乳了华夏文明。追问并验明文字与文化的血缘关系，揭示中华文化的“字”生性特征，可为“文化”的释名章义，为文化研究的选文定篇，为文化理论的敷理举统，乃至为文化史的原始表末，提供新的路径并开辟新的场域。

---

① ［法］雅克·德里达著，汪堂家译：《论文字学》，上海译文出版社1999年版，第45页。

目　录

绪　论

《文心雕龙·神思》云："神居胸臆，而志气统其关键；物沿耳目，而辞令管其枢机。"刘勰所谓的"关键""枢机"，均喻示着事物的核心、要害，指以思想性、观念性及理论性为特征的关键词，由此构成中国文化的元典与要义。如李建中先生指出：

> 元典的创制者用"关键词"昭示他们对宇宙、社会和人生的观察与思考，元典的阐释者藉"关键词"来赓续、传承、阐扬、新变中国文化。中华元典关键词是中国人的名号与实质，是中国人之所以为中国人的文化依据，是轴心期中国文化生生不息、有古有今的语义根源。①

元典关键词既是演绎中国文化的语义根源，也是重释中国文化的经典路径；既是文艺理论的基本景观，也是跨际实践的重要津梁，其实践价值和理论意义不言而喻。故而，本着发生学观点，回到批评原点，研寻演变风貌，通论变革意义，很适用于中国文化元典关键词。本书尝试借鉴文化关键词研究的跨学科、跨语境方法，对"神"进行整体观照和系统思考，将"原生—沿生—再生"的语义梳理与大观念、元范畴、大文论的具体语用以及关键节点的铸刻相结合，呈现出"神"的时代活力、阐

---

① 李建中：《中华元典关键词的原创意蕴与现代价值——基于词根性、坐标性和转义性的语义考察》，《江海学刊》2014 年第 2 期。

释效力及理论魅力。

作为通用无碍的文论范畴，“神”的话语形态从哲学发端，不仅是乐论、书论、文论、画论领域的活跃者，彰显古典美学的风姿神韵；还是批评意识、批评思维、批评实践和批评理想的承载者，成为贯通诗文书画的批评话语。古人常将这一概念看作生命和灵机之根，是人具有活力、灵气和思维之关键所在。在传统视域中，举凡“比兴”“虚静”“神思”“滋味”“神韵”“意境”“物感”“性灵”“妙悟”等一系列概念几乎脱离不了“神”预设的原始思维(生命本体的极致之美)①。一般认为，以“殷人尊神”(《礼记・表记》)，“周人以讳事神”(《左传・桓公六年》)，“百神尔主矣”(《诗经・大雅・卷阿》)论原始信仰、自然崇拜(泛神观念)，标志中国文论关键词“神”的揭橥。《周易・系辞上》云：“天生神物，圣人则之。”刘向《说苑》云：“神者，天地之本，而为万物之始。”许慎《说文解字》云：“神者，天神，引出万物者也。”对比其他指称有限、辐射有限和活力有限的概念范畴，“神”是最具绵延性、发散性和渗透性的，在思维方式、生命意识和艺术精神上建构古人的诗性智慧，在哲学本体、经典诠释和美学品评上言说古人的诗性价值。

(一)大观念

“大观念”源于《西方大观念》的《论题集》索引。该论题集论及的题目“为每一个时代的人类所关注，它们覆盖了人类思辨探究和实践兴趣的全部范围”②。

李建中先生从“命大”“幅大”“力大”的角度对中国文论之“大观念”

---

① 中国传统美学所谓“神”是指消解了神灵迷信观念，而回归人的生命本体所达到的美的极致。或指艺术奥妙的洞见，奇妙的想象，创造思维的最佳表现；或指审美的最高境界，超越了感性与理性认知，进入直觉悟性的透彻体会，获得最愉悦的美感享受；或指人物个性风貌的生动呈现，透过形式美与物象美所表现出的独特的人格美。见张皓：《中国美学范畴与传统文化》，湖北教育出版社 1996 年版，第 362 页。

② ［美］不列颠百科全书出版公司：《西方大观念》第 1 卷，陈嘉映等译，华夏出版社 2008 年版，导论第 1 页。

进行阐释：

> “大观念”的“大”，既是时间的又是空间的，既是延展的又是掘进的，既是思辨的又是实践的。通俗地说，“大观念”之“大”可表述为“命大”、“幅大”、“力大”。“命大”，是指观念的理论生命或曰思想灵魂，从轴心时代一直“活”到全球化时代，通变恒久，亘古亘今；“幅大”，是指观念的覆盖面与纵深度，既经纬天地又透彻骨髓，既弥纶群言又深契文心；“力大”，是指观念的指涉强大，张力弥满，其内在的诸多义项充满悖论和紧张，其外在的诸多指涉旁及万品，繁复而丛杂，其衍生（构词）与再生（造词）功能生生不息，其理论的震撼力及思想的穿透力如暗夜中的闪电。①

在人类的知识体系中，这种大观念以一系列关键词的形式建构出人类的意义世界。本书涉及的“神”，就是中国古人的大观念，一个有思想性、观念性及理论性的关键词。从某种程度上说，中国文论的探索、研究及建构，既有“神”的审美取向，也有“神”的批评取向。在这种意义上，“神”成为中国古人的大观念，基本涵盖了思辨研究、实证研究和经验研究的全部信息。

在古人的知识图景中，“神”这一观念既是物质的亦是精神的，既是哲学的亦是文艺的，既是抽象的亦是具象的，从而彰显出中国古人的精神品格、审美心理和思维特征。“神”一词从哲学观念发端，影响极为深远，既指宇宙起源和存在根据，也指精神本体和生命灵奥，亦指艺术品格和风姿神貌。这是古人对自然现象、生命本质和文艺规律的集中概括，表现出浓郁的哲理色彩、思辨精神及价值理念。从乐论融通画论，从画论进入文论，从文论延及书论，“神”一词具有通用无碍的观

---

① 李建中：《中国文论大观念的语义根源——基于20世纪“人”系列关键词的考察》，《文艺研究》2015年第6期。

念形态，表示审美特质、生命活力及精神气质。“神”之所以成为中国古人的大观念，是因为哲学主导着所有的话语观念，加之文学、美学、艺术与哲学之间存在同源关系。这种关系也会反映到一些概念之间，使“神”能够跨越学科界限而被自由把握、灵活运用，以臻于个体生命的极致。这一大观念的形成和发展，反映了中国古人对主体思维的认识，以及对创作规律的深化，对审美经验的重视。故而，“神”一词再现出中国古人的人文观念（精神生命），即一种劲健不息、虚灵无滞的美学观念。

德国学者洪堡特指出，语言是一个民族生存所必需的“呼吸”，是它的灵魂之所在。通过语言上的认同，一个人类群体才得以凝聚成民族，民族特性只有在其大观念中才能完整地铸刻下来。① 在古人的语言观念中，“神”一词贯穿了中国文论的整体取向，表现出不同的价值观念，既可由虚而实，以资品评；也可由实而虚，以作标准；亦可虚实相生，以成法度。在全球化新背景下，在人文学的新探索中，以“神”为例的中国文论之“大观念”研究，必然会成为对哲学命题、美学命题和诗学命题的整体研究。在“神”一词的重构过程中，这种“大观念”研究应该充分融合新时期的时代主题，通过富有思想深度和历史理性的阐释，清理单向诠解的视野盲区，确立整体关联的结构体系，重新发现“神”这一观念的当代意义与价值，使“神”的美学精神得到创新性的传承。② 本书研究“神”一词，意在考察其对话性原则，以此为切入点，研究“大观念”的原生、沿生和再生，研究“大观念”的理路、真义和谱系。因此，以“神”为例的“大观念”研究，有益于思考中国文论的“沉潜”与“激活”，探讨其观念内涵及近代转换，从而修正中西文论之间的“话语失衡”及“路径错位”。

---

① ［德］威廉·冯·洪堡特：《论人类语言结构的差异及其对人类精神发展的影响》，姚小平译，商务印书馆 1999 年版，译序第 39 页。

② 党圣元：《中国古代文论研究阐释学重构》，《甘肃社会科学》2016 年第 1 期。

（二）元范畴

“元范畴”这一概念，指最基础、最根本及最关键的范畴，具有强大的理论生命、内涵幅度和指涉功能。元范畴是学科对象的质汇，是学科逻辑的潜构，其内涵与学科的理论生发力和逻辑建构力成正比。①“元范畴”的特征有四：“有独到深广的历史文化积淀；有切近艺术基本问题的理论基因；有动态开放的理论张力；有广泛深刻的现实影响力。”②德国学者雅斯贝斯《生存哲学》说：

> 哲学上通往现实的道路是一种利用范畴而又超越这些范畴的思维道路。像统一性、可能性这样一些范畴，都是为我们的存在物的有规定的形式。对这些范畴的超越，就好像是对现实的一种召唤。③

中国文论的逻辑体系是从元范畴生发的，中国文论的审美体系是从元范畴建构的。在古人的知识视野中，元范畴既有关键词研究的观念特性，亦有关键词聚合的场域格局。随着中西文论的交汇，要想构建中国文论话语体系，须着眼于元范畴的生成与演化。本书所涉及的“神”就是元范畴，属于具有理论性和审美性的文论关键词。中国文论的探索、研究及建构，既有“神”的审美取向，也有“神”的批评取向。

作为中国文论的元范畴，“神”这一概念是古人对自然、生命及文艺之道的自觉感悟。在古人对生命的阐扬中，“神”与“气”产生通约，“神”指精神、智慧、灵性和心宰，是具有原创力的、最高层次的生命现象；“气”指流转的生命活力，是“神”生成和发挥功用的基础。④ 在

① 袁鼎生：《整生论美学》，商务印书馆 2013 年版，第 59 页。

② 牛月明：《中国文论话语的元范畴臆探》，《文史哲》2001 年第 3 期。

③ ［德］雅斯贝斯：《生存哲学》，王玖兴译，上海译文出版社 2005 年版，第 68 页。

④ 涂光社：《原创在气》，百花洲文艺出版社 2001 年版，第 64 页。

“神”的原始想象中，不乏先民对生命现象的感知和臆测，对生命本质的探索和追求，深刻影响到古人的审美结构和诗性空间。在古人的文艺思想中，“神”与情绪、想象和思想等概念叠合，也与形式、个性和风格等概念相连，亦与时代、道德和审美等概念融通。“神”一词是当之无愧的元范畴，所对应的思想原则移到文艺领域，或指微妙的变化，或指极高的境界，或指主体的精神。古人素以“神”作为审美标准，有“神”才有生活现象，才有生命活力，才会产生所谓的艺术魅力。艺术家要想创造出具有神韵的作品，须要保持精神的充沛，使生理和心理处于适合创作的自由状态。作家同样倡导“神”，既指创作构思时所触动的灵感想象，也指文章作品所承载的精神品格。批评家将“神”作为概括艺术生命的重要范畴，把文章有无深刻的精神意蕴，能否产生审美效应归结为能不能“通其神”。这主要是针对人(智慧生命体)的存在而言说的，涉及精神和思维、本质与现象、抽象与具象等关系，将非智慧生命体(山川草木、鸟兽虫鱼)排除在外。

在传统文论话语中，“神”这一元范畴催生出中国文论的理论思维，建构出中国文论的审美意识。对我们而言，要想构建中国文论话语体系，须立足本土语境，贴近文艺实践，从元范畴的转换研究出发，运用阐释学理论，打造中国文论的概念基础。所以，以“神”为例的元范畴研究，既大有必要，亦大有可为。在古人对生命元素的阐扬中，“神”与“气”产生某种程度的通约，“神”“气”相融相生，相争相进，彰显出古人的生命观念、精神现象和自我意识。以“神”为例的元范畴研究，诉诸形质而智慧相通，精妙奇特而幽微难解，虚实浑融而合乎中庸，其概念的高度性、义理的抽象性与品评的审美性对中国文论产生广泛而深远的影响。在“神”的重构过程中，这种研究应结合古人对生命现象的观察，通过富有思辨意识的阐释，重新发现“神”的观念和秩序，使其生命精神得到创新传承。本书研究“神”一词，意在考察其同构性原则，以此为切入点，研究元范畴的统贯、驱动和运作，研究元范畴的体系、构架和模式。因此，以“神”为例的元范畴研究，有益于思考中国文论的“衔接”与“赓续”，探讨其时空定位与语用呈现，从而修正中西文论之间的“理解偏差”及“文本误读”。

（三）大文论

“大文论”这一概念，指大文化、大理论和大批评的“国学”视野，以及整体、全面及系统的把握。作为一种有利于深化对传统文论的整体性意义探寻的研究理念，党圣元先生从四个方面概括了“大文论”眼光的学术旨趣：

> 在中国古代文论研究中提倡“国学”视野与“大文论”眼光，是出于如下四个方面的学术旨趣：一、彰显中国古代文论自身的“大文论”品格；二、强化对研究对象的历史语境还原；三、深化对于传统文论的整体性和价值意义的认识；四、使文献学重新有效地回归传统文学批评史研究。①

在“国学”视野和“大文论”眼光下，本书研究“神”涉及的研究方式，既是一种理论姿态与价值取向，也是一种学术路径与思想理路。通过这种思想理路，定位“神”在传统文论中的思想资源，并且将“神”置于中国古代文论的学术传统中，重构“神”的观念世界，激活“神”的精神世界，使之重返整体性的意义世界（观念世界）。

从“大文论”的观念来看，古人对“神”的理解具有阶段性、关联性和整体性的取向，对应不同的话语形态，在哲理本源的探索阶段，重在把握规律；在艺术特质的概括阶段，重在思辨逻辑；在美感心理的细分阶段，重在推想体验。② 因为中国古代文论不是西方文艺理论那般拆解式的演绎学问，而是习惯于从整体、全面及系统的角度来理解文学艺

---

① 党圣元：《“国学”视野与传统文论研究》，《中国社会科学报》2012年12月7日第B01版。

② 张晧：《中国美学范畴与传统文化》，湖北教育出版社1996年版，第46页。

术。在古人的文化视野中，“神”既是一种审美意识，也是一种审美情趣，亦是一种审美能力；既有对天、地、人的理解，也有对性、命、心的理解，亦有对理、事、情的理解。这一文论概念既有生理培养的向度，也有心理培养的向度；既有道德修养的向度，也有知识追求的向度；既有工具理性的向度，也有价值理性的向度。随着时间的推移和语境的变化，“神”一词的语言张力遭到键闭，遭到某种程度的降格和消解。在理解“神”一词时，接受者会不自觉地滑向其中一端，对某一义项予以过多的关注，甚至是在历史语境之外遮蔽了其余义项。所以说，在传统文论研究中，对某些关键词而言，如果仅取其中一义项来作阐释，这种做法是有问题的，也是极不科学的。因为诸多义项一旦组成某个关键词，就会脱离原意而只有共同的取向，成为一个不可分割的有机整体。

在“大文论”视野中，从生存哲学到体验美学，从经典诠释到文化创新，从艺术魅力到精神品格，“神”一词具有重要的思想史、观念史和文化史意义。本书研究“神”，还原这一概念的历史文化语境，探讨“神”而不局限于“神”，重在揭示其文化意蕴与美学价值。首先是对“神”之话语形态的全面探索，对“神”的本根渊源、精神属性及价值观念予以系统揭示；其次是对“神”之思想意识的全面探索，对“神”的审美取向、批评面向及理想范式予以整体诠释。近百年来对于“神”的概念研究、理论研究和体系研究，研究成果非常丰富，不乏创新性的讨论。然而，目前学界对“神”的研究，缺乏整体观照和系统思考，有待继续梳理。本书研究“神”一词，考察其蕴含的整体性原则，研究“大文论”的观念、视野和面相，研究“大文论”的姿态、价值和路径。从“大文论”的视野出发，对“神”做一番全新的检讨和反思，以同情的了解给予新的评价，窥探古人的幽情壮采，揭示所蕴含的文化精神和思想传统，这也是民族文化的自省工作。① 因此，以“神”为例的“大文论”研

① 宗白华：《美学散步》，上海人民出版社1981年版，第68页。

究，有益于思考中国文论的“返本”与“开新”，探讨其历史语境和整体意义，修正中西文论之间的“疆域弊端”及“创新焦虑”。

陈寅恪先生在《致沈兼士》中曾说：“依照今日训诂学之标准，凡解释一字即是作一部文化史。”①循此，沿着“探源”“考察”的双重路径，从材料的罗列整理走向观念的创新阐释，从横向的断面研究走向纵向的系统研究，从传统的理论原型走向现代的话语范式，探源“神”的本根渊源和概念基础，以及考察其话语资源和价值范式。本书继承观念史和思想史的路径，借鉴阐释学和接受美学的体例，诠解虚实相生的概念、范畴和术语，提炼思想激荡的命题、规律和范式，对“神”进行妥帖的分析与解剖，尽可能予以现代表述，凸显“神”的文化精神与美学价值，从而昭示其“前世今生”的生命活力、“旧瓶新酒”的阐释张力、“望今制奇”的创新动力。

① 沈兼士著，葛信益、启功整理：《沈兼士学术论文集》，中华书局 1986 年版，第 202 页。

第一章　追根："神"的原生语境

任何一种概念范畴，都会面临"从哪里来，到哪里去"的终极追问，审美发生的起始、生成和演变是有依据的，既不会无缘无故地出现，也不会无缘无故地消亡。审美发生是一个系统过程，在批评与创构之间隐含诸多问题：首先是社会现实政治、哲学文化思潮、审美发展和审美关注所致；其次是文学艺术自身的内在发展程度和逻辑制约。① 在古人的文化视野中，"神"一词具有多重属性，美学之"神"是从哲学之"神"转化来的，文艺之"神"是从美学之"神"转化来的。"神"的审美发生是一个历史过程，离不开观念史、思想史及文化史的价值预设。由"崇神""尚神"而"通神"，既有以道统艺的向度，也有以艺臻道的向度；既有精神超越的向度，也有自由解放的向度。可以说，"神"一词是以审美意象为对象的生命体验，在这种体验中，人的精神超越了自我的有限性，得到一种自由和解放，回复到人的精神家园之中，从而确证了自己的存在。② 如甘阳先生在《语言与神话》中译本的序言中指出：

> 这种神话的隐喻思维实际上乃是人类最原初最基本的思维方式，因为"语言"这一人类思维的"器官"就其本质而言首先就是"隐

① 侯文宜：《中国文气论批评美学》，中国社会科学出版社2012年版，第99页。

② 审美活动是人的一种精神——文化活动，它的核心是以审美意象为对象的人生体验。见叶朗：《美在意象——美学基本原理提要》，《北京大学学报》2009年第3期。

> 喻的”(语言是与神话相伴才发展起来的)，语言的逻辑思维功能和抽象概念实际上只是在神话的隐喻思维和具体概念的基础上才得以形成和发展的。这就意味着，人类的全部知识和全部文化从根本上说并不是建立在逻辑概念和逻辑思维的基础之上，而是建立在隐喻思维这种“先于逻辑的(prelogical)概念和表达方式”之上。①

探寻“神”的创生语境，既绕不开其隐喻思维，也绕不开其象征思维。从自然现象到生命现象，再到精神现象，“神”不仅蕴含物理、事理及人理，而且寄寓语境、心境及艺境。在“神”的审美发生中，这一文论概念所承载的符号信息，使人突破自我的局限，超越日常的体验，获得精神的自由，回归生命的本真，确证个体的存在，具有生成人性和塑造人格的作用。显然，只有原始的隐喻思维、象征思维，才可能创生出妙合无垠的“神”，彰显出“随物赋形”“随心表意”的诗性智慧。就创生语境而言，“神”范畴的创生原因是多方面的，既有先秦两汉时期的自然元气论的催发，也有魏晋南北朝时期的人物品鉴论的阐扬，亦有近承魏晋而远绍先秦的音乐美学论的涵育。如果说庄子论“神”(道家修养)和孟子论“气”(儒家修养)是“神”的奠基者的话，那么自然元气论、人物品鉴论和音乐美学论就是最直接的学术思潮与思想氛围。

第一节　阴阳之交的自然元气

在先秦两汉时期，有不少涉及自然元气论的理论著作，涵盖哲学、政治及心理，涉及论体、论心及论性，如《老子》《庄子》《管子》《荀子》《列子》《淮南子》《黄帝内经》等。从词源学角度讲，汉语中“元”字有首

---

① 甘阳：《从“理性的批判”到“文化的批判”》(代序)，[德]恩斯特·卡西尔：《语言与神话》，于晓等译，生活·读书·新知三联书店1988年版，序言第12~13页。

端、原始、根源等义项。如《说文解字》释："元，始也。"①

作为天地之始，"元"一词有阴阳结合的取向。古人对"神"的阐说就是从阴阳理论生发的，作自然万物的本源来理解，"神"是阴阳的极致，"气"是阴阳的常态。在古人的生命哲学视野中，元气指阴阳二端，这是自然、生命及文艺的原态基质。《周易·系辞上》云："一阴一阳之谓道"，"阴阳不测之谓神"。在这种意义上，"神""气"在自然元气论视域中产生整体关联，元气中既有"神"的要义，也有"气"的要义。如《鹖冠子·泰录》篇云："天地成于元气，万物乘于天地。"②又如《吕氏春秋·应同》篇云："芒芒昧昧，因天之威，与元同气。"③说明，元气是自然、生命及文艺的共有之道，涵有"神""气"的整体取向，涉及"神"的发生原因。这是古人对阴阳二气的理解，对聚散离合的认识，着力强调"元气"的原态性、原始性及原生性。既然"神"是对阴阳论的涵盖，"气"是对阴阳论的描述，那么"气"与"神"也就有通约的可能性。

在古人的生命观念中，自然元气论思想对"神"的价值秩序已有预设，阴阳合一，阴阳同构。这种预设也是人物品鉴论、音乐美学论促使"神"范畴发生的哲理基础。所以，我们考察"神"范畴发生的思想基础，须溯至"心理攸同""道术未裂"④的批评原点。从《老子》的"负阴抱阳，冲气为和"⑤到《管子》的"抟气如神，万物备存"⑥，从《庄子》的"聚则

---

① (汉)许慎撰，(清)段玉裁注：《说文解字注》，上海古籍出版社 1981 年版，第 1 页。

② 黄怀信：《鹖冠子汇校集注》，中华书局 2004 年版，第 255 页。

③ 许维遹撰，梁运华整理：《吕氏春秋集释》上册，中华书局 2009 年版，第 287 页。

④ 钱锺书：《谈艺录》上卷，生活·读书·新知三联书店 2001 年版，序第 1 页。

⑤ (魏)王弼注，楼宇烈校释：《老子道德经注校释》，中华书局 2008 年版，第 117 页。

⑥ 黎翔凤撰，梁运华整理：《管子校注》中册，中华书局 2004 年版，第 943 页。

为生，散则为死”①到《孟子》的“其为气也，配义与道”②，这些话语都是在探索阴阳合一、阴阳同构中的生命哲学观念，显现出“神”“气”相通的观念预设，既有物质形态的向度，也有精神现象的向度，亦有交相感应的向度。

如涂光社先生在《原创在气》一书中说：

> 从与呼吸、血气、精神的联系和阴阳冲荡生物可以看到其中常有的生命性蕴涵；在概念形成过程中不断受据有主导地位的社会哲学浸染，自然物所有的气相属性虽然有所保留，但充实了越来越多的精神方面的内涵。③

从气论思想来说，在先秦两汉时期，自然元气论思想成为“神”的发生基础。无论是在高度上，还是在广度上，抑或在深度上都有对“神”范畴的观念预设：既从“人本”角度对“神”的生成衍化进行观照，也从“物本”角度对“神”的宏观效应进行思考，亦从“心本”角度对“神”范畴的微观运行进行理解。透过自然元气论思想，时人在探讨生命观念时，只注意到“气”的运行状态，却没洞察到“神”的极致状态。

在古人的审美意识中，自然元气论思想对“神”“气”有不同程度及阶段的推进。根据元气论的预设观念，古人以现象沟通本质，以物质涵泳精神，以人事比附天意，从而体悟到自然、生命及文艺的本源性因素。从论物到论人，从生理到心理，从社会到人生，元气论显示出由具象概念向抽象概念转化的趋向，对“心物感应”“情景交融”“修身养性”“畅神娱情”等审美意识的发生起着潜在的促进作用。这是元气论对

① （清）郭庆藩撰，王孝鱼点校：《庄子集释》中册，中华书局2012年版，第730页。

② （清）焦循撰，沈文倬点校：《孟子正义》上册，中华书局1987年版，第200页。

③ 涂光社：《原创在气》，百花洲文艺出版社2001年版，第43页。

"神"范畴的思想融通与意识转换，演绎出生生不息的生命美学观念，由"气"通"神"，为这一文论概念的审美发生奠定了坚实的概念基础，既贯通于天、地、人，也感应于日、月、星；既张扬于形、气、神，也鼓荡于命、性、心。

如钱穆先生在《晚学盲言》上篇之"质世界与能世界"中说：

> 朱子言格物穷理，宇宙大自然一切物，尽属质方面，皆可分别，但亦是一气。气则涵有生命性。生命无可分别，大生命乃是一和。于无可分别中求分别，始是理。①

在中国古人看来，无论是一枝早梅、一块顽石，还是一抹晚霞、一弯残月，甚至是一汪清泉、一盏明灯，均为生命本体的外化显现，都内含神韵、气态，内蕴神情、气志，绝不是表面而肤浅的，绝不是冷漠而僵硬的。② "神""气"隐于诸身、诸物，诸身、诸物皆有"神""气"，既与生活同流，融于情性；也与生命同体，会于阴阳。所以，古人观"物"旨在观"气"(生命意味)，观"身"旨在观"神"(生命精神)。因此，在自然元气论视域中，古人的理想追求就是超越诸身、诸物，即通于"神"、达于"神"，获得"超以象外，得其环中。持之匪强，来之无穷"③的审美体验。

在"神"范畴的审美发生中，从清浊论到个性论，再到禀气论，自然元气论思想起着潜在的促进作用。元气论培育出"神"一词的生命哲学观念，既推论宇宙之起源和结构，也推断生命之基始和流变，亦推想精神之渊薮和妙门。在这种取向中，由"气"及"神"，既有成物的要素，

① 钱穆：《晚学盲言》上册，广西师范大学出版社 2004 年版，第 100 页。

② 张义宾：《中国古代气论文艺观》，山西人民出版社 2003 年版，第 12 页。

③ 中国传统文论中"神"范畴具有"大用外腓，真体内充。返虚入浑，积健为雄"的审美特征。见(唐)司空图著，郭绍虞集解：《诗品集解》，人民文学出版社 1963 年版，第 3 页。

也有成人的要素；既有成物的基础，也有成人的基础。

董仲舒《春秋繁露》建构出“天人感应”的政治哲学，在天人比附的思维中张扬“神”“气”统摄的主宰观念，探讨伦理情感和性格品质的生成，对“神”范畴的精神现象起到催化作用。比起董仲舒只是简单地将元气规定为本始之气，而王充的元气则扩展到自然、人的生命精神现象及社会方面。① 元气遍布宇宙、天地及人世，在物理、事理及心理中，对诸身诸物的性质与变化起着决定作用。在王充《论衡》中，物禀气而出，人禀气而生，元气论主要是一种人性论，涵盖宇宙自然、生命现象及人性事理。“元气”“精气”“血气”“体气”是相通的，既以清浊解说阴阳，也以自然协调感应，共同表现出生命情状（如骨肉、精神、力量、血脉等）的内在差异。如于民先生在《气化谐和——中国古典审美意识的独特发展》一书中指出：

> 在两汉的天人关系认识的发展中，如果就汉初道家的入世在一定程度上消除了气化理论中的“秘”，那么，汉末王充等则从不同角度清洗掉气化中的“神”。气化认识中神与秘的消失，为魏晋玄学那种抽象的本体追究提供了前提，使后来审美创作中的天与人、心与物、情与景以一种清新纯洁的关系出现，为气化认识的从宇宙生成，从人的审美向艺术创作思维的移植发展，创造了便捷的途径。②

显然，自然元气论思想对“神”范畴的审美发生具有促进作用，其清浊论、个性论、禀气论对这一概念有不同程度的描述和创构。

---

① 侯文宜：《中国文气论批评美学》，中国社会科学出版社 2012 年版，第 115 页。

② 天人关系中神秘色彩的消除，不仅依赖于王充等人对天人感应的批判，也有汉初道家的一定努力。见于民：《气化谐和——中国古典审美意识的独特发展》，东北师范大学出版社 1990 年版，第 214 页。

在汉语思想语境中，"神"既有形而下的具象意义，指向有形有相的诸身诸物；也有形而上的抽象意义，指向至真至实的隐喻象征。如朱良志先生在《中国艺术的生命精神》一书中指出：

> 中国哲学强调元气为万物之本，同时强调饮真茹强，汲取宇宙之元气，元气充于万物，亦可充溢于内心。中国艺术将此种精神推之极至。①

此外，又如张祥龙先生所说：

> 每当人要表达那既非具体对象亦非一己观念、既非有形质者亦非抽象道理的微妙含义时，就不期然而然地求之于"气"这个有无之间的大象，因为它提供了一种表达和理解非现成者、余意不可尽者的可能。……现代搞哲学的人将它解释为"物质"、"精神"、"场"、"能"、"始基"等等，都不尽意。它是中国人"生活世界"的"生长点"，是终极性的构成、生存和理解，总之在对它的概念化和实质化之前。而这恰恰就是"道"的原义，得道就意味着能进入这样的混然自行、不顾一切、使一切随之而成的顶极之处。②

在古人看来，自然元气论思想是对自然、生命及文艺之道的模糊描述和精微创构，既可由"心"映"物"，也可由"象"体"道"，亦可由"气"观"神"，从而在生命体系上构成了整体"境域"。这里就蕴含着古人对"神"范畴审美发生的想象、理解和感知。

如成中英先生指出：

---

① 朱良志：《中国艺术的生命精神》，安徽教育出版社 2006 年版，第 93 页。

② 张祥龙：《海德格尔思想与中国天道：终极视域的开启与交融》，生活·读书·新知三联书店 2007 年版，第 319 页。

中文首先就是一种视觉想象的语言，主要由所有关于世界的感觉——情感的视觉反映构成。中文是视觉现象的语言，通过自然理解和自我修养，它深化为或提升到心与大脑的语言、本性与原则的语言。①

根据自然元气论思想，“神”“气”是“组成人和自然的生命、物质运动的能量”②，强调自然生命与精神生命的统一。钱穆先生说：“中国人则言血气心气，又言生气神气，亦言体气。用一气字，即指其生命总体之综合存在。”③如朱良志《中国艺术的生命精神》之《生生之源》引言说：

中国哲学认为，这个世界是“活”的，无论是你看起来“活”的东西，还是看起来不“活”的东西，都有一种“活”的精神在。天地以“生”为精神。因为“活”，世界即联系。不“活”，世界即枯竭，生命即断流。中国人以生命概括天地的本性，天地大自然中的一切都有生命，都具有生命形态，而且具有活力。生命是一种贯彻天地人伦的精神，一种创造的品质。中国艺术的生命精神，就是一种以生命为本体、为最高真实的精神。④

生命视域中“神”范畴所表现出就是生机和活力，就是神情和气态，就是神韵和气志。因此，从元气精力到骨肉血脉，从自然生命到精神生命，自然元气论思想无不以富有哲理的生命观念向“神”范畴注入了微

① [美]成中英：《论“观”的哲学涵义——论作为方法论和本体论的本体诠释学的统一》，《本体诠释学》第2辑，北京大学出版社2002年版，第37页。

② [日]小野泽精一、福永光司、山井涌编：《气的思想——中国自然观和人的观念的发展》，李庆译，上海人民出版社1990年版，原序第5页。

③ 钱穆：《晚学盲言》上册，广西师范大学出版社2004年版，第3页。

④ 朱良志：《中国艺术的生命精神》，安徽教育出版社2006年版，第一编引言。

妙的审美滋养。

第二节　瞻外察内的人物品鉴

在中国古代思想文化中，人物品鉴指以一定的伦理观念为审美尺度，对人格美进行品评、观赏的活动，然后，它又影响到对艺术美的感受、评价。① 从自然元气论的建构到人物品鉴论的发生，"神"范畴表现出哲学概念向美学概念转化的趋向。如果说自然元气论思想侧重自然关系和社会关系，行于哲学思维和伦理逻辑，那么人物品鉴论思想则是侧重审美自由和艺术情感，扬于精神风貌和气质个性。在汉末魏晋时期，察举征辟制、九品中正制皆重视对士人道德、言行的品评和鉴定。这种观念影响深远，文人名士莫不应之，莫不言之，莫不从之，既注重对孝廉与品德的品第，也注重对容貌与精神的评论，亦注重对气质与个性的鉴别。自曹魏正始时期起，清谈论辨之风开始盛行，有关人物品鉴的美学风尚蔚为大观，时人在言谈和著述中大量使用"形""气""神""韵"等美学概念。这些概念主要是针对人而言，这就便于把一般的生命体（如动植物）和智慧的生命体（人）区别开来，对于不同的人的生机的旺盛与否、智愚的差别、灵感的行止作出解释。

在古人视野中，"神"是原始、原生和原创的现象；而"气"是流动、转移和运行的元素。"神"是激发"气"及参与生命创构的前提；"气"是生成"神"及发挥精神功用的基础。因此，我们可以说，在"神"范畴的审美发生中，"气"起到了基础性作用，使之向审美领域扩展渗透，在人物品鉴的美学思潮中成为稳固的美学概念，具有品评标准与品评对象的双重属性。

由于汉末魏晋时期的"礼崩乐坏"，使得人物品鉴论经历了从秦汉时期"礼法道德"向魏晋时期"精神性情"的转变过程。这是因为从自然

---

① 袁济喜：《六朝美学》，北京大学出版社 1999 年版，第 49 页。

本真到人生本蕴的变化正悄然发生，据“神”而立论，精神质性无不以“神”为基始，反映了一种新的以少统多和偏重现实人格审美的趋向。①在这种思想氛围中，古人的审美意识发生变化，凡论人、论文、论艺不再纯持道德标准，而是倡导审美标准；不再要求通晓经学、品行端正，而是着力标举精神气质、个性才思。就“神”范畴而言，其审美发生能追溯到两汉“观骨察人”传统。

如王充《论衡·骨相》云：

> 非徒富贵贫贱有骨体也，而操行清浊亦有法理。贵贱贫富，命也。操行清浊，性也。非徒命有骨法，性亦有骨法。惟知命有明相，莫知性有骨法，此见命之表证，不见性之符验也。②

作为骨法骨相的品鉴论向精神气魄的品鉴论过渡，说明古人不再计较于骨骼配置和形貌严正，而是重在论骨、体与神、气的联系，通过神力、气力探知人物的气质才性和情志格调。于是，在“神”范畴审美观念中，时人重资禀聪秀甚于形貌俊美，重整体和谐甚于局部精致，所用美学概念由直叙趋于隐喻，由实指趋于虚指。③ 又如汤用彤先生在《言意之辨》一文中指出：

> 魏晋士大夫心胸，务为高远，其行径虽各有不同，而忘筌之致，名士间实无区别也。概括论之，汉人朴茂，晋人超脱。朴茂者尚实际。故汉代观人之方，根本为相法，由外貌差别推知其体内五

---

① 赵建军：《论魏晋“气”范畴的美学蕴涵》，《常熟理工学院学报》2005 年第 1 期。

② （汉）王充著，黄晖撰：《论衡校释》第 1 册，中华书局 1990 年版，第 120 页。

③ 汪涌豪：《风骨的意味》，百花洲文艺出版社 2001 年版，第 14~15 页。

行之不同。……汉代相人以筋骨，魏晋识鉴在神明。①

人物品鉴论是"神"范畴的发生基础，在品鉴原则和品评方法上奠定了"神"的审美观念。在品鉴的思想氛围中，古人赞赏仪容、言谈，推崇器量、识鉴，重视神采、气质，以"神""气"论人，集二者之语力熔铸出的"神清气朗""神来气旺""神完气足"等美学话语。

魏晋人物品鉴论思想，对艺术美与人格美的追索，乃经历了从不自觉到自觉的过程。时人对"神""精""骨""气""色""仪""容""言"等概念的广泛使用，既创生出深邃的思想内涵和批评意识，也创构出精妙的审美图式和艺术功能，最终融会到"神"范畴的审美体系之中。如此以来，魏晋人物品鉴论与两汉人物品鉴论便有了明显区别，如汪涌豪先生在《风骨的意味》一书中说：

就哲学崇尚来说，重宇宙本体论甚于宇宙生成论，重玄学甚于经学，谶纬神学和章句之学再不能餍足人心，而义理清谈则成为风气。……由此影响到处世态度，他们贱名检而慕清通，越形迹而求真久，崇尚逍遥一世之上，睥睨天地之间的自由放旷，其下焉者不免流入浮诞放荡。正是由于这些因素的综合影响，故品鉴人物轻忽有形之粗迹，而专期神理之妙用，由"论形之例"转为"精神之谈"。②

汪涌豪先生对魏晋人物品鉴论的转变原因作了阐述，从品鉴意识的激发因素，品鉴旨趣的解读因素，品鉴心理的移变因素，以及品鉴精神的转向因素等角度进行追索。根据品鉴论的整体关联性，有助于我们追索"神"范畴的发生基础。

---

① 汤用彤：《魏晋玄学论稿》，上海古籍出版社2005年版，第31页。
② 汪涌豪：《风骨的意味》，百花洲文艺出版社2001年版，第18~19页。

在魏晋时期的审美观念中，人物品鉴论的审美意识、审美旨趣、审美心理和审美精神发生变化：不再崇尚天人合一和天人感应，而是追寻人生意义和个体价值；不再关注政治判断和道德批评，而是趋向审美观照和艺术欣赏；不再拘泥谶纬神学和章句之学，而是醉心玄学清谈和名理辨析；不再聚焦躯体外形和容颜相貌，而是重视精神风貌和气质个性。所以说，从刘劭的《人物志》到曹丕的《典论·论文》，再到刘义庆的《世说新语》，人物品鉴论所涉及的概念范畴、价值观念及批评范式，既可彰显于外，流露出强烈的主体意识和生命意识；也可内敛于内，浮现出浓郁的人格精神和艺术精神，对"神"范畴的审美发生起到促进作用。在古人的审美观念中，"神"是对精神涵养的考量，对神韵气度的追索，对神理气味的评判。故而，以"神"论人、论文、论艺，须在品鉴中回返，走出自身而追索自身；须在回返中品鉴，否定自身而超越自身。如此，追索"神"的发生基础，既不削弱"神"的主体地位，也不违背"神"的艺术规律。

在"神"的审美发生中，魏晋玄学思潮也起到促进作用，如汤用彤先生在《言意之辨》一文中说：

> 言意之辨，不惟与玄理有关，而于名士之立身行事亦有影响。按玄者玄远。宅心玄远，则重神理而遗形骸。神形分殊本玄学之立足点。①

围绕"神"这一概念，时人对本体意义的困惑和追问，激荡自然世界的无限奇妙，深化了感受能力；对生命意义的反思和拷问，激发精神世界的无限可能，提高了理解能力；对审美意义的探索和叩问，激活人文世界的无限想象，增强了鉴赏能力。因此，人物品鉴论得以精致化、系统化及圆熟化，得以自由化、美学化及个性化，发展成为纯粹、独立、高

---

① 汤用彤：《魏晋玄学论稿》，上海古籍出版社2005年版，第30页。

级的审美判断，从而为"神"范畴的审美生成奠定了思想来源和理论基础，创设了话语前提和批评场域。

人物品鉴论思想经历一个历史过程，从论道德转变为论情性，从论形容转变为论气质，从论骨法转变为论精神，崇尚"神""气"，瞻察"神""气"，品味"神""气"，完成了审美观念从"人"及"艺"(由"气"及"神")的移植。① 如刘劭《人物志·九征》篇云："其为人也，质素平淡，中睿外朗，筋劲植固，声清色怿，仪正容直，则九征皆至，则纯粹之德也。"②曹丕《典论·论文》提出"文以气为主""徐干时有齐气""孔融体气高妙"。③ 又如《世说新语》格外崇尚人的生命精神，于是，创制出"神气不损""神气不变""神气融散""神气豪上""神气傲迈"等美学概念。由"气"及"神"的延展对认识"神"范畴的审美发生具有重要意义。

如宗白华先生《论〈世说新语〉和晋人的美》一文说：

> 晋人向外发现了自然，向内发现了自己的深情。山水虚灵化了，也情致化了。陶渊明、谢灵运这般人的山水诗那样的好，是由于他们对于自然有那一股新鲜发现时身入化境浓酣忘我的趣味；他们随手写来，都成妙谛，境与神会，真气扑人。④

这种人物品鉴论思想兼及谈"文"论"艺"，催生出"人化文评"的批评形态。作为生命表征的"神""气""态""势"等特质便与文学艺术产生联系，在人物品鉴中熔铸出以"神"为中心的命题，创制出以"神"为中心

① 于民：《气化谐和——中国古典审美意识的独特发展》，东北师范大学出版社1990年版，第235页。

② (魏)刘劭著，梁满仓译注：《人物志》，中华书局2009年版，第20页。

③ (梁)萧统编，(唐)李善注：《文选》第6册，上海古籍出版社1986年版，第2270~2271页。

④ 宗白华：《美学散步》，上海人民出版社1981年版，第215页。

的品格，诠释出以“神”为中心的精神。人物品鉴论的意识、旨趣、心理和精神是相通的，这些特质组成“神”范畴体系的“审美共同体”。时人追求“空灵超脱”“风神潇洒”“气韵生动”等审美理想，以通于“神”、入于“神”为审美极致，摇荡性情，形诸笔墨，发为诗文，写绘成书画。“神”在“气”的延展中成为品评概念，既包含品鉴对象的神情气度，也包含品鉴对象的神魂气魄，亦包含品鉴对象的神理气韵。无论以自然生命涵泳精神生命，还是以人文观念演绎美学观念，人物品鉴论都对“神”范畴的审美发生注入了生命因素。

第三节　情深文明的音乐美学

在中国古代文艺思想中，“神”范畴的发生基础，还有一个因素就是音乐美学论，也起着直接的促进作用。自先秦以来，音乐活动就已成为人们生活中最普遍、最熟悉的审美活动，对于音乐活动的知识经验也成为人们最基本、最主要的审美理论。这正是《荀子·乐论》《礼记·乐记》作为音乐美学著作最早出现的原因，且作为一个特殊的参照系，在艺术、美学与哲学的互文过程中构成对后世文艺理论批评的影响。① 关于互文传统，法国批评家蒂费纳·萨莫瓦约在《互文性研究》中指出：

> 文本的性质大同小异，它们在原则上有意识地互相孕育，互相滋养，互相影响；同时又从来不是单纯而又简单的相互复制或全盘接受。借鉴已有的文本可能是偶然或默许的，是来自一段模糊的记忆，是表达一种敬意，或是屈从一种模式，推翻一个经典或心甘情

① 侯文宜：《中国文气论批评美学》，中国社会科学出版社 2012 年版，第 126 页。

愿地受其启发。①

随着音乐活动的广泛传播，从宫廷到市井，从贵族到平民，古人对音乐美学有了更深程度的理解和认识，音乐活动逐渐成为言情、言理及言志的首选方式。所以，我们可以说，在古人的审美体验中，音乐活动既可表征思想感情，也可引发审美快感；既可沟通天人关系，也可协调群己意识。音乐美学论对中国古代文艺理论的影响是不可估量的，《荀子·乐论》《礼记·乐记》等艺术理论的影响不只限于狭隘的音乐范围，还涉及诗词、戏曲和小说等文艺领域。② 在礼乐文化中，"大乐与天地同和，大礼与天地同节"③，既包括以"神""气"等论乐的美学思想，侧重音乐活动的声响、音调及音色，也不乏以"神""势"等论乐的生命观念，侧重音乐活动的节奏、和谐及情感，比诗文批评更早完成了"神"范畴的审美生成。

在《左传》《吕氏春秋》《国语》《礼记》等典籍中，古人谈论乐之原、乐之本、乐之用时，已初步使用"神""气""情""文"等概念，从阴阳清浊论演绎音乐美学论，从生命结构论涵育音乐美学论，建构出"情深而文明，气盛而化神"的审美范式。如《庄子·齐物论》云"夫大块噫气，其名为风，是唯无作，作则万窍怒呺"④，此自然声响有天籁、地籁、人籁之论。又《左传·昭公元年》云："天有六气，降生五味，发为五色，徵为五声，淫生六疾。"《左传·昭公二十五年》载："则天之明，因

① ［法］蒂费纳·萨莫瓦约：《互文性研究》，邵炜译，天津人民出版社2003年版，引言第1页。

② 周来祥：《论中国古典美学》，齐鲁书社1987年版，第297页。

③ （清）孙希旦撰，沈啸寰、王星贤点校：《礼记集解》下册，中华书局1989年版，第988页。

④ （清）郭庆藩撰，王孝鱼点校：《庄子集释》上册，中华书局2012年版，第51页。

地之性，生其六气，用其五行。气为五味，发为五色，章为五声。”①在古人视野中，音乐美学论思想着力强调的是精神生命和自然生命的动态同构，这一观念乃是从个体生命向宇宙生命的趋近和升华，表达出音乐与哲学的高度统一，音乐的律动暗示着生命的结构和形式，哲学的智慧凝聚着生命的意义和内容。②

如宗白华先生《艺术与中国社会》说：

> 社会生活的真精神在于亲爱精诚的团结，最能发扬和激励团结精神的是音乐！音乐使我们步调整齐，意志集中，团结的行动有力而美。中国人感到宇宙全体是大生命的流行，其本身就是节奏与和谐。人类社会生活里的礼和乐，是反射着天地的节奏与和谐。一切艺术境界都根基于此。③

（宋）赵佶《听琴图》

---

① 杨伯峻编著：《春秋左传注》第4册，中华书局1990年版，第1222、1457页。

② 李颖：《论中国古典音乐思想之生命精神》，《飞天》2010年第16期。

③ 宗白华著，林同华主编：《宗白华全集》第2卷，安徽教育出版社2008年版，第413页。

在古人的整体观念中，自然、生命及文艺是同在、同态、同构的。既然生生不息的宇宙自然出于"神""气"，那么吟唱弹诵的节奏旋律同样也出于"神""气"。音乐出于天地自然，出于阴阳清浊，出于气化流行，所以与"神"有关的视听感觉和情感思维皆是如此。因此，音乐美学论思想涵育了"神"范畴的发生基础，既有对宇宙生命的艺术把握，也有对自然生命的艺术呈现，亦有对精神生命的艺术求索。

古人对乐原、乐本、乐用的认识，即是对"神""气""韵""势"等生命元素的整合和阐扬。所以，在阴阳变化之中，古人将"神"视作音乐基础；在清浊升降之间，古人将"神"视作音乐素养；在生命涵育之际，古人将"神"视作音乐目的。如《吕氏春秋·大乐》云：

> 音乐之所由来者远矣，生于度量，本于太一。太一出两仪，两仪出阴阳。阴阳变化，一上一下，合而成章。浑浑沌沌，离则复合，合则复离，是谓天常。天地车轮，终则复始，极则复反，莫不成当。日月星辰，或疾或徐，日月不同，以尽其行。四时代兴，或暑或寒，或短或长，或柔或刚。万物所出，造于太一，化于阴阳。萌芽始震，凝寒以形。形体有处，莫不有声。声出于和，和出于适。①

音乐美学论以"和"为最高境界，以"神"为最高旨归，既要求自然与生命的和谐，也要求心物与情景的和谐，亦要求弹拨与柔按的和谐。宇宙生命可寄寓乐本，在阴阳摩荡中屈伸；自然生命可寄寓乐理，在神气流通中细缊；精神生命可寄寓乐感，在心物感应中化醇。又如《国语·周语下》云：

---

① 许维遹撰，梁运华整理：《吕氏春秋集释》上册，中华书局2009年版，第108～109页。

夫乐不过以听耳，而美不过以观目，若听乐而震，观美而眩，患莫甚焉。夫耳目，心之枢机也，故必听和而视正。听和则聪，视正则明，聪则言听，明则德昭，听言昭德，则能思虑纯固。以言德于民，民歆而德之，则归心焉。上得民心，以殖义方，是以作无不济，求无不获，然则能乐。夫耳内和声，而口出美言，以为宪令，而布诸民，正之以度量，民以心力，从之不倦。①

在古人的美学观念中，音乐意象可诉诸感觉，在视听过程中展开；生命意象可诉诸媒介，在琴弦演奏中呈现；精神意象可诉诸指法，在节奏和谐中凝聚。在由“气”化“神”的延展中，无论是外在的声响、音调和音色，还是内在的节奏、和谐和情感，都蕴有“神”的意象映射，使“神”成为艺术生命之所在。在古人的审美观念中，音乐活动起于人心，基于物感，源于情动，其意象整合和阐扬在生命体验与探索中具有间接性。

如《礼记·乐记》云：

乐也者，情之不可变者也。礼也者，理之不可易者也。乐统同，礼辨异。礼乐之说，管乎人情矣。穷本知变，乐之情也。著诚去伪，礼之经也。礼乐负天地之情，达神明之德，降兴上下之神，而凝是精粗之体，领父子君臣之节。②

音乐活动之所以如此高扬人情(欲望)，如李泽厚、刘纲纪《中国美学史·先秦两汉编》指出：

欲望是人的本性天然具有的，如果不用“理”去加以节制，那

① 徐元诰撰，王树民、沈长云点校：《国语集解》，中华书局2002年版，第109页。

② (清)孙希旦撰，沈啸寰、王星贤点校：《礼记集解》下册，中华书局1989年版，第1009~1010页。

就会成为极大的恶，使天下不得安宁。而音乐之所以重要，就在于它能把和人们的欲望相关的好恶等等情感导向礼义，使之符合礼义。①

汉砖画像

由此可见，在这种意义上，《礼记·乐记》汲取了《荀子·乐论》的儒家思想，吸收了《周易·易传》的阴阳观念，以情感欲望、现实政治及伦理教化来讨论音乐美学观念。如《礼记·乐记》云：

民有血气心知之性，而无哀乐喜怒之常，应感起物而动，然后心术形焉。

是故先王本之情性，稽之度数，制之礼义，合生气之和，道五常之行，使之阳而不散，阴而不密，刚气不怒，柔气不慑，四畅交于中而发作于外，皆安其位而不相夺也。

凡奸声感人而逆气应之，逆气成象而淫乐兴焉。正声感人而顺气应之；顺气成象而和乐兴焉。

诗，言其志也。歌，咏其声也。舞，动其容也。三者本于心，然后乐器从之。是故情深而文明，气盛而化神，和顺其中，而英华

---

① 李泽厚、刘纲纪主编：《中国美学史》第1卷，安徽文艺出版社1999年版，第329页。

发外，唯乐不可以为伪。①

音乐活动与“神”“气”有密切联系，既感通于宇宙生命，也感通于自然生命，亦感通于精神生命。音乐活动是由“阴阳二气”和谐感应而生，由“逆顺二象”随声赋形而生，由“情性二端”鼓动冲荡而生，基本确立“神”范畴的理论框架。因此，“神”之强弱，决定音乐的境界；“气”之盛衰，决定音乐的结构。

从汉末魏晋时期开始，音乐美学思想发生了位移，开始植入诗文书画门类之中，以宣泄情感、和谐心志、导养神气作为审美理想，并在话语实践中铸造出“崇神”“尚神”的审美范式。如阮籍《乐论》云：

昔者圣人之作乐也，将以顺天地之性，体万物之生也。故定天地八方之音，以迎阴阳八风之声；均黄钟中和之律，开群生万物之情气。

昔先王制乐，非以纵耳目之观，崇曲房之嬿也。必通天地之气，静万物之神也；固上下之位，定性命之真也。

言正乐通平易简，心澄气清，以闻音律，出纳五言也。②

又如嵇康《声无哀乐论》云：

观气采色，天下之通用也。心变于内，而色应于外，较然可见。故吾子不疑。夫声音，气之激者也，心应感而动，声从变而发；心有盛衰，声亦降杀。

和心足于内，和气见于外；故歌以叙志，舞以宣情。然后文之

---

① （清）孙希旦撰，沈啸寰、王星贤点校：《礼记集解》下册，中华书局 1989 年版，第 998~1006 页。

② （魏）阮籍著，陈伯君校注：《阮籍集校注》，中华书局 1987 年版，第 78、92、95 页。

以采章，照之以风雅，播之以八音，感之以太和；导其神气，养而就之；迎其情性，致而明之；使心与理相顺，气与声相应。合乎会通，以济其美。①

音乐美学思想在"气盛化神"的发生中起着直接作用，"神"指激越飞扬的精神意志，"气"指鼓动流盈的精神风貌，既有阴阳摩荡和天候激变的元素，也有风土酝酿和民情滋养的元素。阮籍探讨音乐愉悦身心的作用，流露魏晋士人特有的艺术精神，享受生命乐趣的强烈愿望；嵇康从庙堂礼仪游宴音乐向个人畅神、娱情、抒怀的演奏转移，暗示出音乐美学论的转折。② 因此，在唐宋以降的审美延展中，通过"观乐"("观气""观神")去了解古人的性格志趣和精神风貌及其生活态度，是非常重要的路径。

---

① (魏)嵇康著，戴明扬校注：《嵇康集校注》下册，中华书局2014年版，第349、357页。

② 先秦和汉魏乐论中的"气"带有哲学中"元气"的意味，是物质与精神二而一的，已经被视为人生命和精神活动的基础和动力。见涂光社：《原创在气》，百花洲文艺出版社2001年版，第149~150页。

第二章　问境："神"的沿生契机

在自然元气论、人物品鉴论和音乐美学论的影响下，汉魏六朝士人畅谈宇宙的精神本体，崇尚自然的精神元素，强调生命的精神意蕴，直接浸染到艺术审美领域。在"有无之辨""形神之辨""言意之辨"的背景中，激发了"神"范畴的变革契机，演绎出"神通气畅""神气相济""风神气骨"等美学观念。在士人观念中，围绕本体问题展开争论，宇宙、自然和生命是相通的，认识、观念和思维是相连的，前者是对后者的回返，后者是对前者的显现，使"神"范畴转向对"有无之辨""形神之辨""言意之辨"的关注。随着汉魏六朝时期的动荡和变迁，时人从注重对物质世界的直接观察转向对精神世界的深度把握，从注重对构造形式的机械反映转向对本质规律的深刻洞察。

王弼、何晏、阮籍、裴頠、郭象等人的玄学本体论，对秦汉时期的宇宙构成论进行了批判与否定，带动士人哲学观、审美观和人生观的转向及变革。① 因此，在"神"范畴的审美发生中，探讨自然美、社会美及艺术美带来的变革契机，既可在审美观照中重返"神"，也可在审美创作中重释"神"，亦可在审美活动中重构"神"。

第一节　"有无之辨"与"神"的义理

在魏晋玄学思潮中，士人谈论"有无之辨"揭示的是本体论问题，

---

① 袁济喜：《六朝美学》，北京大学出版社 1999 年版，第 124 页。

探讨的是存在论问题，重新思考人与自然、生命及文艺的整体关系。就"有无之辨"与审美而言，秦汉时期到魏晋时期的审美趋向，即从宇宙构成论转向玄学本体论。首先，宇宙构成论以董仲舒、王充为代表，热衷于探讨整体的构造，由物质实体的组合来推论事物的存在与变化，拘执事物的形式与状态，追求对世界的铺陈和渲染，缺少对内在精神的把握和观审，带有浓厚的机械色彩，反映了汉魏士人在审美观上的直观态度。① 如邓以蛰《画理探微》说：

> 汉代艺术，其形之方式唯在生动耳。生动以外，汉人未到。故其禽兽人物，动作之态虽能刻画入微，但多以周旋揖让，射御驰驱之状以出之，盖不能于动作之外有所捉摹耳。又其篇幅结构，徒以事物排列堆砌，不能成一个体，虽画亦若文字之记载然，观于石刻中每群人物，注以名位，水陆飞动，杂于一幅可知也。②

东汉骖龙雷车画像砖

其次，玄学本体论以王弼和何晏为代表，注重揭示本体的价值，从精神实体的演化来认识事物的本质和规律，以直抵事物的内部和深层，

① 袁济喜：《六朝美学》，北京大学出版社 1999 年版，第 123 页。

② 汉魏易代之际，由"生动"转向"传神"。汉代艺术特征在于"生动"，两晋艺术特征在于"传神""入神"。见刘纲纪编：《邓以蛰美术文集》，人民美术出版社 1993 年版，第 86 页。

催生出强大的力量，旨在获得“神通气畅”的精神愉悦。士人张扬和追寻玄学本体论，在“有无之辨”中，引发重返、重释和重构精神本体的大思潮，促使审美理想、审美情趣和审美追求的大变革。

玄学本体思潮始于曹魏正始年间，如刘勰《文心雕龙·论说》云：“迄至正始，务欲守文；何晏之徒，始盛玄论。于是聃周当路，与尼父争涂矣。”①《晋书·王衍传》记载：

魏正始中，何晏、王弼等祖述老庄，立论以为：“天地万物皆以无为本。无也者，开物成务，无往不存者也。阴阳恃以化生，万物恃以成形，贤者恃以成德，不肖恃以免身。故无之为用，无爵而贵矣。”②

何晏、王弼等人论述“有无之辨”思想，乃是继承了老庄的本体论、存在论思想。如《老子》云：

道可道，非常道；名可名，非常名。无名天地之始，有名万物之母。故常无欲，以观其妙；常有欲，以观其徼。(《第一章》)

反者，道之动；弱者，道之用。天下万物生于有，有生于无。(《第四十章》)③

此外，又如《庄子》云：

有始也者，有未始有始也者，有未始有夫未始有始也者。有有

① (梁)刘勰著，范文澜注：《文心雕龙注》上册，人民文学出版社1958年版，第327页。

② (唐)房玄龄等撰：《晋书》第4册，中华书局1974年版，第1236页。

③ (魏)王弼注，楼宇烈校释：《老子道德经注校释》，中华书局2008年版，第1、110页。

也者，有无也者，有未始有无也者，有未始有夫未始有无也者。俄而有无矣，而未知有无之果孰有孰无也。(《庄子·齐物论》)①

以道观之，物无贵贱。以物观之，自贵而相贱。以俗观之，贵贱不在己。以差观之，因其所大而大之，则万物莫不大；因其所小而小之，则万物莫不小。知天地之为稊米也，知毫末之为丘山也，则差数睹矣。以功观之，因其所有而有之，则万物莫不有；因其所无而无之，则万物莫不无。(《庄子·秋水》)②

在此，"有""无"命题既有本体论思想，也有存在论思想，"无"比"有"更重要、更根本，"神"比"气"更集中、更精粹。因此，玄学本体思潮既是对老庄思想的重返与重述，也是对有无命题的重释与重构，从而延及"神""气"的辩驳与争鸣，奠定了"神"范畴审美发生的哲学根底。

在玄学本体论思潮中，何晏、王弼等人认为"先天地生"且不具有规定性的精神实体("无")，"无"是事物存在的本源，着力强调"有""无"的整体性、关联性及相对性，在某些程度上中和了"神"的恍惚性、神秘性和不可言说性。如王弼说："天下之物，皆以有为生。有之所始，以无为本。将欲全有，必反于无也。"③在这种本体观念下，精神本体"无"就是认识事物的前提，就是发现问题的基础，就是解决矛盾的关键。王弼一改董仲舒、王充等汉代学者在"思想上'拘'与情感上'畏'"④的思维范式，他提出：

① (清)郭庆藩撰，王孝鱼点校：《庄子集释》上册，中华书局2012年版，第85页。

② (清)郭庆藩撰，王孝鱼点校：《庄子集释》中册，中华书局2012年版，第576页。

③ (魏)王弼著，楼宇烈校释：《王弼集校释》上册，中华书局1980年版，第110页。

④ 瞿安全、王奎：《荆州学派及其影响研究》，湖北人民出版社2013年版，第2页。

夫无不可以无明，必因于有，故常于有物之极，而必明其所由之宗也。

夫事有归，理有会。故得其归，事虽殷大，可以一名举；总其会，理虽博，可以至约穷也。①

在这种思维范式中，“有无之辨”含有认识论和方法论的取向，既要在普遍性中把握特殊性，抓住事物的根本，也要在特殊性中呈现普遍性，紧扣事物的规律。在哲学和美学的碰撞中，何晏、王弼等人以“无”作美的精神本源（价值本相），在功利欲望和生理快感中完成审美自由的超越，获得“通神”“入神”的精神愉悦。此外，王弼在《老子略例》中说：

夫物之所以生，功之所以成，必生乎无形，由乎无名。无形无名者，万物之宗也。不温不凉，不宫不商，听之不可得而闻，视之不可得而彰，体之不可得而知，味之不可得而尝。故其为物也则混成，为象也则无形，为音也则希声，为味也则无呈。故能为品物之宗主，苞通天地，靡使不经也。②

诸物的精神本体是“无”，显现于“有”，超越于“有”。贵“无”论就是追求艺术审美的精神性、观念性及思想性。这种玄学观念既在否定中重建，从论“道”演化出“以无为本，以有为末”的模式，也在消解中言说，从论“玄”发展出“以无为体，以有为用”的范式。于是，这种思辨方式为我们从“气盛化神”的角度来理解“神”范畴的审美发生提供了致思路径。

① （魏）王弼著，楼宇烈校释：《王弼集校释》下册，中华书局 1980 年版，第 548、622 页。

② （魏）王弼著，楼宇烈校释：《王弼集校释》上册，中华书局 1980 年版，第 195 页。

在魏晋玄学思潮中，何晏、王弼等士人坚守"以无为本"的贵"无"论。嵇康、阮籍等士人对社会现实进行揭露与批判，追寻人格独立和精神自由，求索生命体验和审美超越，表现出崇尚自然、怡悦山水的审美观念。如嵇康持有"无为自得，体妙心玄，忘欢而后乐足，遗生而后身存"①的精神理念，并进而提出：

夫气静神虚者，心不存于矜尚；体亮心达者，情不系于所欲。矜尚不存乎心，故能越名教而任自然；情不系于所欲，故能审贵贱而通物情。物情顺通，故大道无违；越名任心，故是非无措也。②

此外，又如阮籍说：

夫清虚寥廓，则神物来集；飘遥恍惚，则洞幽贯冥；冰心玉质，则皦洁思存；恬淡无欲，则泰志适情。伊衷虑之遒好兮，又焉处而靡逞？寒风迈于黍谷兮，父诲子而游鹄。申孺悲而毋归兮，吴鸿哀而象生。兹感激以达神，岂浩漾而弗营？志不觊而神正，心不荡而自诚。(《清思赋》)

时不若岁，岁不若天，天不若道，道不若神。神者，自然之根也。彼勾勾者自以为贵夫世矣，而恶知夫世之贱乎兹哉？故与世争贵，贵不足争；与世争富，富不足先。必超世而绝群，遗俗而独往，登乎太始之前，览乎汐漠之初，虑周流于无外，志浩荡而自舒。(《大人先生传》)③

---

① (魏)嵇康著，戴明扬校注：《嵇康集校注》上册，中华书局 2014 年版，第 255 页。

② (魏)嵇康著，戴明扬校注：《嵇康集校注》下册，中华书局 2014 年版，第 402 页。

③ (魏)阮籍著，陈伯君校注：《阮籍集校注》，中华书局 1987 年版，第 31、185 页。

当竹林玄学名士关注“有无之辨”时，在“神”“气”的精神本体中继承了“无”的生成义与抽象义，转化出“有”的功能义与境界义。以裴頠为首的元康玄学名士持“以有为本”的崇“有”论，揭露贵“无”论的内在矛盾，诊断竹林玄学末流的弊病。“有”既是自然存在，又是必然存在，所然就是其所以然，所是就是其所以是，在其自然而然的现象中显现出其所以然存在的根据、原因。①

事物具有自足、自立、自生的存在状态，在“无”本论和“有”本论的基础上催生出郭象的“独化”论：

> 无既无矣，则不能生有；有之未生，又不能为生。然则生生者谁哉？块然而自生耳。自生耳，非我生也。我既不能生物，物亦不能生我，则我自然矣。②

郭象的“独化”论，既是对“有无之辨”的继承与开拓，也是对“有无之辨”的修正与总结，于此完成了玄学思潮关于本体论问题的致思趋向。

无论是“无”本论，还是“有”本论，抑或“独化”论，这场有关精神本体的大争论在某些程度上克服了董仲舒论“神”和王充论“气”的局限性，打破时人的思想桎梏、观念区囿和精神枷锁，直接影响到“神”范畴的变革。“有无之辨”不仅体现在自然美观念中，而且渗透到艺术美领域内，“仰观宇宙之大，俯察品类之盛”③，激发了士人对“神”的再思考，从而建构出新的审美情趣、审美意识和审美理想。在玄学本体论思潮中，魏晋士人尤为倡导自然美、社会美及艺术美的共有之道，在

---

① 康中乾：《有无之辨——魏晋玄学本体思想再解读》，人民文学出版社2003年版，第210~211页。

② 郭象的“独化”论，取代正始玄学的“以无为本”，在一定程度上消解了“无”“有”的矛盾。见(清)郭庆藩撰，王孝鱼点校：《庄子集释》上册，中华书局2012年版，第55页。

③ (唐)房玄龄等撰：《晋书》第7册，中华书局1974年版，第2099页。

"器"中悟"道"，在"气"中畅"神"，在"景"中怡"情"，直接突破了秦汉时期言志载道的审美理论局限，使得文艺创作直接服务于主体对外物的审美需要。① 所以说，汉魏士人在寄情山水、挥洒笔墨时，既注重传递审美对象的"神"，也注重表达审美对象的"气"。对"神"的审美发生而言，既可在"有""无"模式中拓展审美视野，又可在"有""无"范式中驰骋审美想象，亦可在"有""无"体式中深化审美体验。因此，"有无之辨"带来的变革契机，激发了士人重内在、重精神、重人文的美学观念，并在文学理论、音乐理论、绘画理论和书法理论中催生出崇"神"、尚"神"的审美形态。

第二节 "形神之辨"与"神"的义理

在中国传统哲学思想中，所谓"形神之辨"是指关于"形骸"(诉诸感官的形体、形质和体貌)与"精神"(诉诸想象的精气、神情和意态)相互关系的争论。"形""神"作为哲学问题的探讨，始于先秦时期的生命哲学观念，从生命哲学融通艺术美学，延及文论批评，显现出"形具神生""神生气充""气充文成"的致思趋向。古人云："在天成象，在地成形"，"神"是生命元素的集中和凝聚，而"形"是生命元素的显现和外化。如许慎《说文解字》云："形，象也。"②《广雅·释诂》云："形，容也。"③

从本义上来说，"形""神"二元论可追溯到原始宗教意识，如涂光社先生指出：

---

① 袁济喜：《六朝美学》，北京大学出版社 1999 年版，第 135 页。

② (汉)许慎撰，(清)段玉裁注：《说文解字注》，上海古籍出版社 1981 年版，第 424 页。

③ (清)王念孙著，钟宇讯点校：《广雅疏证》，中华书局 1983 年版，第 128 页。

> 在人们开始以有别于动物的思维去认识周围的事物以后，便逐渐意识到外部世界除了有形形色色能够诉诸视听的有形之物以外，还有一种无形然而是本原、对有形之物起支配作用的东西存在。①

古人对生命现象和精神现象的感知及臆测，是“神”范畴之审美意识萌生的基础，从对神明的敬畏和崇拜，转为对生命的阐扬和表述。古人在“形”“神”“气”的整体结构中，总结出“无形者，形之君也；无端者，事之本也”的关系论。因此，透过“形神之辨”的思想背景，既能认识到“形”的审美向度，又能体悟到“神”的审美向度，亦能感受到“气”的审美向度。

从“魂气归于天，形魂归于地”②来看，生命现象中“形”“神”有聚散之变，与“气”构成通约的可能性，聚合则为物之生，散离则为物之灭。如《庄子》云：“抱神以静，形将自正”，“神将守形，形乃长生”，“忘汝神气，堕汝形骸”③在古人的整体观念中，“形”“神”之间对举，从内外而论，“形”归外，“神”属内；从虚实而论，“形”归实，“神”属虚。在这种意义上，“形神”论渐渐褪去原始宗教色彩，产生审美品评意识。在《管子》《荀子》《淮南子》《新论》《论衡》的论述中，也有对“形”“神”“气”的辨析和使用，表现出三者间的结构论和关系论。如《管子·内业》云：

> 一物能化谓之神，一事能变谓之智。

---

① 涂光社：《原创在气》，百花洲文艺出版社2001年版，第60页。

② （清）孙希旦撰，沈啸寰、王星贤点校：《礼记集解》中册，中华书局1989年版，第714页。

③ （清）郭庆藩撰，王孝鱼点校：《庄子集释》中册，中华书局2012年版，第390、390、440页。

凡人之生也，天出其精，地出其形，合此以为人。①

又如《荀子·天论》云：

天职既立，天功既成，形具而神生，好恶、喜怒、哀乐臧焉，夫是之谓天情。耳目鼻口形能，各有接而不相能也，夫是之谓天官。②

在古人的生命视野中，"形""神"紧密相连，"形"不可离"神"，"神"不可离"形"，统一于生命和精神的整体结构，以及流转不息、继而复还的生命系统。"形"在"气"中得到显现，"气"在"形"中得到流行；"神"在"气"中得到张扬，"气"在"神"中得到内敛。

如《淮南子·原道训》云：

夫形者生之舍也，气者生之充也，神者生之制也，一失位则三者伤矣。③

如《新论·祛弊》云：

精神居形体，犹火之然烛矣。如善扶持，随火而侧之，可无灭而竟烛。烛无火，亦不能独行于虚空，又不能复燃其灺，灺犹人之耆老，齿坠发白，肌肉枯腊，而精神弗为之能润泽，内外周遍，则

---

① 黎翔凤撰，梁运华整理：《管子校注》中册，中华书局 2004 年版，第 937、945 页。

② （清）王先谦撰，沈啸寰、王星贤点校：《荀子集解》下册，中华书局 2013 年版，第 365 页。

③ （汉）刘秀著，简宁撰：《淮南子集释》上册，中华书局 1998 年版，第 82 页。

气索而死，如火烛之俱尽矣。①

如《论衡·论死》云：

人之所以生者，精气也，死而精气灭。能为精气者，血脉也；人死而血脉竭，竭而精气灭，灭而形体朽，朽而成灰土。②

“形神之辨”成为“神”范畴的发生基础，激发了这一概念的变革契机，促使古人对生命结构进行精细的探索。

在古人观念中，自然、生命及文艺之道，蕴含“形”“神”“气”三位一体的整体格局，既有生命和精神的统一，也有本质和现象的统一，亦有内容和形式的统一。“形”制于“神”，“神”寓于“形”；“神”通于“气”，“气”充于“神”；“气”荡于“形”，“形”附于“气”，故而“形”“神”“气”三位一体。在古人的整体观念中，往往以“形”作宅寓和载体，以“神”作精神和智慧，以“气”作生机和活力，在“形”“神”“气”的结构论和关系论中，探索“人之所以为人”“事之所以言事”“物之所以称物”的本源所在。“形神之辨”虽是“形”“神”的问题，但也激活了“神”“气”的美学场域，推出“形气”“神气”的二度体验，使得古人从二元对立的机械性思维转向三元组合的系统性思维。

可以说，古人从“形神”论问题探寻“身心”论问题，从“身心”论问题回返“神气”论问题，构造出“形神之辨”的趋向，即“形神兼备，神气相济”的审美趋向。在古人对生命的认知中，发挥关键作用的是“神”“气”，而非显于外表的“形”。这是因为由“形”及“气”是一般生命体的普遍规律，而以“气”化“形”、以“神”塑“形”是智慧生命体的特殊规

① （汉）桓谭撰，朱谦之校辑：《新辑本桓谭新论》，中华书局2009年版，第32页。

② （汉）王充著，黄晖撰：《论衡校释》第3册，中华书局1990年版，第871页。

律。所以说，"形神之辨"含有"神气之辨"的导向，乃是"神"范畴的发生基础。如涂光社先生指出：

> 这就便于把一般的生命体(如动植物)和智慧的生命体(人)区别开来，对于不同的人生机的旺盛与否、智愚的差别、灵感的行止作出解释。①

这种生命观念对我们探讨"神"范畴的审美范式具有相当的启发性和借鉴性。于是，"形神之辨"是对"参物之性""参己之性"的融会，其最终的理想状态是实现"形神兼备"的运作之式，以及实现"神气相济"的运作之道，并影响到士人的审美意识和艺术观念，对"神"范畴的审美发生起到直接的促进作用。

由"形神之辨"来看"神"范畴的变革，"形""神"在"气"的层面上达成通约性，精神元素渗透到形质领域，延展到美学领域，拓宽了其理论视野，深化了其精神蕴涵。在古人的审美观念中，"形""神"皆有审美属性，皆有价值属性，如何显现"形""神"就成为创作难题。如此，那么"形神之辨"的审美取向又是什么？是"以形写神"，还是"以神写形"，抑或"形神兼备"？

从审美发生上来讲，"形神之辨"还影响到士人对内容(精神)与形式(体貌)关系的理解：首先，内容主导形式，通过形式而可感知；其次，形式服务内容，通过内容而可视听。所以，"形神之辨"是对形质与精神之关系的思辨，"神"高于"形"，"形"低于"神"；"神"主于"形"，"形"依于"神"；"神"聚于"形"，"形"散于"神"。在这种意义上，"形神之辨"激发了"神"范畴的变革契机，塑造了这一概念的美学原则，使之成为文学艺术的最高境界。袁济喜先生在《中国古代文论精神》一书中指出：

---

① 涂光社：《原创在气》，百花洲文艺出版社2001年版，第64页。

> 中国古代的文艺创作是非常欣赏对象的形式之美的，然而，在涉及文艺创作最深层的地方，强调以内在的精神之美作为灵魂，牢牢地将精神价值楔入文艺创作的最高境界之中，使文艺创作与感官愉悦区别开来，具备了形而上的神韵。①

“形神之辨”是“神”范畴的发生基础，“神”范畴是“形神之辨”的价值导向，以三位一体的结构模式促成了文学艺术的理想状态。古人对“形”“神”有不同的要求，在“气”的牵引下，既要求“以形写神”，强调形似之基；也要求“以神写形”，强调神似之境；亦要求“形神兼备”，强调圆融之本。从生命美学的角度来说，既然“形”“神”“气”具有三位一体的结构模式，在某种程度上具有通约的可能性，那么以“气”论“形”、以“气”论“神”，也就有了合目的性与合逻辑性。因此，由“形神之辨”催生出“神气之辨”的审美格局，并且建构出“神”范畴的审美形态，构成生命现象和精神现象的会通。

中国古代文论、乐论、书论及画论都遵循着“神本形具”的原则，要求“形似”的同时，也追求“神似”；追求“神似”的同时，也强调“形似”，在文学艺术领域显现出从“形似”向“神似”过渡的审美征兆(征候)。如嵇康的“形神相亲，表里俱济”②，顾恺之的“以形写神，传神写照”③，刘勰的“神道难摹，形器易写”④，以及宗炳“以形写形，以

---

① 袁济喜：《中国古代文论精神》，山西教育出版社2005年版，第281页。

② (魏)嵇康著，戴明扬校注：《嵇康集校注》上册，中华书局2014年版，第253页。

③ (唐)张彦远撰：《历代名画记》，浙江人民美术出版社2011年版，第92页。

④ (梁)刘勰著，范文澜注：《文心雕龙注》下册，人民文学出版社1958年版，第608页。

色貌色"，王微"本乎形者，融灵而动"，谢赫"应物象形，随类赋彩"等论。① 据此可见，在"形神之辨"的影响下，汉魏士人围绕"形""气""神"的探讨更深入、细致，呈现出不同的批评面向，在元气论、品鉴论及音乐论等场域中激活"神"的语力。古人以"形神兼备"作艺术传统，以"神气相济"作审美原则，"形""神""气"三者既组成审美价值的层次论，也组成审美追求的价值论，亦组成审美创造的方法论。

如李贽论诗画记载：

> 东坡先生曰："论画以形似，见与儿童邻。作诗必此诗，定知非诗人。"此言画贵神，诗贵韵也。然其言偏，未是至者。晁以道和之云："画写物外形，要物形不改。诗传画外意，贵有画中态。"其论始为定。卓吾子曰：余改形不成画，得意非画外也。因复和之曰："画不徒写形，正要形神在；诗不在画外，正写画中态。"杜子美云："花远重重树，云轻处处山。"此诗中画也，可以作画本矣。唐人画《桃源图》，舒元舆为之记云："烟岚草木，如带香气。熟视详玩，自觉骨戛青玉，身入镜中。"此画中诗也，绝艺入神矣。②

"形神之辨"对魏晋以降的文学艺术产生了深远的影响，带给"神"范畴的不只有"神气之辨"的思辨言说，还有"言意之辨"的诠释范式，以及审美生成过程中的生命超越和精神自由。

第三节 "言意之辨"与"神"的义理

在魏晋玄学思潮中，"言意之辨"是从"有无之辨"（本体论）、"形

---

① 俞剑华编：《中国画论类编》上卷，人民美术出版社2016年版，第583、585、355页。

② （明）李贽著，张建业主编：《李贽全集注》第17册，社会科学文献出版社2010年版，第185页。

神之辨”(认识论)引申出的思想命题。“言”指具象的文字符号，“意”指抽象的精神意蕴。在这一结构中，“言”是思维意识的表现，即可以言说的常态、常规与常例。“意”是精神本体的表现，即不可言说的真心、真情与真意。古人有“言之者失其常，名之者离其真”①之论，语言文字(器)不能完全表达出事物的精神本体(道)，符号和样式在表达意蕴和理念时总有力不从心之感。首先，作为人的思维产物的概念、判断，不可能全面、准确地反映事物内在的精神实体的真实；② 其次，作为思维工具的语言文字，又不能完全传达出人的思想意蕴。

在古人看来，认识、把握形而上的“意”，超越、完善形而下的“言”，在辨识上做文章，解决“言”“意”的结构论和关系论问题，既要求以“言”传“意”，也要求以“意”会“言”，亦要求“言”“意”兼得。就创作而言，作者往往“言不尽意”，难以将审美意蕴表达清楚、透彻和到位，造就出“含蓄深远”的文本理论。就欣赏而言，读者往往“得意忘言”，透过事物的表象而直探本原、把握本体，领略出“虽幽必显”的阐释传统。这正是“神”“气”与“言”“意”的结合，即在知“器”明“道”、尽“言”穷“意”中达到的艺术效果，即“神通气行”的审美境界，“神超气得”的阐释传统。故而，可以说“言意之辨”的哲学思潮对“神”范畴的审美发生产生了极大影响。

根据玄学思想，“言意之辨”这一论题既关涉到先秦时期“道不可说”的哲学问题，也关涉到魏晋时期“立象尽意”的诗学问题。③ 在“有无之辨”“形神之辨”的作用下，古人从“三玄”文本(《老子》《庄子》《周易》)的诠释中引出有关“圣人之言”与“圣人之意”的大争论。《老子》对“言”“意”关系的认识则是对“言”“道”关系的认识。在追寻“道”的过程

① (魏)王弼著，楼宇烈校释：《王弼集校释》上册，中华书局 1980 年版，第 196 页。

② 袁济喜：《六朝美学》，北京大学出版社 1999 年版，第 151 页。

③ 林光华：《魏晋玄学“言意之辨”研究》，社会科学文献出版社 2016 年版，第 1 页。

中，既有"无名之始""强为之名"的常"名"，"道"难以命名定义；也有"知者不言""正言若反"的常"言"，"道"难以描述形容，建构出"道不可言，道不可名"的言意观。①《庄子》对言意观的理解也是围绕"道"展开的，虽然没有直言，但其所论"言意之辨"在于通达"道"，知晓圣人之意。在"言""意""道"的关系中，既有"语之所贵，意有所随"，也有"言者物粗，意者物精"②，亦有"言者在意，得意忘言"，建构出"言以寄意，意以达道"的言意观。《周易·系辞上》载："子曰：'书不尽言，言不尽意。'然则圣人之意，其不可见乎？子曰：'圣人立象以尽意，设卦以尽情伪，系辞焉以尽其言，变而通之以尽利，鼓之舞之以尽神。'"③古人认识到"言""意"之间有张力，当"言"（书写符号和声音形式）不尽"意"（天道之意和人心之意）时，便在"无言""忘言"的基础上创制"设卦""系辞"的体验方式，建构出"观物取象，立象尽意"的言意观。时人在"形""神""气"的基础上提出"言""象""意"的构想，以期在"通神明之德""类万物之情"中实现"通神""入神"的阐释传统。

随着玄学清淡和人物品鉴的兴盛，在"三玄"言意观的基础上，呈现荀粲"言不尽意"、欧阳建"言可尽意"、王弼"得意忘象"等论，众人在对"言"的超越中皆有对"意"的不同领悟。荀粲祖述庄子之说，据《三国志·荀彧传》记载：

> 粲诸兄并以儒术论议，而粲独好言道，常以为子贡称夫子言性与天道，不可得闻，然则六籍虽存，固圣人之糠秕。粲兄俣难曰："《易》亦云圣人立象以尽意，系辞焉以尽言，则微言胡为不可得而

①　（魏）王弼注，楼宇烈校释：《老子道德经注校释》，中华书局2008年版，第1、63、147、187页。

②　（清）郭庆藩撰，王孝鱼点校：《庄子集释》中册，中华书局2012年版，第492、571~572页。

③　（魏）王弼注，（唐）孔颖达等疏，李申等整理：《周易正义》，北京大学出版社1999年版，第291页。

闻见哉?”粲答曰：“盖理之微者，非物象之所举也。今称立象以尽意，此非通于意外者也；系辞焉以尽言，此非言乎系表者也。斯则象外之意，系表之言，固蕴而不出矣。”①

在这种观念中，“圣人之意”是精神本体的显现，非言语可传，非物象可状。若有可传、可状者，皆是糟粕而已。玄理是卦象所不能穷尽、形象的，拘泥于“经籍之言”则不能通达于“微言大义”，所以在“象外”“系表”之间强调“意内言外”“言不尽意”。又如欧阳建《言尽意论》云：

夫天不言，而四时行焉；圣人不言，而鉴识存焉。形不待名，而方圆已著；色不俟称，而黑白以彰。然则名之于物，无施者也；言之于理，无为者也。而古今务于正名，圣贤不能去言，其故何也？诚以理得于心，非言不畅；物定于彼，非言不辩。言不畅志则无以相接，名不辩物则鉴识不显。鉴识显而名品殊，言称接而情志畅。原其所以，本其所由，非物有自然之名，理有必定之称也。欲辩其实，则殊其名；欲宣其志，则立其称。名逐物而迁，言因理而变。此犹声发响应，形存影附，不得相与为二。②

欧氏认为先有言语之“言”，后有事物之“名”，“言”旨在表意和达意，“名”旨在识物和辨物。既然事物是不断变化发展的，“形”变而“言”变，“言”变而“名”变，“名”变而“意”变，强调“名可称物，言可尽意”之论。很显然，魏晋士人虽然在“言”能否尽“意”上各执一辞，但是对“意”的探索却是不谋而合的。在这种思辨中，“意”有“文本之意”“阐

---

① (晋)陈寿撰，陈乃乾校点：《三国志》第2册，中华书局1959年版，第319~320页。

② (唐)欧阳询撰，汪绍楹校：《艺文类聚》上册，上海古籍出版社1999年版，第348页。

释之意"之别，其终极指向乃是精粹、精微及精炼的"神"，对探讨"神"范畴的审美生成具有较大的启发作用。此外，王弼"深于体用之辨，故上采言不尽意之义，加以变通，而主得意忘言"①，从"有无之辨"转向"言意之辨"，他尤为注重对精神本体的领会与把握，以期在"言""象""意"的结合中达到"神超气得""神通气行""神完气足"的极致。如王弼《周易略例·明象》云：

> 夫象者，出意者也。言者，明象者也。尽意莫若象，尽象莫若言。言生于象，故可寻言以观象；象生于意，故可寻象以观意。意以象尽，象以言著。故言者所以明象，得象而忘言；象者，所以存意，得意而忘象。……象生于意而存象焉，则所存者乃非其象也；言生于象而存言焉，则所存者乃非其言也。然则，忘象者，乃得意者也；忘言者，乃得象者也。得意在忘象，得象在忘言。故立象以尽意，而象可忘也；重画以尽情，而画可忘也。②

在此，"象"指卦象和爻象，"言"指卦辞和爻辞，"意"指精神和思想，乃《周易》认识论的基本原则。"言"可明"象"，用于解释"象"；"象"可尽"意"，用于传达"意"；"意"可合"言"，用于指导"言"，"言""象""意"彼此互为从属和依附关系。既然"言"只是明"象"的形式，"象"只是尽"意"的符号，应"舍筏登岸"③，得"象"则可舍"言"，得"意"则可弃"象"。如果拘泥于"言"，执守于"象"，那么会在阐释中出现滞隔，从而将"意"(精粹、精微及精炼的"神")阻挡在认识外，无法领会事物的事实本体，无法把握事物的本来面目。"言""象""意"的认识逻辑，

---

① 汤用彤：《魏晋玄学论稿》，上海古籍出版社2005年版，第21页。

② (魏)王弼著，楼宇烈校释：《王弼集校释》下册，中华书局1980年版，第609页。

③ (明)何景明著，李淑毅等点校：《何大复集》，中州古籍出版社1989年版，第576页。

同“形”“气”“神”的理论逻辑具有趋同性，在审美境界和阐释理念上是相对一致的。因此，可以说“言意之辨”在终极意义上促成了“神”范畴的审美变革和审美取向。

（宋）范宽《寒江钓雪图》

随着“言意之辨”的深入发展，这种审美范式广泛地渗入文学艺术领域，以“言”“意”的审美自觉，带动“神”的审美变革，激发“神”的审美取向。在“言意之辨”的审美移位中，“言”的概念趋于稳定，停留于音响形式和书写符号的层面；“意”的概念发生转变，从玄学中解放出来，指向主体情感和艺术本质。魏晋士人将“言意之辨”引入审美领域，赋予“意”以含蓄的审美情感、蕴藉的审美旨趣、净化的审美心境。“神”范畴的审美生成就与魏晋士人张扬的崇“象”息“言”、崇“意”息“象”有很大关系，“意”“神”达成通约的审美可能，得“意”则通“神”、入“神”，通“神”、入“神”则可领会和把握精神本体。无论“言不尽意”还是“言可尽意”，无论“得象忘言”还是“得意忘象”，这些观念都涉及艺术创作与经典阐释的核心问题。在中国古人的审美观念中，“言”“象”“意”组成由表及里的文本层次，“形”“气”“神”组成由浅入深的审美结构。可以说，“言意之辨”为“神”范畴的审美生成提供了模式和路径，促成了“气盛化神”的审美发生。从事创作，须得“意”，以感性驾驭文本；从事批评，须得"意"，以理性驾驭文本。这里的得"意"就是得文本的内在之"神"，即"得之于手而应于心"，实现"神通气行"的审美效果和"神超气得"的阐释效果。魏晋士人的言意观念触发了"神"范畴的变革契机，重塑了"神"范畴的审美取向，契合其只可意会而不可言传的微妙特点。

第三章　致用：“神”的再生机制

从审美发生学角度看，古人对“神”范畴的认识，既有“自然元气”“人物品鉴”“音乐美学”的语境，也有“有无之辨”“形神之辨”“言意之辨”的契机。在“形”“气”“神”或“精”“气”“神”的结构中，“神”范畴体系不只是概念要素的组合，还是批评要素的理论构建，既有从养气到得神的澄清，也有从气静到神远的涵育，亦有从气始到神结的统一。随着哲学的转向和艺术的自觉，“神”“气”观念丛共同构成“神”范畴的价值观念，包含政治功利、伦理道德、宗教哲学、艺术审美等评价要素。古人使用某一具体要素来评判“神”范畴的审美价值，或者以综合为总的评价尺度来衡量判断这一文论概念的整体价值。“形”“气”“神”或“精”“气”“神”观念丛在概念结构中处于不同位置，会产生不同的思维方式、价值理想和精神意境，这些内在差异必将直接影响和作用于“神”范畴的审美形成。① 如果说“神”范畴的原生语境是对必然性的探讨，衍生契机是对偶然性的探讨，那么再生机制就是必然性和偶然性的融合，体现古人对“神”范畴的旨趣与追求。

第一节　从“养气”到“得神”

在“神”范畴的审美发生中，衍生出一种整体性的生命观念，逐渐

---

① 敏泽、党圣元：《文学价值论》，社会科学文献出版社 1997 年版，第 258 页。

渗入政治、道德、宗教、文学、艺术等领域。根据"近取诸身，远取诸物"的方法，古人以"神"为核心，建构出"形""气""神"的生命观念，即"三位一体"的结构论和关系论："神""气"寓于形骸，形体受制于"神""气"；在形体之间，"气"是基础，"神"是精粹，所以"气"之凝聚则升华为"神"，即"养气得神"。在古人文化视野中，"神""气"整体结构的建立，有利于辨析具象之"神"与精神之"神"的关联，使得天、地、人的解释体系更加精妙圆融。① 古人通过滋养"气"而调养"形"，在调养"形"的基础上证得"神"。作为基本生命元素，由"气"通向"神"，既可营卫"生机"（生理机能），随体显现，随物赋形，也可涵育"文机"（精神气质），流转情感，贯通事理。

如谭嗣同在《石菊影庐笔识·思篇》中所说：

> 夫浩然之气，非有异气，即鼻息出入之气。理气此气，血气亦此气，圣贤庸众皆此气，辨在养不养耳。得养静以盈，失养暴以歉，气行于五官百骸，形而为视听言动，著而为喜怒哀乐，推而究之，齐治均平，所由出也。其养之也，又非吐纳屈伸之谓也。惩忿窒欲固其体，极深研几精其用。惩与窒，斯不忧不惧继之矣；极与研，斯尽性至命继之矣。故善养气者，喜怒哀乐视听言动之权，皆操之自我者也。操之自我，而又知言以辨其得失，于是无有能惑之者，而不动心之功成矣。②

谭氏澄清从"气"到"神"的衍变机制，既有对生机的营卫，也有对

① 就主导倾向而言，"形神相即"和"神""气"高于"形"的思想，是历代研究者的基本共识，表现为重神轻形的价值倾向，如神姿离彻、神理俊彻、神矜可爱、精神渊著、神清明秀、神姿朗彻、器朗神俊之类。见夏静：《文气话语形态研究》，商务印书馆2014年版，第317~318页。

② （清）谭嗣同著，蔡尚思、方行编：《谭嗣同全集》上册，中华书局1981年版，第137页。

文机的涵育。在"神"的审美发生中，"神""气"终会融为一体，由流通的"气"转为精深的"神"，兼具动力和目的的双重作用。

根据阴阳协调的原理，养气可护形，护形可凝神，凝神可运气，故由养气而抵达形骸深处，探寻脏器精微(即"神")，识鉴事物体性。在古人的文化视野中，"神"的审美发生，乃源于"气""神"间的转化，二者在生命系统中是同构、同律和同象的。

如《黄帝内经·素问》云：

> 养神者，必知形之肥瘦，荣卫血气之盛衰。血气者，人之神，不可不谨养。①

《黄帝内经·灵枢》云：

> 营卫者精气也，血者神气也，故血之与气，异名同类焉。②

在这一生命结构中，"形""血""志"等要素的盛衰变化，"气"居于体外，"神"居于体内，始于"养气"，终于"得神"。此外，又如《黄帝内经·素问》云：

> 候吸引针，气不得出，各在其处，推阖其门，令神气存，大气留止，故命曰补。
>
> 神有余有不足，气有余有不足，血有余有不足，形有余有不足，志有余有不足，凡此十者，其气不等也。③

---

① (唐)王冰撰：《黄帝内经·素问》，人民卫生出版社1963年版，第168页。

② 刘衡如校：《灵枢经》，人民卫生出版社1964年版，第93页。

③ (唐)王冰撰：《黄帝内经·素问》，人民卫生出版社1963年版，第171、334页。

从整一圆融的系统来看，"神"不只有单向作用，在"养气得神"的营卫中还有综合的统领作用，既能激活生命体的生命活力，又能调节生命体的生理活动，亦能主宰生命体的精神活动。这个过程之所以顺利实现，关键在于对"气"的滋养，表现为对"形"的调和，对"血"的充盈，对"志"的涵育，使之达到阴阳莫测的状态。在生命系统的建构中，古人通过对"神"(精神气质)的凝聚和运行，以此实现了"气化赋形""体物得神"的原动力和原目的。因此，"神"范畴的审美发生，既可在"形""血""志"中得到澄清，也可在"形""神""气"中得到说明。

从中医思想到道家思想，以"养气得神"探讨生命观念，乃是一个经久不衰的话题。先贤们从不同路径和角度对"形""神""气"的结构论和关系论进行追索及思考，显现出从个别到一般的认识模式，从微观到宏观的把握模式，从实证到思辨的运思模式。《庄子》最早建构出"神"范畴的衍变机制，既有"形神并举"的观念，也有"神气相通"的观念，亦有"气形互化"的观念。

如《庄子·达生》云：

> 臣将为鐻，未尝敢以耗气也，必齐以静心。齐三日，而不敢怀庆赏爵禄；齐五日，不敢怀非誉巧拙；齐七日，辄然忘吾有四枝形体也。当是时也，无公朝，其巧专而外滑消；然后入山林，观天性；形躯至矣，然后成见鐻，然后加手焉；不然则已。则以天合天，器之所以疑神者，其是与！①

此处所提及的"耗气"和"凝神"是相对而言的运作方式，"神""气"相通，其中"气"指自然元气，"神"指精神个性。若"气"有损耗，则不能凝"神"；"气"有离散，则不能存"神"。《庄子》对生命观的建构，既

① (清)郭庆藩撰，王孝鱼点校：《庄子集释》中册，中华书局2012年版，第657页。

注重对“养气”之始的揭示，也注重对“得神”之终的探寻。

如《左传·昭公九年》记载：

> 味以行气，气以实志，志以定言，言以出令。臣实司味，二御失官，而君弗命，臣之罪也。①

如《孟子·公孙丑上》云：

> “敢问夫子恶乎长?”曰：“我知言，我善养吾浩然之气。”“敢问何谓浩然之气?”曰：“难言也。其为气也，至大至刚，以直养而无害，则塞于天地之间。其为气也，配义与道。无是，馁也。”②

如果说道家的“养气”侧重于生命、生理及体能意义，那么儒家的“养气”侧重于道义、伦理及人格意义，皆有“得神”的价值取向。从“养气”到“得神”是道德修养和人格境界的有机融合，“神”的衍变机制便开始从表面化转向深层化，从物质化转向精神化。因此，“神”范畴的审美发生，离不开“气”的有效参与，在于“虚静无待”，在于“与物同化”，在于“顺天而行”，即凝神在于养气，养气在于存神；神凝则气聚，神散则气消。

就“神”范畴的衍生机制而言，这一观念丛在“生命化批评”的场域中，构成了“生命之喻”的深层形式，表现出“扶阳而出条，顺阴而藏迹，首尾周密，表里一体”③的审美取向。在传统文化思想中，“神”往往指向主体的精神状态，建构出“凝神贯气”“调气畅神”的涵育原则，

---

① 杨伯峻编著：《春秋左传注》第4册，中华书局1990年版，第1312页。

② (清)焦循撰，沈文倬点校：《孟子正义》上册，中华书局1987年版，第199~200页。

③ (梁)刘勰著，范文澜注：《文心雕龙注》下册，人民文学出版社1958年版，第651页。

故而"得神"的关键性是不言而喻的，成为生命主体与艺术主体的双重需要。

如朱庭珍《筱园诗话》云：

积理而外，养气为最要。盖诗以气为主，有气则生，无气则死，亦与人同。①

如刘熙载《游艺约言》云：

笔性墨情，皆以人之性情为本。是则理性情者，书之首务也。诗文书画，皆生物也。然生不生，亦视乎为之之人，故人以养生气为要。②

从"养气"到"得神"乃是为学的涵育基础，经由"气"的滋养和鼓荡，人之"神"与文之"神"发生某种程度的融通。在"神"的发生模式中，待到"养气"达到极盛时，以"得神"为旨归，继而"识体"或"创文"，显现出"神用象通，情变所孕，物以貌求，心以理应"③的衍生理路。所以，"如何养""如何得"就是"养气得神"需要澄清的问题。于是，就"养气"而论，由陶冶、钻研而养，有道德人格、山水游历、经典学习等；就"得神"而论，由虚静、闲适而得，有涤除玄览、平和心志、入兴贵闲等。④"气"之所养是否达到得"神"之境，这是精神个性

① 郭绍虞编选，富寿荪校点：《清诗话续编》下册，上海古籍出版社1983年版，第2332页。

② （清）刘熙载著，刘立人、陈文和点校：《刘熙载集》，华东师范大学出版社1993年版，第575页。

③ （梁）刘勰著，范文澜注：《文心雕龙注》下册，人民文学出版社1958年版，第495页。

④ 赵树功：《气与中国文学理论体系构建》，人民出版社2012年版，第95、109页。

得以实现的关键；“神”之所得是否达到运“气”之态，这是自然元气得以流通的前提。因而，古人对从“养气”到“得神”的澄清，使得“神”范畴合有“素养之道”与“心境之道”，构建出独具特色的文论概念。

在“神”范畴的审美发生中，从“养气”到“得神”逐渐转向艺术创作及批评领域，成为传统文人追求自然、超越智巧的必由之路。这就是“神”范畴的发生基础，并以此贯通诸多生命元素，也建构出“儒道兼综，天人会通”的生命形态，即“形”“神”“气”与“精”“气”“神”的理论化、系统化。从庄子到孟子，从陆机到刘勰，从韩愈到苏辙，对“得神”的探讨皆属观念性的标举。到元代陈绎曾有所改观，“神”这一文论概念细化为可操作的涵育原则，在创作及批评中建构出系统的“养气得神”论，超越了过去单向手段(如陶冶、读书、壮游、凝神等)的局限。既在“屏欲弃染，息虑澄神”的心境中“养气”，又在“此景此事，此情此意”的会通中“得神”。①

清代戴名世将“得神”论概括为“生精”“养气”“通神”三者，他在《答伍张两生书》一文中说：

> 盖其说有三，曰精、曰气、曰神。此三者炼之，凝之，而浑于一，于是外形骸，凌云气，入水不濡，入火不爇，飘飘乎御风而行，遗世而远举，其言云尔。余尝欲学其术而不知所从，乃窃以其术而用之于文章。②

在传统诗文评中，“神”由外在形态的锤炼与拓展形成内在智慧与力量的蜕变。“养气”乃是“得神”的手段，臻于自然之妙境；“得神”乃是“养气”的目的，通于造化之自然。所以说，“神”范畴的审美发生不单是自

---

① 王水照编：《历代文话》第2册，复旦大学出版社2007年版，第1231、1233页。

② (清)戴名世著，王树民编校：《戴名世集》，中华书局1986年版，第4页。

身缘故，而是有着丰富的基础，既有"形""神""气"的基础，也有"精""气""神"的基础。

第二节 从"气静"到"神远"

在"神"范畴的审美发生中，"神""气"产生会通，"神""气"皆虚静而得，"心""物"寂远而守，"情""景"涵育而转，"气静""神远"构成了"神"这一概念的衍变机制。在虚静、寂远的体验中，"静"是对"气"的心理涵育，"气"充盈而"神"全足；"远"是对"神"的创作撷取，"神"畅通而"气"盛行。可以说，从"气静"到"神远"的发生机制，从"神通"到"气行"的运行机制，能有效地揭示出"神"范畴的概念基础。

如汤显祖《朱懋忠制义叙》云：

> 气与机相辅相轧以出。天下事举可得而议也。吾以为二者莫先乎养气。养气有二。子曰："智者动，仁者静；仁者乐山，而智者乐水。"故有以静养气者，规规环室之中，回回寸管之内，如所云胎息踵息云者，此其人心深而思完，机寂而转，发为文章，如山岳之凝正，虽川流必溶滀也，故曰仁者之见；有以动养其气者，泠泠物化之间，亹亹事业之际，所谓鼓之舞之云者，此其人心炼而思精，机照而疾，发为文章，如水波之渊沛，虽山立必陂陁也，故曰智者之见。①

"静"可入兴（审美感兴），指心物之间从无到有（从"气"到"神"）的心理映射，由虚静的审美境域中显现出所论之物的姿容，即"镜无畜

① （明）汤显祖著，徐朔方笺校：《汤显祖全集》第2册，北京古籍出版社1999年版，第1129~1130页。

影，触形则照”，“虚已应物，挟情适事”。① 在虚静浑融的“气”中，引导出创作兴致，化作情思奔流之势；“远”可入思（审美情思），指情景之间从有到无的创作反馈（从“神”到“气”），由寂远的审美体验挖掘出所论之物的情感，即“以情而开兴，引入致深”，“虚明朗照，闲邃笃情”。② 于是，在逮彼幽通的“神”中，激发出主体力量，化作文采飞扬之效，表现为“推含毫伫思之道，得散朴成形之理”③，此间既有“气充神盛”的审美发生，也有“神全气蕴”的审美发生。因此，在传统文论中，从“气静”到“神远”，属于“神”范畴的生发形式，既有对创作论的揭示，也有对批评论的建构。

根据“心游目想移晷忘倦”④的审美原则，“气静”是“神远”的基础，由“气”的虚跃而趋向“神”的激活；“神远”乃是“气静”的归宿，由“神”的灵通而趋向“气”的势能。

如黄汝亨《歇庵集序》云：

> 夫人具天地之心，虚而已，虚跃而为灵，灵通而为道，道演而为经，经散而为文，而诗赋传记序述之篇溢矣。故文者道之器，而虚灵者才之钥也。文不明道，不发乎虚灵之源，即镌金石，烂云霞，垂不朽之业，声施后世，亦才子之文耳已。⑤

就审美发生而言，“神”是古人获得文思、文才、文笔的素养储备，

① （晋）陆机著，杨明校笺：《陆机集校笺》上册，上海古籍出版社 2016 年版，第 507 页。

② （清）沈德潜编：《古诗源》，中华书局 2006 年版，第 180 页。

③ 周祖譔编选：《隋唐五代文论选》，人民文学出版社 1990 年版，第 360 页。

④ （梁）萧统编，（唐）李善注：《文选》第 1 册，上海古籍出版社 1986 年版，序第 2 页。

⑤ （明）陆云龙等选评，蒋金德点校：《明人小品十六家》下册，浙江古籍出版社 1996 年版，第 411 页。

既在虚静中"养气自守"，使"气"积蓄出灵动的自然形态；也在观照中"体物得神"，使"神"激发出畅通的精神力量，从而在"神""气"与"思""才""笔"的转化中完成了"申写郁滞""吐纳文艺"的创作过程。在"神"范畴的发生中，创作论和批评论是同构的，共享一套生成机制，在"运思"中得到彰显，在"运才"中得到实践，在"运笔"中得到完善。所以，我们可以说，在"神"范畴的转化中，入"静"、入"远"，皆是入"兴"、入"思"，更是入"才"、入"笔"。

如况周颐《蕙风词话》云：

人静帘垂，灯昏香直。窗外芙蓉残叶飒飒作秋声，与砌虫相和答。据梧冥坐，湛怀息机。每一念起，辄设理想排遣之。乃至万缘俱寂，吾心忽莹然开朗如满月，肌骨清凉，不知斯世何世也。斯时若有无端哀怨怅触于万不得已；即而察之，一切境象全失，唯有小窗虚幌、笔床砚匣，一一在吾目前。此词境也。①

如冠九《都转心庵词序》云：

"明月几时有"，词而仙者也。"吹皱一池春水"，词而禅者也。仙不易学，而禅可学。学矣，而非栖神幽遐，涵趣寥旷，通拈花之妙悟，穷非树之奇想，则动而为沾滞之音矣。其何以澄观一心，而腾踔万象。是故词之为境也，空潭印月，上下一澈，屏智识也。清磬出尘，妙香远闻，参净因也。鸟鸣珠箔，群花自落，超圆觉也。②

---

① （清）况周颐著，王幼安校订：《蕙风词话》，人民文学出版社1960年版，第9页。

② （清）如冠久：《都转心庵词序》，《词学集成》卷七，唐圭璋编：《词话丛编》，中华书局1986年版，第3294页。

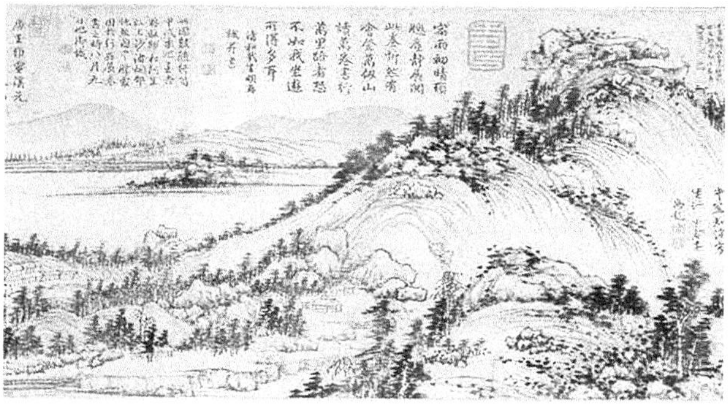

（元）黄公望《富春山居图》

由此可见，由静及远的审美涵育，就是从自然物象到艺术意象的内在功夫，以及从审美心境到人生境界的内在修养。因此，"神"这一概念的审美发生，既有"静观生象"的心灵状态，也有"远游构境"的审美理想。

在古人的审美体验中，从"气"到"神"的过程，既是从"静"到"远"的心理调动，也是从"目"到"心"的审美运作，在艺术准备中观物，在艺术构思中生象，在艺术表达中构境。从阴阳之义的角度来说，"神"这一概念是或默或语、或隐或现的，其发生基础正是从"气"到"神"的动静互涵。

如赵孟頫《默斋记》云：

> 夫阴者，阳之基也；静者，动之代也。阴不极，则阳不生；静不极，不能以致动。①

这种互涵活动是"神"范畴的发生过程，从"气静"到"神远"的审美

① （元）赵孟頫著，任道斌校点：《赵孟頫集》，浙江古籍出版社1986年版，第145页。

注意、审美想象和审美体验，有助于生成艺术语言、艺术意象和艺术境界，在"静观则明""远游则深"之际生发出"气静神远"的心理机制和创作规律。

如陆机《文赋》云：

> 其始也，皆收视反听，耽思傍讯，精骛八极，心游万仞。其致也，情曈昽而弥鲜，物昭晰而互进。倾群言之沥液，漱六艺之芳润。浮天渊以安流，濯下泉而潜浸。①

如刘勰《文心雕龙·神思》云：

> 古人云："形在江海之上，心存魏阙之下。"神思之谓也。文之思也，其神远矣，故寂然凝虑，思接千载；悄然动容，视通万里；吟咏之间，吐纳珠玉之声；眉睫之前，卷舒风云之色：其思理之致乎。②

气静而目想，神远而心游；目想而精思，心游而冥构，"神"这一概念是调动感官而又超越感官的审美体验。如张怀瓘《书断序》云：

> 虽彼迹已缄，而遗情未尽，心存目想，欲罢不能，非夫妙之至者，何以及此。③

---

① （晋）陆机著，张少康集释：《文赋集释》，人民文学出版社2002年版，第36页。

② （梁）刘勰著，范文澜注：《文心雕龙注》下册，人民文学出版社1958年版，第493页。

③ 上海书画出版社、华东师范大学古籍整理研究室选编校点：《历代书法论文选》，上海书画出版社1979年版，第155页。

这种心驰向往的“妙之至者”就是“神”范畴的发生基础。李日华《竹嬾论画》在“身容”“目瞩”的基础上，建构出“意游”的审美空间：

> 目力虽穷，而情脉不断处是也。又有意所忽处，如写一石一树，必有草草点染取态处。写长景必有意到笔不到，为神气所吞处，是非有心于忽，盖不得不忽也。①

（宋）刘松年《四景山水图》

因此，围绕“神”的终极体验，从“气静”到“神远”的审美发生，既是对“心游”“目想”的有效整合，也是对“情感”“想象”的有效延展。

如果说“养气”“得神”是“神”范畴生成的生理基础，那么“气静”“神远”是“神”范畴生成的心理基础。无论人物品评，还是艺术创作，“静安”起着催化作用，静使气灵，气静定志；“远变”起着激发作用，远使神游，神远立本，使“才力”“才性”“才学”在“神”范畴的审美发生中呼之而出。在古人的审美体验中，静而体安，远而体变，“神”这一文论概念既是艺术主体的审美诉求，也是艺术客体的审美价值。古人对“神”的审美构造，在艺术创作中层层推进，由静入远，由远及深，由

---

① 俞剑华编：《中国画论类编》上卷，人民美术出版社2016年版，第131页。

深通幽，由幽察微，达到"养气""澄神"的审美极致。如陈绎曾《文章欧冶》云：

> 屏欲弃染，息虑澄神。静定莹彻，此心光明普遍，如青天白日，上也；虚明圆莹，如澄秋皎月，次也；清冷渊静，如万顷寒潭，又其次也；如清池、如明镜，则可小用而已。以此照物，何物不烛？以此照理，何理不明？以此役神，何神不妙？以此属辞，何辞不精？上智君子，敬之敬之。①

"养气得神"是"神"范畴的营卫基础，"气静神远"是"神"范畴的实践路径。因此，作为至高至妙的批评标准，追求"神"的极致，须"涤除玄览"，须"耽思傍讯"，须"入兴贵闲"，须"心游目想"，完成"运思""运才""运笔"等活动，这才是第一等工夫。

传统诗文评中"神"范畴的发生，乃是在"神""气"两妙间动静互涵，在"心""目"两极间远近互照。如莫秉清《瞿式似诗草序》云：

> 诗之妙有二：一曰气，一曰神。气贵于静，静者凝朴而不佻。神贵于远，远者渊永而不肤。诗至气静神远，则思路之细，格律之纯，又不必言矣。此其理如山川然，断峰止泽，势无所属，而神气所涵，一望而知。而气之与神，又不藉资入者也，有候焉，候之至，盖在善养哉！而其用则又在于空，空则世故不系于胸。凡外之山水草木朋友疾病，以至兵火离乱穷困不堪之事，无不可以为诗。无不可以为诗而又能臻其妙，其理未易为他人言也。②

传统诗文评中"神""气"两妙既是审美风格，也是创作源泉，显现

---

① 王水照编：《历代文话》第2册，复旦大学出版社2007年版，第1231页。

② 王镇远、邬国平编选：《清代文论选》上册，人民文学出版社1990年版，第115~116页。

出一体两面的互涵(互照)机制，各有所贵，各有所系。在“神”范畴体系下，静可观心，远可构目，游可涵神，想可育气。诗文有气，“故纳万境”①；诗文有神，“方可行远”②；有气有神，“佳句纵横”③。作为动静互涵的妙用，“神”是语言所不能穷尽的审美蕴藉；作为远近互照的极用，“神”是符号所不能形象的审美形式。唯有集中于“心游”“目想”，才能顺利地开启“气静神远”的极妙之处，才能有效澄明“气静神远”的极微之处。因此，从“气静”到“神远”的涵育，即是对“神”审美发生的认识和实践，使之在艺术创作和批评过程中具有显著的可操作性和可执行性。

第三节　从“气始”到“神结”

在“神”范畴的审美发生中，从“气始”到“神结”构成自然、生命及文艺的两端，既衍生出统一的审美风格，也显现出统一的审美情趣，亦构造出统一的审美意识。在古人看来，“气始”“神结”是文艺创作的两端，也是文艺批评的两端。

如贺贻孙《诗筏》云：

> 唐人五言律之妙，或有近于五言古者，然欲增二字作七言律则不可。七言律之奇，或有近于七言古者，然欲减二字作五言律则不能。其近古者，神与气也。作诗文者，以气以神，一涉增减，神与气索然矣。

---

① (宋)苏轼著，孔凡礼点校：《苏轼诗集》第3册，中华书局1982年版，第906页。

② 郭绍虞编选，富寿荪校点：《清诗话续编》上册，上海古籍出版社1983年版，第136页。

③ (唐)皎然著，李壮鹰校注：《诗式校注》，人民文学出版社2003年版，第39页。

盖龙门与《焦仲卿》篇之胜，在人略处求详，详处复略，而此则段段求详耳。然其必不可朽者，神气生动，字字从肺肠中流出也。①

"神"是自然、生命及文艺的支撑力和推动力。这种首尾相照的衍生机制，由"气"及"神"，使得"神"这一概念既在"生机""活力"中得到统一，也在"赋形""表意"中得到统一。

如黄子云《野鸿诗的》云：

杜之五律、五七言古，三唐诸家亦各有一二篇可企及，七律则上下千百年无伦比。其意之精密，法之变化，句之沉雄，字之整练，气之浩汗，神之摇曳，非一时笔舌所能罄。②

在传统诗文评中，"气始""神结"既是一体两面的审美形式，也是一体两面的审美蕴藉，这有助于理解"神"范畴的审美发生。细而绎之，"气"周于楮墨之中，有"气"则有文势，势畅意丰；"神"溢于笔舌之外，有"神"则有文意，意广势壮。

又如黄子云《野鸿诗的》云：

从摇飏而得者，其诗也神；从锤炼而得者，其诗也精；从鼓荡而得者，其诗也有气。

诗不难乎起而难乎气；诗不难乎结而难乎神。③

"神"这一审美体验是自然、生命及文艺的内在功夫(内在修养)，以

① 郭绍虞编选，富寿荪校点：《清诗话续编》上册，上海古籍出版社 1983 年版，第 138、139 页。

② 丁福保辑：《清诗话》下册，上海古籍出版社 2015 年版，第 884 页。

③ 丁福保辑：《清诗话》下册，上海古籍出版社 2015 年版，第 889、890 页。

"气"作始，则美在充盈之力、鼓荡之劲；以"神"作结，则美在自然之姿、超逸之态。因此，我们可以说，从"气始"到"神结"构成了"神"范畴的发生基础。

在古人的审美经验中，"神"既是创作及批评的内在力量，也是形式及蕴藉的内在核心，呈现有始有终、有起有结的格局。如焦循《文章强弱辨》云：

> 文之强弱，不在形而在骨，不在骨而在气，不在气而在神。得乎形者知形，得乎神者知神。①

说明，形之生也，必由气始，气始生化；意之得也，必由神结，神结蓄育。无论是"气化赋形"，还是"神变表意"，皆有首尾衔接、往复成环的审美效应。就"神"的审美发生而言，"气始""神结"是这一审美观念的两端节点，其中"气"为"神"之始，"神"为"气"之结，"气始"是审美发生的前提，"神结"是审美发生的目的；"气始"是审美批评的路径，"神结"是审美批评的方法。

在古人看来，从"气始"到"神结"是"神"范畴极其精微的衍生义理和极其深妙的书写智慧。在"神"这一审美体验中，气之始也，则振起有力，音节劲健，字句生动，语势连贯，文势顺畅；神之结也，则妙笔生花，摇曳生姿，情感饱满，文意明敞，文境深邃。所以说，从"气始"到"神结"的内在统一，使得传统文论中"神"范畴显现出一定的格局态势，其主要特征在于具有运动感、力量感和生命感，故这一概念能有效地诱动引发审美主体的艺术思维活动和审美情趣。② 因此，"气始""神结"的整体配合，构成了"神"范畴的发生基础，于是，朗而吟之，既有"气"的审美之始，也有"神"的审美之结；抑而按之，既有"势"的

① （清）焦循著，刘建臻点校：《焦循诗文集》上册，广陵书社2009年版，第146页。

② 黄霖等著：《原人论》，复旦大学出版社2000年版，第280页。

审美之始，也有"意"的审美之结。

在中国古代文艺理论中，任何一种审美范式的出现，都会有对发生基础(衍变机制)的澄清、涵育和统一。于"神"范畴的发生而言，"气始"既是"气以实志，志以定言"的养气之始，也是"凭情会通，负气适变"的运气之始。"神结"既是"规矩虚位，刻镂无形"的神理之结，也是"情以物迁，辞以情发"的神思之结。① 所以，从"气始"到"神结"衍生出的审美范式，既是对"神"观念丛的价值澄清，也是对"神"观念丛的结构涵育，亦是对"神"观念丛的机制统一。如李重华《贞一斋诗说》云：

> 诗有三要，曰：发窍于音，征色于象，运神于意。何谓音？……故诗家写景，是大半工夫。今读古人诗，望而知为谁氏作。象固然矣，斯不独征声，又当选色也。意之运神，难以言传，其能者常在有意无意间。何者？诗缘情而生，而不欲直致其情；其蕴含只在言中，其妙会更在言外。《易》曰："鼓之舞之以尽神。"善写意者，意动而其神跃然欲来，意尽而其神渺然无际，此默而成之，存乎其人矣。②

"音""象""意"通于"形""神""气"的结构，"音"贵在"激鸣"，"象"贵在"摹色"，"意"贵在"运神"，所以说，"意立而象与音随之"，神结而形与气随之，"神结"乃是终极体验，"意动而其神跃然欲来，意尽而其神渺然无际"。"音始""意结"的模式，与"气始""神结"的机制是同态的，具有非常类似的观照意识。首先，悟"音"可取"象"、命"意"；其次，觉"气"可构"形"、运"神"。又如李重华说：

> 夫神妙物于不知，气入物于无间，固各有当也。诗之宗莫若

① (梁)刘勰著，范文澜注：《文心雕龙注》下册，人民文学出版社1958年版，第506、521、493、693页。

② 丁福保辑：《清诗话》下册，上海古籍出版社2015年版，第955页。

李、杜。杜生气远出，而总以神行其间；李神彩飞动，而皆以浩气举之。是两人得之于天，各擅其长矣。惟夫杜之妙，神行而气亦行；李之妙，气到而神亦到，此其所以未易优劣尔。①

从“气始”到“神结”是一个首尾相照的连续过程，使得这一文论概念具有多种审美效应，振气舒秀，气运而神行，神行而气通；凝神发英，气至而神往，神往而气驰。从“气始”到“神结”，既使作者的精神和气魄有所托寄，也使读者的涵养和化育有所依凭，建构出“行神如空，行气如虹”的审美范式。

在“神”范畴的审美发生中，“神”具有一体两面的审美效应，建构出“气始”“神结”的发生观念。如顾炎武的“气之盛者为神”，王夫之的“神者气之灵”，刘大櫆的“神为气之主”，方东树的“气之精者为神”等。围绕“神”这一核心概念，这些批评话语既是对“气始”“神结”的标举，也是对“神来”“气来”的通约，亦是对“气盛”“化神”的阐扬。所以说，在古人对“神”的审美认识中，“气”之所始，“神”之所结，既是“论文叙笔，囿别区分”的动力源泉，也是“剖情析采，笼圈条贯”的目标追求。② 说明在“神”的审美体系之下，“气始”“神结”是“神”的流动、变化及游移状态，蕴有较强的艺术牵引力和审美感染力。“气始”即涵养“神”，以形摄气，以气运神；“神结”即化育“气”，以神运气，以气行文，融合出“神”范畴的衍变机制。李畯《诗筏橐说》云：“诗以道性情，格气声调，皆可假为皮毛，惟神韵直从性情中流出，不在语言字句，往往遇诸声色臭味之外，是知必得真诗人，方能有真诗也。”③在传统诗文评中，“神”这一概念具有诸多审美层次和结构因素，在“风格”

---

① 丁福保辑：《清诗话》下册，上海古籍出版社 2015 年版，第 956 页。

② （梁）刘勰著，范文澜注：《文心雕龙注》下册，人民文学出版社 1958 年版，第 727 页。

③ 四库未收书辑刊编纂委员会编：《四库未收书辑刊》八辑·十三册，北京出版社 2000 年版，第 762 页。

"音律""神韵"的基础上衍生出"真诗"观念。"真诗"是"神"的审美显现，不在表面的语言字句，而在深层的性格情感。也就是说，对创作主体而言，惟有"气始"者，方是真诗人；惟有"神结"者，方是真诗人。因此，在"神"范畴的审美发生中，只有完成"气始"工作，才会造就出"神"的艺术魅力；只有完成"神结"凝聚，才会感受到"神"的审美心境。

在"神"范畴的审美发生中，"气始""神结"构成"神"的衍变机制，既有互涵取向，涵气可充神，养神可调气；也有互照取向，炼气可化神，治神可守气。由"气"而始，由"神"而结，建构出创作及批评的审美系统。"气始""神结"具有双向作用的机制，"气全而神王"①，"神定而气充"②，演绎出古人对"神"这一概念的整体观照意识。如董逌《广川书跋》云：

> 夫神定者天驰，气全者材放，致一于中而化形自出者，此天机所开而不得留者也。故遇感斯应，一发而不可改，有不知其为书也。③

"气始"与"神结"是"神"审美发生的特殊状态，动静互涵，远近互照，既有遣词造句的审美考量，也有运思谋篇的审美凝聚。屠隆在《贝叶斋稿序》一文中说："其力倍，故其气足；其气足，故其神凝，卓哉此道，则几于化矣。"④"气始""神结"是"神"审美发生的动力源泉，力倍气

① （宋）洪咨夔著，侯体健点校：《洪咨夔集》上册，浙江古籍出版社2015年版，第256页。

② （明）张璁著，张宪文校注：《张璁集》，上海社会科学院出版社2003年版，第387页。

③ 崔尔平选编：《历代书法论文选续编》，上海书画出版社1993年版，第124页。

④ （明）屠隆著，汪超宏主编：《屠隆集》第3册，浙江古籍出版社2012年版，第210页。

足，气足神凝，既有心物感应的审美体验，也有情景交融的审美发生。根据“神”范畴的发生原理，“气始”是对“养气得神”的澄清，外化于物象，则气充而神盛，气畅而神通；而“神结”是对“气静神远”的涵育，内化于意象，神游而气行，神全而气蕴。在这一审美过程中，既有“神清而气和，语秀而格爽”的艺术表现，也有“神定而气夷，语冲而格逸”的艺术风格，亦有“神王而气溢，语森而格宏”的艺术效果。① 因此，我们可以说，“神”范畴的发生机制乃是双向建构的，既有“气始”的发生维度，也有“神结”的发生维度，亦有二者之通力合作。

① （明）何乔远撰，陈节、张家庄点校：《镜山全集》上册，福建人民出版社2015年版，第25页。

第四章　化艺："神"的知识脉络

中国古代文艺理论的知识脉络是一个整体存在，我们在研究"大观念""元范畴""大文论"时，须宏观地把握其概念特色、范畴构成及语义发展的整体规律。本书探讨"神"范畴的知识脉络，研究其形态的逻辑层次，考察其秩序的逻辑体系，既有纵向延伸的"大格局"梳理，也有横向拓展的"小视野"通论；既可以窥探中国文论的逻辑转换，也可以厘清中国文论的历史嬗变。从整个历史流程来看，"阴阳莫测之谓神"表现出了"由道化艺"的脉络，从"有形迹者"流向"无形迹者"，从"形而上者"转向"形而下者"。这种知识脉络上的变化是由外在于审美对象而逐渐渗入审美对象，最终完全审美化；由外在于审美主体而逐渐内化于审美主体，最终完成主体性。在古人的文化视野中，"神"范畴的理论生命表现出流动性、持续性及开放性的周期运动，其中既有开创与奠基的原生阶段，也有改造与规范的沿生阶段，亦有容纳与革新的再生阶段。每经过一个衍变周期，"神"范畴的知识脉络都会有新的变化，其内在元素彼此和谐的统一都会达到一个新的高度，如此循环往复，不断形成新的知识脉络，呈现"螺旋式上升"的运动状态。① 因此，探讨"神"的概念特色、范畴构成及语义发展，既是历史的必然，也是逻辑的必然；既是感性的认识，也是理性的认识。

---

① 陈竹、曾祖荫：《中国古代艺术范畴体系》，华中师范大学出版社 2003 年版，第 14 页。

第一节　开创与奠基阶段

作为一种独特的概念范畴，“神”以超强的说服力、感染力和生命力，扎根于古人的心灵深处而不易解诠。这种观念往往带有强烈的冲击力出现在古人的知识图景上，所有敏感而活跃的头脑都转向对这些观念的探索和开发，将它用于每一个方面，每一种意图，试验其严格意义的可能延伸范围，试验其一般原理，以及衍生原理。① 在传统视域中，“神”是一个具有观念性、思想性和理论性的关键词，蕴含古人的思考、追求和体验，“原天地之美而达万物之理”(《庄子 · 知北游》)。面对理性的扭曲、价值的虚无、知识的解体，古人的生命意识何以承载，精神世界何以安顿，艺术想象何以建构，“神”这一概念成为我们考察古人精神智慧的基本维度。这种审美观念既有现实生活的境遇与问题，关系生存和发展，也有精神价值的境遇与问题，关系道德和理性。从历史风貌出发，回到批评原点，探源衍变谱系，彰显思想资源，才能认识到“神”发挥的逻辑起点和思辨核心之作用。

先秦文化思想洋溢的理性精神、批判意识，对审美价值、审美理想的追崇与探寻，既是“神”范畴的回溯之源，也是“神”范畴的浸润之本。这一时期的“阴阳不测之谓神”源于“形而上者谓之道，形而下者谓之器”②的哲学思维，由初级本质向次级本质不断衍化，循环往复，运转不息。可见，“道”“器”的逻辑转换，“神”“气”的相生相偶，都属于“道术未裂”时的关键词。在“阴阳不测之谓神”的知识脉络中，这一概念从“有形迹者”流向“无形迹者”，从“形而上者”转向“形而下者”，既有形而上之“神”，无形迹者，无形、无象、无体，也有形而下之“气”，

---

① ［美］克利福德 · 格尔茨：《文化的解释》，韩莉译，译林出版社 1999 年版，第 3 页。

② （魏）王弼注，（唐）孔颖达疏，李申等整理：《周易正义》，北京大学出版社 1999 年版，第 292 页。

有形迹者，有形、有象、有体。在知识逻辑上，道器论是"神"范畴的基本规律和基础思维，构成了这一概念的总纲，以内在的矛盾形态对古人的审美活动产生深远影响。于是，先秦时期的"神"范畴既有形而上向形而下的衍变，也有形而下对形而上的回返。

在中国传统文化思想中，"神"是会意字，从示申，源于原始时期的神灵崇拜，"示"以祭祀之礼喻智慧启迪，而"申"以雷电之形喻变化莫测，其本义指古人所祭拜的自然主宰，以敬畏之，以戒惧之，以服从之。

"神"的字形结构

如《周礼·春官·大司乐》云：

> 以六律、六同、五声、八音、六舞大合乐，以致鬼神示，以和邦国，以谐万民，以安宾客，以说远人，以作动物。乃分乐而序之，以祭，以享，以祀。乃奏黄钟，歌大吕，舞云门，以祀天神。①

原"神"概念产生，得益于古人对天地自然的信仰，对宇宙生命的追问，对终极问题的思考。

如《春秋穀梁传·昭公十八年》记载：

---

① （清）孙诒让撰，王文锦、陈玉霞点校：《周礼正义》第7册，中华书局1987年版，第1731～1739页。

> 或曰人有谓郑子产曰："某日有灾。"子产曰："天者神，子恶知之？是人也。同日为四国灾也。"①

如《周易·系辞上》云：

> 是故天生神物，圣人则之。天地变化，圣人效之。天垂象，见吉凶，圣人象之；河出图，洛出书，圣人则之。易有四象，所以示也。系辞焉，所以告也。定之以吉凶，所以断也。②

先民将"天"称之为"神"，便是以最高的礼乐文化信奉"神"，从而使之伟大化、神圣化、崇高化。此外，又如"百神受职"③、"田祖有神"④、"谷神不死"⑤等泛神话语，集体衍生出高位的"崇祀""尚神"意识，于是"神"各安其位，各司其职。古人以伦理道德衡量"神"的职事属性，在建构"神"的知识形态时，也催生出"神"草创阶段的审美原则，使之发生观念转向，从而具有主观化、道德化、人性化的特征。

当"神"从神灵崇拜转化为文化概念时，原有的知识形态随之改变，不再是纯粹的祭祀对象，而是回归生命本体的幽情壮采。古人多以"神"论自然、生命和技艺的价值取向："神"指幽微精妙的客观变化。

如《周易·系辞上》云：

---

① （清）钟文烝撰，骈宇骞、郝淑慧点校：《春秋穀梁经传补注》，中华书局1996年版，第636页。

② （魏）王弼注，（唐）孔颖达疏，李申等整理：《周易正义》，北京大学出版社1999年版，第290页。

③ （清）孙希旦撰，沈啸寰、王星贤点校：《礼记集解》中册，中华书局1989年版，第615页。

④ 程俊英、蒋见元：《诗经注析》下册，中华书局1991年版，第673页。

⑤ （魏）王弼注，楼宇烈校释：《老子道德经注校释》，中华书局2008年版，第16页。

生生之谓易，成象之谓乾，效法之谓坤，极数知来之谓占，通变之谓事，阴阳不测之谓神。

引而申之，触类而长之，天下之能事毕矣。显道，神德行，是故可与酬酢，可与佑神矣。子曰："知变化之道者，其知神之所为乎。"①

首先，"神"指生命主体的精神状态。如《孟子·尽心下》道：

可欲之谓善，有诸己之谓信。充实之谓美，充实而有光辉之谓大，大而化之之谓圣，圣而不可知之之谓神。②

其次，"神"指艺术创造的理想境界。如《庄子·养生主》说：

方今之时，臣以神遇而不以目视，官知止而神欲行。依乎天理，批大郤，导大窾，因其固然。技经肯綮之未尝，而况大軱乎！良庖岁更刀，割也；族庖月更刀，折也。今臣之刀十九年矣，所解数千牛矣，而刀刃若新发于硎。彼节者有间，而刀刃者无厚；以无厚入有间，恢恢乎其于游刃必有余地矣，是以十九年而刀刃若新发于硎。③

"神"的审美转向体现出神性与人性的此消彼长，这是"由道化艺"的结果。可见，"神"既有单一概念亦有全景概念，既有物质现象亦有精神

---

① （魏）王弼注，（唐）孔颖达疏，李申等整理：《周易正义》，北京大学出版社1999年版，第271~272、282~283页。

② （清）焦循撰，沈文倬点校：《孟子正义》下册，中华书局1987年版，第994页。

③ （清）郭庆藩撰，王孝鱼点校：《庄子集释》上册，中华书局2012年版，第125页。

现象，既有显性观念亦有隐性观念。

在古典视域下，谈论“阴阳不测之谓神”的风貌，自然绕不开对“气”的追根溯源。“气”在古文字中是象形字，由无形聚有形，由有形化无形，兼有半体表意的特点，源于自然基质的蒸腾状态，其本义指无所不在、飘逸回旋、卷舒浮动的自然元素。据考证，“气”的字形起于“先民对焚燎求神所产生烟云之气的描画”①，这种指称思维在形态、状态和幅度之上奠定“气”的演绎基础。在先民的原始感知中，“气”与风、雨、雷、电、云等天候是相通的，彼此联系，循环流转，保留了明显的农业思维。所以“气”既有实的一面，也有虚的一面。

如《国语·周语上》记载伯阳父之言：

> 周将亡矣。夫天地之气，不失其序，若过其序，民乱之也。阳伏而不能出，阴迫而不能烝，于是有地震。今三川实震，是阳失其所而镇阴也。阳失而在阴，川源必塞；源塞，国必亡。②

古人由阴阳磨荡的态势，引出天地之“气”的具象形态，以论地震原因。《礼记·月令》说：“天气下降，地气上腾，天地和同，草木萌动。”③在此，“天气”指“阳气”，“地气”指“阴气”，说明“气”是天地万物的化育基础。

又如《左传·昭公元年》记载：

> 天有六气，降生五味，发为五色，徵为五声，淫生六疾。六气

---

① 李存山：《中国气论探源与发微》，中国社会科学出版社1990年版，第22页。

② 徐元诰撰，王树民、沈长云点校：《国语集解》，中华书局2002年版，第26页。

③ （清）孙希旦撰，沈啸寰、王星贤点校：《礼记集解》上册，中华书局1989年版，第417页。

曰阴、阳、风、雨、晦、明也，分为四时，序为五节，过则为灾。①

"气"是自然、生命及文艺的基本元素，表现为不同的自然症候。自"阴阳不测之谓神"说以来，"神"得到最大程度的阐发：首先，有不可名状、不知其理者，皆归之于"神"；其次，有不可臆测、不知其细者，皆归之于"神"；最后，有不可鼓荡、不知其美者，皆归之于"神"。这种整合观念就使"神"带上抽象性、模糊性及神秘性的特征。古人以"神"作万物之本、生命之元、精神之流，在物质与精神的统一中发生转向，在运动与时空的整合中实现转化，在审美与现实的结合中完成转换。

如《管子·内业》云：

凡物之精，此则为生。下生五谷，上为列星。流于天地之间，谓之鬼神。藏于胸中，谓之圣人。是故民气，杲乎如登于天，杳乎如入于渊，淖乎如在于海，卒乎如在于己。是故此气也，不可止以力，而可安以德。不可呼以声，而可迎以音。②

如《礼记·孔子闲居》云：

天有四时，春秋冬夏，风雨霜露，无非教也。地载神气，神气风霆，风霆流形，庶物露生，无非教也。清明在躬，气志如神。嗜欲将至，有开必先。③

---

① 杨伯峻编著：《春秋左传注》第4册，中华书局1990年版，第1222页。

② 黎翔凤撰，梁运华整理：《管子校注》中册，中华书局2004年版，第931页。

③ （清）孙希旦撰，沈啸寰、王星贤点校：《礼记集解》下册，中华书局1989年版，第1278页。

古人持有“神”“气”一体的认识，在阴阳磨荡中衍生出“神妙之气”“精妙之气”“灵妙之气”等观念。于是，凭借“神”这一概念，古人既可思量宇宙本源，也可推演自然规律，亦可建构精神世界。

扎根先秦时期的“神”关键词，在与“气”联合使用时，往往带有强烈的冲击力出现在古人的知识图景上。

如《庄子·天地》云：

> 汝方将忘汝神气，堕汝形骸，而庶几乎！①

此“神”指人的精神元素（神情气质），不能像科学概念术语那样用精当的语言、严密的逻辑加以描述。

如《列子·黄帝》云：

> 夫至人者，上窥青天，下潜黄泉，挥斥八极，神气不变。今汝怵然有恂目之志，尔于中也殆矣夫。②

此“神”指理想人格的精神修养。

如《文子·精诚》云：

> 精神越于外，智虑荡于内者，不能治形。神文所用者远，则所遗者近。故不出于户，以知天下。不窥于牖，以知天道。其出弥远，其知弥少。此言精诚发于内，神气动于天也。③

此“神”指抽象本体的知微功夫。

---

① （清）郭庆藩撰，王孝鱼点校：《庄子集释》中册，中华书局 2012 年版，第 440 页。

② 杨伯峻撰：《列子集释》，中华书局 2013 年版，第 55 页。

③ 王利器撰：《文子疏义》，中华书局 2000 年版，第 86 页。

如《吕氏春秋·尽数》云：

> 凡食之道，无饥无饱，是之谓五藏之葆。口必甘味，和精端容，将之以神气，百节虞欢，咸进受气。饮必小咽，端直无戾。①

此"神"指生命元素的集中形态。

在古人的文化视野之中，"神""气"联合使用时，彼此转换和交结，能有效地激发"神"的知识形态。在"气"的牵引和传动中，"神"获得了多种不同的价值取向。如此，这一概念便具有自然、生命及文艺的整体取向，即一种精粹、精微和精诚的状态，既有物理之"神"，指原有的自然基质、客观变化，也有生理之"神"，指原本的生命元素、精神意识，亦有哲理之"神"，指原始的最高范畴、最高抽象。所以说，古人凭借"神"这一观念来认识天地自然，开启诗性智慧，在很大程度上是离不开"神""气"的协作的。

源起先秦时期的"神"，其可虚可实的形态，实则藏之，虚则露之。"情深而文明，气盛而化神"②，这种对生命观念的终极思考，融通了人之精神意识与物之客观变化，既有对意义世界的建构，也有对精神传统的塑造，亦有对主体意识的探索。从整个衍生流程来看，"阴阳莫测之谓神"，既有原生、原创的内部机制，如"神明""精神""神妙"等概念，也有原始、原终的外部机制，如"元气""血气""精气"等概念。扎根先秦的"神"与特定时期的一些关键词发生碰撞，能够以较强的说服力、感染力和生命力，塑造出古人的精神自信，奠定其精神基础。先秦时期的"神"，集中于政治、哲学和审美思辨，其根本意义：

---

① 许维遹撰，梁运华整理：《吕氏春秋集释》上册，中华书局2009年版，第68页。

② （清）孙希旦撰，沈啸寰、王星贤点校：《礼记集解》下册，中华书局1989年版，第1006页。

> 主要的还不在于它在当时解决了多少艺术美问题，而在于它为全部中国古代艺术美的发展史提供了强有力的实践理性精神，并匡定了与这种实践理性相一致的成体系建构的基本艺术范畴，以至使得以它为肇端的审美思维历程能持续不断地延伸。①

这种越界融通的形态，使得“神”具有广泛的涵盖性，以“反者，道之动”(《老子》第四十章)的知识脉络，成为中国古代文艺理论的精神温床、思辨核心和逻辑根据。因此，在前学科时期的文化视野中，虚实相生的“神”成为古人的价值导向与精神追求，乃是终极体验的开启与交融。

第二节　改造与规范阶段

在“神”范畴的沿生阶段中，“神”既是感性的亦是理性的，既是抽象的亦是具象的，既是感知的亦是体验的。这种组合使得物质与精神的相融、互动和互换成为可能，其浑融虚柔、弥漫充斥和流动聚散等特点，显现出重视运动变化和模糊把握概念的思辨模式。② 秦汉时期“神”之观念对先秦时期有所改造，而魏晋时期“神”之观念对秦汉时期又有所规范。于是，“神”之所以在意识形态领域获得广泛认可，是因为“神”的普遍性、一般性和基始性，铸造出越界融通的知识形态。作为生命现象的基本规律，这一概念构成了诸子争鸣的价值导向和精神追求，古人以“神”推论宇宙生命的衍生基础，既有从诸身到诸物、从取象到比类的逻辑过程，也有从感觉到体验、从直观到意识的心理过程。作为人的本质对象化，“神”是对“神性”“人性”的凝聚和提炼，表现出人对客观世界的征服姿态，以及对精神世界的建构姿态，不仅有自然改造的实践向度，还有人文规范的理论向度。

---

① 陈竹、曾祖荫：《中国古代艺术范畴体系》，华中师范大学出版社 2003 年版，第 45 页。

② 涂光社：《原创在气》，百花洲文艺出版社 2001 年版，第 21 页。

秦汉"神"之观念是对先秦时期"神"再阐释的结果，这一形态兼具研究对象与研究方法的双重属性，以人与社会的关系(社会哲学)来改造或规范人与宇宙的关系(自然哲学)，试图实现"神"范畴体系之下的会通、变通和融通。在汉初时期，《淮南子》继承并发展了原生阶段的"神"形态，由物质之"气"外达于精神之"神"，由抽象之"神"内明于具体之"气"，初步建构出"神"的主客体关系论。

如《淮南子·原道训》云：

> 夫形者生之舍也，气者生之充也，神者生之制也，一失位则三者伤矣。是故圣人使人各处其位，守其职，而不得相干也。故夫形者，非其所安也而处之则废，气不当其所充而用之则泄，神非其所宜而行之则昧。此三者，不可不慎守也。①

在此，《淮南子》一书突出了"神"这一生命元素与其他生命特质之间的系统性、整体性和协同性，古人以"性命之道"来理解日常的生命现象，避免"精神"或"气志"的单向判断。

《淮南子·俶真训》云：

> 夫圣人用心，杖性依神，相扶而得终始。是故其寐不梦，其觉不忧。古之人，有处混冥之中，神气不荡于外，万物恬漠以愉静，攙抢衡杓之气莫不弥靡，而不能为害。②

首先，"神"指人的本性，通过无为和自然的结合，达到本真状态。如《淮南子·览冥训》云：

---

① (汉)刘安著，何宁撰：《淮南子集释》上册，中华书局1998年版，第82~84页。

② (汉)刘安著，何宁撰：《淮南子集释》上册，中华书局1998年版，第102~103页。

故圣人在位，怀道而不言，泽及万民。君臣乖心，则背谲见于天，神气相应徵矣。①

其次，“神”指阴阳莫测的变化规律，通过天人、群己和身心观念，试图论证天意与人事的内在感应。如《淮南子·要略》云：

故言道而不明终始，则不知所仿依；言终始而不明天地四时，则不知所避讳；言天地四时而不引譬援类，则不知精微；言至精而不原人之神气，则不知养生之机；原人情而不言大圣之德，则不知五行之差；言帝道而不言君事，则不知小大之衰；言君事而不为称喻，则不知动静之宜；言称喻而不言俗，则不知合同大指。②

传统视域中“神”指精纯的生命能量，在仰观俯察之际，由体内之元素参悟天地之精微。秦汉时期“神”之观念乃是“会通”③的知识形态，由社会哲学改造自然哲学，由自然哲学强化社会哲学，既有儒家对社会政治的关注和改造，也有道家对宇宙人生的把握和超越。除了生命观念的变革，秦汉时期“神”的知识脉络还有新的概念空间，基本涵盖了精气论、元气论和阴阳论等观念。如《史记·封禅书》：

长安东北有神气，成五采，若人冠絻焉。或曰东北神明之舍，

---

① （汉）刘安著，何宁撰：《淮南子集释》上册，中华书局1998年版，第452页。

② （汉）刘安著，何宁撰：《淮南子集释》下册，中华书局1998年版，第1454页。

③ 郑樵强调：“天下之理不可以不会，古今之道不可以不通，会通之义大矣哉！”又说：“百川异趋，必会于海，然后九州无浸淫之患。万国殊途，必通诸夏，然后八荒无壅滞之忧，会通之义大矣哉。”见（宋）郑樵：《夹漈遗稿》，中华书局1985年版，第18页；（宋）郑樵：《通志》第1册，中华书局1987年版，第1页。

西方神明之墓也。天瑞下，宜立祠上帝，以合符应。①

此"神""气"皆指神奇巧妙而变幻莫测的自然元素，由"气"以体天地之变，由"神"以通神明之德。董仲舒《春秋繁露》根据人的情绪变化来理解"神"，即喜、怒、忧、思、悲、惊、恐等。"心有哀乐喜怒，神气之类也"，"无为致太平，若神气自通于渊也"。② 在自然、生命及文艺之道的感通之间，由"神"之观念映射出"天人同构"的哲学思维和美学观念，以此化生自然、化育生命、化成文艺。如贾谊《新书·道德说》：

性者，道德造物。物有形，而道德之神专而为一气，明其润益厚矣。浊而胶相连，在物之中，为物莫生，气皆集焉，故谓之性。性，神气之所会也。性立，则神气晓，晓然发而通行于外矣，与外物之感相应。故曰："温厚而胶谓之性"，"性生气，通之以晓"。

神者，道、德、神、气发于性也，康若泺流不可物效也。变化无所不为，物理及诸变之起，皆神之所化也。故曰："康若泺流谓之神"，"神生变，通之以化"。③

如王充《论衡·论死》云：

阴气逆物而归，故谓之鬼；阳气导物而生，故谓之神。神者，伸也，申复无已，终而复始。人用神气生，其死复归神气。阴阳称

① （汉）司马迁撰：《史记》第4册，中华书局1963年版，第1382页。

② （清）苏舆撰，钟哲点校：《春秋繁露义证》，中华书局1992年版，第355、461页。

③ （汉）贾谊撰，阎振益、钟夏校注：《新书校注》，中华书局2000年版，第326页。

鬼神，人死亦称鬼神。①

贾谊、王充都从性命化生的角度来阐释“神”这一概念的，在他们看来，“神”指构成生命现象的基本要素，着力强调其所起到的本源性、决定性和关键性。

如荀悦《申鉴·俗嫌》云：

夫神气形容之相包也，自然矣。贰之于行，参之于时，相成也，亦参相败也。其数众矣，其变多矣，亦有上中下品云尔。②

在传统视域中，由“神”催生以资褒贬的审美观念，从相貌、体格和神态来推论、品评人的品德，同时也说明了“神”的知识形态向社会生活的精神领域持续渗透。所以说，“神”之观念所具有的实践思维和认知思维，在某种程度上也奠定了主客体关系论的基石。

在“神”范畴的知识脉络中，魏晋时期“神”之观念是对秦汉时期“神”之观念的继承和发展，这一时期的学术背景是由黄老、刑名复起开始，到上百年的玄学论辩(自然与名教以及玄学内部关于“有无”“体用”“才性”“言意”等问题的论辩)，以及儒释道的理论建设。③ 魏晋时期“神”之观念以批评话语的形态融于文论、乐论、书论及画论之中，在“精神史上极自由、极解放，最富于智慧，最浓于热情”④，主要表达艺术审美的情感共振、创作主体的精神姿态以及创作过程的命辞遣意。主体的自觉性、哲学的开放性和文艺的审美性，催生出魏晋时期“神”之观念的审美趋向、批评面向及价值取向。在这种整合中，首先

① (汉)王充著，黄晖撰：《论衡校释》第3册，中华书局1990年版，第872~873页。

② (汉)荀悦撰：《申鉴》，中华书局1985年版，第13~14页。

③ 涂光社：《原创在气》，百花洲文艺出版社2001年版，第29页。

④ 宗白华：《美学散步》，上海人民出版社1981年版，第208页。

规范了"由道化艺"的审美逻辑，如"阳气""阴气""元气"等话语，在宇宙本源上试图理解"神"的哲学思维；其次深化了"由艺返道"的审美机制，如"才性""血气""文气"等话语，在伦理精神上试图诠释"神"的精神个性；最后拓展了"道艺合一"的审美规律，如"澄怀""虚静""神化"等话语，在技艺实践上试图涵泳"神"的人格修养。

(唐)孙位《高逸图》

魏晋时期"神"思想是对"人的自觉"和"文的自觉"的探索，以"人"为旨归，以"文"为导向。特别是在褒贬评议的审美风尚中，"神"与"气"的组合愈发紧密牢固，成为古人的法度、标准及规范，彰显出古人的生活态度、审美情趣和精神风貌。"竹林七贤"之一的嵇康就经常使用"神"，指士人流露的精神意气或情感意绪。在"神"范畴的美学风尚中，士人既感通宇宙本源，也调和情感心绪，亦修正文艺旨趣。如嵇康《幽愤诗》云：

仰慕严郑，乐道闲居。与世无营，神气晏如。①

① (魏)嵇康著，戴明扬校注：《嵇康集校注》上册，中华书局2014年版，第43页。

如嵇康《琴赋》云：

滋味有厌，而此不倦，可以导养神气，宣和情志，处穷独而不闷者，莫近于音声也。是故复之而不足，则吟咏以肆志，吟咏之不足，则寄言以广意。①

由此而言，此时"神"之观念侧重于审美品评，侧重于在艺术欣赏之中陶冶身心精神。如嵇康《养生论》云：

外物以累心不存，神气以醇白独著，旷然无忧患，寂然无思虑。又守之以一，养之以和，和理日济，同乎大顺。然后蒸以灵芝，润以醴泉，晞以朝阳，绥以五弦，无为自得，体妙心玄。②

此外，嵇康在《答难养生论》和《声无哀乐论》中也多次使用"神"，既指见之于外的风度气概，也指感之于内的精神志趣，亦指内外兼修的人文素养。魏晋时期"神"范畴的审美运作，不单是这一概念的单向建构，乃融有"气"的价值取向。"神"这一概念映射出当时文人的自觉意识，带有显著的审美趣味，"神""气"结合，可作灵性和智慧创造的渊薮；"神""气"感通，可作生命和精神现象的动因。这一概念在某种程度上实现古人对宇宙精神的体悟和表现，进而促进理念与价值的融合、知识与素养的积累、精神与智慧的提升。在《世说新语》中也常见"神"，论人、论事、论物。

如《世说新语·德行》云：

---

① （魏）嵇康著，戴明扬校注：《嵇康集校注》上册，中华书局2014年版，第140页。

② （魏）嵇康著，戴明扬校注：《嵇康集校注》上册，中华书局2014年版，第255页。

和峤虽备礼，神气不损；王戎虽不备礼，而哀毁骨立。臣以和峤生孝，王戎死孝；陛下不应忧峤，而应忧戎。①

此"神"指人的精神元气，通过生命之"形"而感知"神"或"气"的盈亏变化。

如《世说新语·雅量》云：

邵在郡卒，雍盛集僚属，自围棋，外启信至，而无儿书，虽神气不变，而心了其故。以爪掐掌，血流沾褥。

嵇中散临刑东市，神气不变。索琴弹之，奏《广陵散》。

裴叔则被收，神气无变，举止自若。②

此"神"指人的精神气魄，融合了神色、神情、神态等审美取向，既有人的精神智慧，也有人的风姿仪态。

如《世说新语·赞誉》云：

庾公目中郎：神气融散，差如得上。③

如《世说新语·豪爽》云：

---

① 在《世说新语》中，"神"是一个高频词，具有较强的活力、效力及魅力。(南朝宋)刘义庆撰，余嘉锡笺疏：《世说新语笺疏》上册，中华书局 2016 年版，第 22 页。

② (南朝宋)刘义庆撰，余嘉锡笺疏：《世说新语笺疏》上册，中华书局 2016 年版，第 378、378、387 页。

③ (南朝宋)刘义庆撰，余嘉锡笺疏：《世说新语笺疏》中册，中华书局 2016 年版，第 491 页。

帝令取鼓与之，于坐振袖而起，扬槌奋击，音节谐捷，神气豪上，傍若无人。①

如《世说新语·自新》云：

渊在岸上，据胡床，指麾左右，皆得其宜。渊既神姿峰颖，虽处鄙事，神气犹异。②

如《世说新语·简傲》云：

沐头散发而出，亦不坐，仍据胡床，在中庭晒头，神气傲迈，了无相酬对意。③

这里“神”一词具有多种审美取向，或指安适疏散，或指志气超迈，或指举止从容，或指倨傲自矜，以“神”品评人物是“神”直接介入审美体验和艺术创造的开端。魏晋时期的“神”得到淋漓尽致的表现，如“神意”“神情”“神识”“神色”“神趣”“神味”等一系列概念，“乃是一种高深玄妙之美，一种器识明慧之美，一种内在的精神气韵之美”④，带着洒脱俊逸的格调、轻灵摇荡的风采、流连哀思的趣味，指导古人的审美取向和批评面向。

---

① （南朝宋）刘义庆撰，余嘉锡笺疏：《世说新语笺疏》中册，中华书局 2016 年版，第 655 页。

② （南朝宋）刘义庆撰，余嘉锡笺疏：《世说新语笺疏》中册，中华书局 2016 年版，第 694 页。

③ （南朝宋）刘义庆撰，余嘉锡笺疏：《世说新语笺疏》下册，中华书局 2016 年版，第 853 页。

④ 王能宪：《世说新语研究》，江苏古籍出版社 1992 年版，第 146 页。

第三节　容纳与革新阶段

作为宇宙万物的基本元素，作为事物发展的基本动因，"神"以其浑融不露的特质保持着通同一切(即如现象与本质、主体与客体、理性与感性)的知识形态。"神"体现出一体的感通和回归，涵盖了不同的概念和范畴，具有广泛的适用性和包容性，强大的整合力和引领力，这正是此概念运用于艺术理论批评的优势所在。① 在"神"范畴的知识脉络中，从唐宋到明清时期，这一概念既有容纳与革新的显性结构，从生命到感官，从道德到修养，回归"细缊伸聚"的化生过程，通于物理和生理；也有对立与分野的隐性格局，从思维到情感，从语气到语势，涵泳"吐纳纳新"的创作过程，通于心理和事理。在整个流程中，"神"一词趋于精细化、精致化，重在辨析"神"与"气""心""性"等观念的合离同异。唐宋时期"神"之观念对魏晋时期有所融纳，而明清时期"神"之观念则对唐宋时期有所革新。

唐宋时期"神"之观念是对魏晋时期"神"之观念的回归，在精神领域泛起复古思潮，既启儒家之道，也和道家之道。就唐代"神"范畴而言，时人试图追寻的是夐绝的宇宙精神，鼓动的生命意识，浑融的主体心灵，从而显现出这一概念的融贯性。

首先，"神"是可歌、可咏和可叹的神情气态，以诉诸听觉的形态强调其主体性。如李白《拟恨赋》云：

> 及夫李斯受戮，神气黯然。左右垂泣，精魂动天。执爱子以长别，叹黄犬之无缘。②

① 涂光社：《原创在气》，百花洲文艺出版社 2001 年版，第 37 页。

② (唐)李白著，瞿蜕园、朱金城校注：《李白集校注》第 1 册，上海古籍出版社 1980 年版，第 14 页。

如白居易《和思归乐》:

请看元侍御，亦宿此邮亭。因听思归鸟，神气独安宁。问君何以然？道胜心自平。①

如孟郊《病客吟》:

丈夫久漂泊，神气自然沉。况于滞疾中，何人免嘘叹。大海亦有涯，高山亦有岑。沉忧独无极，尘泪互盈襟。②

其次，“神”是可品、可绘和可味的神韵气度，以诉诸视觉的形态强调其情趣性。如张彦远《历代名画记》:

顾恺之之迹，紧劲联绵，循环超忽，调格逸易，风趋电疾。意存笔先，画尽意在，所以全神气也。③

如朱景玄《唐朝名画录》云:

前画者空得赵郎状貌，后画者兼移其神气，得赵郎情性笑言之姿。④

① （唐）白居易著，朱金城笺校:《白居易集笺校》第1册，上海古籍出版社1988年版，第110页。

② （唐）孟郊著，华忱之、喻学才校注:《孟郊诗集校注》，人民文学出版社1995年版，第117页。

③ （唐）张彦远撰:《历代名画记》，浙江人民美术出版社2011年版，第26页。

④ （唐）朱景玄著，吴企明校注:《唐朝名画录校注》上册，黄山书社2016年版，第31页。

如张怀瓘《画断》：

顾公运思精微，襟灵莫测，虽寄迹翰墨，其神气飘然在烟霄之上，不可以图画间求。象人之美，张得其肉，陆得其骨，顾得其神。神妙亡方，以顾为最。①

再次，"神"是可知、可见和可感的精神志趣，以诉诸感觉的形态强调其抽象性。如张怀瓘《书议》：

然智则无涯，法固不定，且以风神骨气者居上，妍美功用者居下。②

如张怀瓘《文字论》：

从心者为上，从眼者为下。先其草创立体，后其因循著名。虽功用多而有声，终天性少而无象，同乎糟粕，其味可知，不由灵台，必乏神气。其形悴者，其心不长。状貌显而易明，风神隐而难辨。有若贤才君子立行立言，言则可知，行不可见。自非冥心玄照，闭目深视，则识不尽矣。可以心契，非可言宣。③

如李世民《指意》：

夫字以神为精魄，神若不和，则字无态度也；以心为筋骨，心

---

① 俞剑华编：《中国画论类编》上卷，人民美术出版社 2016 年版，第 402 页。

② 上海书画出版社、华东师范大学古籍整理研究室选编校点：《历代书法论文选》，上海书画出版社 1979 年版，第 146 页。

③ 上海书画出版社、华东师范大学古籍整理研究室选编校点：《历代书法论文选》，上海书画出版社 1979 年版，第 209 页。

> 若不坚，则字无劲健也；以副毛为皮肤，副若不圆，则字无温润也。所资心副相参用，神气冲和为妙。今比重明轻，用指腕不如锋铓，用锋铓不如冲和之气，自然手腕轻虚，则锋含沉静。夫心合于气，气合于心。神，心之用也，心必静而已矣。①

可见，“神”一词乃是对宇宙精神、生命意识和主体心灵的呈现，既有内隐的心之所在、念之所想，也有外显的美之所在、情之所往。

在“神”范畴的知识脉络中，经王通、韩愈、李翱等人的阐发，促成了这一概念的新形态（理学），由“神”来讨论“天道性命”问题，即“宇宙观”“心性观”“人性观”的构建，既主张“治身”“治心”的结合，也提倡“格物”“致知”的统一。② 在古人的整体取向中，美学上的“神”范畴与理学上的“神”范畴，实是一种极妙的逻辑背反。凭借周敦颐、张载、程颢、程颐等人架设的理论阶梯，欧阳修、苏轼、蔡襄、米芾、黄庭坚等均对“神”范畴有所发挥，或指情志意趣和艺术个性，或指生命内蕴和精神视野，或指涵养品格和审美追求，或指心物感应和情景交融，从而登上了与理学家们盘踞的儒学之巅相对而峙的美学之峰。③ 宋代学者将“神”的审美心理推向极致，以“气”阐释之，从有形迹者流向无形迹者，从形而上者转向形而下者，即如“艺赋予道以形象和生命，道给予艺以深度和灵魂”④。于是，“神”向“气”内隐，寓于“气”而超越之，赋予了精神元素；“气”向“神”外显，寄于“神”而悠远之，赋予了物质元素。所以说，“气”不能自显，必形于“神”而现；“神”不能自通，必因于“气”而行。宋代“神”之观念强调宇宙自然与社会人生的融

① 上海书画出版社、华东师范大学古籍整理研究室选编校点：《历代书法论文选》，上海书画出版社1979年版，第120~121页。

② 邹化政：《先秦儒家哲学新探》，黑龙江人民出版社1990年版，第513页。

③ 陈竹、曾祖荫：《中国古代艺术范畴体系》，华中师范大学出版社2003年版，第30页。

④ 宗白华：《美学散步》，上海人民出版社1981年版，第81页。

合，在"化感"中穷究事物之神妙，了解事物之变化，既使得主体之"心"与客体之"物"相融，也使得内隐之"神"与外显之"气"相通。

随着"神"范畴的转向，明清时期这一概念具有宽广的视野，坚持"以复古为解放"的美学思潮，"神"的形态涵盖"气""性""情""意""韵"诸论，实现"神"对"性灵说""神韵说""格调说""肌理说"的理论升华。谢榛、董其昌、贺贻孙、刘大櫆等人对"神"("神气")有所发挥，这一概念获得主体性要素而得以跨学科建构，或谐和，或张扬，或转向，或主辅。

如谢榛《四溟诗话》云：

> 历观十四家所作，咸可为法。当选其诸集中之最佳者，录成一帙，熟读之以夺神气，歌咏之以求声调，玩味之以裒精华。得此三要，则造乎浑沦，不必塑谪仙而画少陵也。夫万物一我也，千古一心也，易驳而为纯，去浊而归清，使李、杜诸公复起，孰以予为可教也。①

此"神"属于文本之精妙、辞藻之深意和审美之感通。

> 诗无神气，犹绘日月而无光彩。学李、杜者，勿执于句字之间，当率意熟读，久而得之。此提魂摄魄之法也。②

说明"神"乃是笔端之下诗意的灵魂，内在流转的神韵气志，有益于修正复古思潮的取法之道。

如董其昌《画禅室随笔》云：

---

① 丁福保辑：《历代诗话续编》下册，中华书局 1983 年版，第 1189 页。
② 丁福保辑：《历代诗话续编》下册，中华书局 1983 年版，第 1164 页。

文要得神气，且试看死人活人，生花剪花，活鸡木鸡，若何形状，若何神气？识得真，勘得破，可与论文。如阅时义，阅时令吾毛竦色动，便是他神气逼人处。阅时似然似不然，欲丢欲不丢，欲读又不喜读，便是他神索处。故窗稿不如考卷之神，考卷之神薄不如墨卷之神厚，魁之神露不如元之神藏，试之自有解入处。脱套去陈，乃文家之要诀。是以剖洗磨炼，至精光透露，岂率尔而为之哉！必非初学可到。且定一取舍，取人所未用之辞，舍人所已用之辞；取人所未谈之理，舍人所已谈之理；取人所未布之格，舍人所已布之格；取其新，舍其旧；不废辞，却不用陈辞；不越理，却不用皮肤理；不异格，却不用卑琐格。得此，思过半矣。①

此“神”适用于艺术美学，指生命活力和精神灵性，美在自然、美在风韵和美在性情。因而，明清时期“神”之观念既有“心”“物”感通的理想世界，也有“情”“景”融合的审美意境。

在明清时期，古人围绕心理观念而建构“神”，抒写的是情绪意趣，彰显的是精神视野，体现的是审美追求，沉浸的是学养功力。明清时期“神”之观念有着“合”“离”“同”“异”的心理形态，“神”玄虚微妙，富于精神性和理念性，隐于意象之中，指向文艺的最高境界和终极目的；“神”弥满流动，富于抽象性和思辨性，显于言辞之中，指向文艺的驱动过程和运行机制。桐城派刘大櫆最重“神”，常与“气”合用，组成“神气”一词，其《论文偶记》云：

神气者，文之最精处也；音节者，文之稍粗处也；字句者，文之最粗处也。然论文而至于字句，则文之能事尽矣。盖音节者，神气之迹也；字句者，音节之矩也。神气不可见，于音节见之；音节

① （明）董其昌著，印晓峰点校：《画禅室随笔》，华东师范大学出版社2012年版，第124页。

无可准，以字句准之。①

在传统诗文评中，语言是创作的载体，也是批评的依托。故精深层面的"神气"须通过形而下之"音节""字句"来流转和激发。

如方东树《昭昧詹言》云：

大约不过叙耳、议耳、写耳，其入妙处，全在神来、气来，纸上起棱，骨肉飞腾，令人神采飞越。此为有汁浆，此为神气。②

中国传统文论中"神"不是虚无缥缈而无所言说的，而是有魂有魄、有血有肉、有声有色的美学概念。在明清时期"神"之观念中，这一概念深刻体现出古人在"由道化艺"过程中对审美自由和直觉体验的追求，既可沟通文本、作者和读者，也可沟通精神、时间和空间。

秦汉时期"神"之观念着眼于群体心理，着重说明环境与主体的双向建构，限制了艺术形象的审美特性，止于感应阶段；魏晋时期"神"之观念立足于个体心理，意在探讨艺术与审美的整体生成，强化了艺术创造的审美自觉，止于衍化阶段。魏晋时期"神"范畴的自觉精神，不仅在于对前人经验的扬弃，还在于对"由道化艺"有更深的理解和感悟。这一时期的"神"趋于主体心灵的自由，又达于审美体验的极致，在艺术中探索宇宙，在物质中引导精神，在有限中表现无限。"神"具有广泛影响，得益于生命之美对呆板、陈旧、疲惫、松弛、散乱和没落的否定，对雄强、飞动、新俊、协调和灵妙的肯定。③ 从唐宋时期"神"之观念到明清时期"神"之观念，这一概念有了精细的变化，前者重在探

---

① (清)刘大櫆著，范先渊校点：《论文偶记》，人民文学出版社 1959 年版，第 6 页。

② (清)方东树著，王绍楹校点：《昭昧詹言》，人民文学出版社 1961 年版，第 234 页。

③ 涂光社：《原创在气》，百花洲文艺出版社 2001 年版，第 212 页。

讨实践理性的发生问题，后者重在阐释个体心理的审美机制。“神”以超越生命形质的审美形态，在“心”“物”“情”“景”等具体层面上，激发了古人的心理观念和美学观念，走出“原始的圆满”①。“神”范畴的知识脉络既从“有形迹者”流向“无形迹者”，也从“形而上者”转向“形而下者”，且通过对审美诸论（虚无、空灵、韵味、意境等）的建构和阐释，最终实现了艺术化和主体化。

① 一种相对贫乏而低级的“原始的圆满”，而远远不能得到现实生活发展中和精神超越中的满足。见李泽厚：《中国古代思想史论》，生活·读书·新知三联书店 2008 年版，第 334 页。

第五章　体常：“神”的概念谱系

在中国传统文化思想中，“神”这一概念不仅渗透到古人精神生活的诸多方面，还辐射到思想传统的诸多领域，具有本体论、认识论、方法论和价值论的整体意义。我们研究“阴阳莫测之谓神”的历史风貌，不可局限于对“神”的单向度阐释，而忽略了“神”与其他要素（如“气”）之间相互接受、转移和扩散的理论过程。所以，我们对概念的历史研究，就不单单是考察这一个概念，同时还要研究在同时代其他与此相近或相邻的一些概念，这些概念就构成了概念群，形成一种概念结构，或一种概念谱系。① 在古人的文化视野中，“神”属于“公共话语（common discourse）”②，与“气”有“合”“离”“同”“异”的形态。在“神”范畴的概念谱系中，这一概念既有“神显气隐”的谱系，也有“神隐气显”的谱系，亦有“神通气行”的谱系。既有“神化”“气化”“调和”的思想观念，也有“神感”“气感”“通感”的思维观念。

第一节　从“精义入神”到“穷神知化”

在中国传统文化思想中，“神化”概念出于“神而化之，使民宜

① 李宏图：《概念史与历史的选择》，《史学理论研究》2012 年第 1 期。

② ［美］本杰明·史华兹：《古代中国的思想世界》，程钢译，江苏人民出版社 2008 年版，第 234 页。

之"①的建构，用于阐释宇宙的基本规律、基本法则，描述自然的变化莫测、深远微妙。即神于化者，妙合无垠。在古人看来，自然万物皆含"神"，"神"具有永不枯竭的造化力量，认识事物的最高境界当然是通其"神"、得其"神"。就"阴阳莫测之谓神"而言，认识"神"的概念谱系，离不开对"气"的参照。在"气"的牵引和传动下，"神"有显隐形态，既因显之"气"而盛，也因隐之"气"而化。

关于"神"一词的语义，张岱年先生在《中国古典哲学概念范畴要论》一书中有所论述：

> 以"神"表示微妙的变化，始于《周易大传》。《系辞上传》云："阴阳不测之谓神。"又云："神无方而易无体。"又云："知变化之道者，其知神之所为乎！"《说卦传》云："神也者，妙万物而为言者也。"这就是说："神"表示阴阳变化的"不测"，表示万物变化的"妙"。何谓"不测"？何谓"妙"？《系辞下传》云："易之为书也不可远，为道也屡迁，变动不居，周流六虚，上下无常，刚柔相易，不可为典要，唯变所适。"所谓"不测"即"不可为典要，唯变所适"之义，表示变化的极端复杂。"妙"，王肃本作"眇"，妙眇古通，即细微之意。"妙万物"即显示万物的细微变化。②

在"神"的概念谱系中，"神妙"出于阴阳之间的调和与转化，集中体现了"阴阳不测"的特征，乃是对"神化"的阐发，其中"神"指阴阳不测，"化"指变易不居。

在"神"范畴的概念谱系中，"神化"具有幽微精深、穷极变化、妙合无垠的特征。如张岱年先生在《中国哲学大纲》一书中指出：

---

① (魏)王弼注，(唐)孔颖达疏，李申等整理：《周易正义》，北京大学出版社 1999 年版，第 300 页。

② 张岱年：《中国古典哲学概念范畴要论》，中华书局 2017 年版，第 112 页。

> 中国哲学中关于大化性质，在天质论及自然论之外，尚有一特异的学说，即神化论。此所谓神非一般所谓鬼神之神，亦非指上帝，而只是微妙的能变性之意。宇宙万化，由粗而精，由简而赜，创新无已，层出不穷，隐显无端，奇妙莫测。非有帝天主宰使之然，亦非简单的机械作用，实有内在的微妙的动力。此内在的微妙的动力，无以名之，名之曰神。中国哲学书中说"神"，常以"妙用"释之。神即能变的妙用之谓(妙者微妙，用者功能，妙用即微妙功能)。神的观念，初见于老子，而神化论则成立于荀子及《易传》。①

在古人看来，"神"这一概念具有"入神""穷神"命题，乃出入神妙的境域，通达高超的境界。《周易·系辞下》云："精义入神，以致用也。"孔颖达疏："言圣人用精粹微妙之义，入于神化，寂然不动，乃能致其所用。"《周易·系辞下》云："穷神知化，德之盛也。"孔颖达疏："穷极微妙之神，晓知变化之道，乃是圣人德之盛极也。"②"神"表示变化的复杂性。

根据古人的整体观念，从"精义入神"到"穷神知化"，皆属于"神"的概念谱系。如《论语·述而》云："子不语怪、力、乱、神。"③

此外，又如《荀子·天论》云：

> 列星随旋，日月递炤，四时代御，阴阳大化，风雨博施，万物各得其和以生，各得其养以成，不见其事而见其功，夫是之谓神。

---

① 张岱年：《中国哲学大纲》上册，中华书局2017年版，第192~193页。

② (魏)王弼注，(唐)孔颖达疏，李申等整理：《周易正义》，北京大学出版社1999年版，第304~305页。

③ 程树德撰，程俊英、蒋见元点校：《论语集释》第2册，中华书局1990年版，第480页。

皆知其所以成，莫知其无形，夫是之谓天。①

古人以“神”来探究宇宙自然的基本规律，以“化”来概述事物变化的基本动因。这种观念在宋代理学中也得到不少体现，如周敦颐《通书·顺化》言：

天以阳生万物，以阴成万物。生，仁也；成，义也。故圣人在上，以仁育万物，以义正万民。天道行而万物顺，圣德修而万民化。大顺大化，不见其迹，莫知其然之谓神。②

如张载《正蒙·神化》云：

气有阴阳，推行有渐为化，合一不测为神。其在人也，知义用利，则神化之事备矣。

“精义入神”，事豫吾内，求利吾外也；“利用安身”，素利吾外，致养吾内也；“穷神知化”，乃养盛自致，非思勉之能强，故崇德而外，君子未或致知也。

神不可致思，存焉可也；化不可助长，顺焉可也。存虚明，久至德，顺变化，达时中。仁之至，义之尽也。知微知彰，不舍而继其善，然后可以成人性矣。③

自然万物皆有阴阳变化，包含对立的双面，有对立矛盾就会有变化运动，此即“化”；有对立统一就有不测妙用，即“神”。所以说，“神”

---

① （清）王先谦撰，沈啸寰、王星贤点校：《荀子集解》下册，中华书局2013年版，第365页。

② （宋）周敦颐著，陈克明点校：《周敦颐集》，中华书局1990年版，第22~23页。

③ （清）王夫之：《张子正蒙注》，中华书局1975年版，第63~74页。

所蕴含的“神妙”“神理”“神韵”是在“化”的推动下得以实现的。

在古人的审美心理中，“神化”指主体的精神妙用，以内在之“神”去感通外在之“气”，以隐行之“气”去体认显行之“神”，可达到“气凝神释”“意动神随”“神通气行”的审美状态。如庾肩吾《书品》言：

探妙测深，尽形得势；烟花落纸，将动风采。带字欲飞，疑神化之所为，非世人之所学。惟张有道、钟元常、王右军其人也。①

在书法艺术中，“神化”指阴阳磨荡的极致变化，此实非人力之所为，亦非人力之所及。如张怀瓘《书断》《书议》云：

及乎意与灵通，笔与冥运，神将化合，变出无方，虽龙伯系鳌之勇，不能量其力，雄图应箓之帝，不能抑其高，幽思入于毫间，逸气弥于宇内，鬼出神入，追虚补微，则非言象筌蹄所能存亡也。(《书断》)

若悬猿饮涧之象，钩锁连环之状，神化自若，变态不穷。(《书断》)

虽则不面，其若面焉。妙用玄通，邻于神化。然此论虽不足搜索至真之理，亦可谓张皇墨妙之门。但能精求，自可意得；思之不已，神将告之；理与道通，必然灵应。(《书议》)②

如项穆《书法雅言》云：

所谓神化者，岂复有外于规矩哉？规矩入巧，乃名神化，固不

---

① 上海书画出版社、华东师范大学古籍整理研究室选编校点：《历代书法论文选》，上海书画出版社1979年版，第87页。

② 上海书画出版社、华东师范大学古籍整理研究室选编校点：《历代书法论文选》，上海书画出版社1979年版，第155、163、149页。

滞不执，有圆通之妙焉。况大造之玄功。宣泄于文字，神化也者，即天机自发，气韵生动之谓也。……人之于书，形质法度，端厚和平，参互错综，玲珑飞逸，诚能如是，可以语神矣。①

如董逌《广川画跋》云：

积好在心，久则化之，凝念不释，殆与物忘，则磊落奇特蟠于胸中，不得遁而藏也。它日忽见群山横于前者，累累相负而出矣。岚光霁烟，与一一而下上，慢然放乎外而不可收也。盖心术之变化，有时出则托于画以寄其放，故云烟风雨，雷霆变怪，亦随以至。方其时忽乎忘四支形体，则举天机而见者皆山也，故能尽其道。②

说明，"神化"既是观者对艺术表现的审美品评，也是作者对艺术创作的审美体验。当审美主体处于"神化"状态中，"神"显于外而鼓荡，贯于虚灵，而"气"隐于内而沉着，通于笔端，能有效地激发创作热情和培养创作能力。所以说，古人之所以着力强调"神化"的重要性，意在凸显"神"的精神妙用(极致境地)，以期达到"技可进乎道，艺可通乎神"③的审美心境。

在中国传统文化思想中，"神"这一概念具有超越性的整体内涵，除了超越现实世界的局限与单一，超越具体的物象与形迹，突破事物外在形式的束缚，指向观念化、意象化、个性化的意蕴。④ 首先，对艺术主体之自我意识的超越，古人以身心之学求证本真状态，使内之"心"

---

① 上海书画出版社、华东师范大学古籍整理研究室选编校点：《历代书法论文选》，上海书画出版社 1979 年版，第 529 页。

② 俞剑华编：《中国画论类编》下卷，人民美术出版社 2016 年版，第 656~657 页。

③ (清)魏源著：《魏源集》上册，中华书局 1976 年版，第 5 页。

④ 程晶晶：《中国审美心境范畴论》，社会科学文献出版社 2015 年版，第 204 页。

与外之"物"同化，显之"神"与隐之"气"同偕。

如《庄子·在宥》云：

> 汝徒处无为，而物自化。堕尔形体，吐尔聪明，伦与物忘；大同乎涬溟，解心释神，莫然无魂。万物云云，各复其根，各复其根而不知。浑浑沌沌，终身不离；若彼知之，乃是离之。无问其名，无窥其情，物固自生。①

显然，这里要求艺术主体突破有限形体的限制，摒弃生理欲望，排除内心思虑，向内不觉有身心，向外不识有天地，实现"神行气潜""神显气隐"的超越。其次，对艺术创造之表现手法的超越，古人以技艺之学追求至上的浑然状态，使得内之"心"与外之"物"转化，显之"神"与隐之"气"调和。

如石涛《画语录·变化章》云：

> 至人无法，非无法也，无法而法，乃为至法。②

关于"至法无法"的问题，蒋寅先生指出：

> "至法无法"作为艺术家对待规则和技巧的根本态度，可以说是艺术观念发展到成熟境地的一个标志，它意味着艺术创作中独创性概念的终极确认。③

---

① （清）郭庆藩撰，王孝鱼点校：《庄子集释》中册，中华书局2012年版，第398~399页。

② （清）道济著，俞剑华标点注译：《石涛画语录》，人民美术出版社1962年版，第26页。

③ 蒋寅：《至法无法：中国诗学的技巧观》，《文艺研究》2000年第6期。

这里要求艺术主体超越活动规则，重视技法传统而又不受束缚，合乎艺术规律而又不落俗套，进入“心物转化”“神气调和”的理想状态。所以说，此“神化”具有“心”“物”之间的整合取向，“神”既是生命之道，始于混沌，归于虚无，也是技艺之道，始于有法，归于无法，从而达成审美活动的最高境界。

在古人的审美心境中，“神化”是文学艺术的最高境界，乃是浑然天成、含蓄深远的审美理想，其艺术形态表现为“神”的显现、隐没及隐现。

如严羽《沧浪诗话·诗辩》云：

> 盛唐诗人，惟在兴趣，羚羊挂角，无迹可求。故其妙处，透彻玲珑，不可凑泊，如空中之音，相中之色，水中之月，镜中之象，言有尽而意无穷。①

如袁枚《答沈大宗伯论诗书》言：

> 故枚尝谓变尧、舜者，汤、武也；然学尧、舜者，莫善于汤、武，莫不善于燕、哙。变唐诗者，宋、元也；然学唐诗者，莫善于宋、元，莫不善于明七子。何也？当变而变，其相传者心也；当变而不变，其拘守者迹也。鹦鹉能言，而不能得其所以言，夫非以迹乎哉！②

如石涛《画语录·山川章》言：

---

① (宋)严羽著，张健校笺：《沧浪诗话校笺》上册，上海古籍出版社 2012 年版，第 157 页。

② (清)袁枚著，周本淳标校：《小仓山房诗文集》第 3 册，上海古籍出版社 1988 年版，第 1503 页。

山川使予代山川而言也，山川脱胎于予也，予脱胎于山川也。搜尽奇峰打草稿也，山川与予神遇而迹化也，所以终归之于大涤也。①

古人崇尚"无工可见，无迹可寻"（即"神化"）的审美理想。"神化"对"迹"的质疑就是对经验、历史和模式的质疑，包含着求真要突破和摆脱固有经验、规范的束缚。② 在"神"的概念谱系中，"迹化"是"体道"的前提和基础，化解生命困境，而"体道"是"迹化"的目的和归宿，体验生命意义。于是，可以说"神以通迹，迹以通道"，"神"既是澄心、静气、清神的心境，也是圆熟、流畅、通神的艺境。在"神化"的审美形态中，"心""物"间浑然无迹，自然恰得，绝无扞格之弊，绝无异化之虞。

第二节 从"情深文明"到"气盛化神"

在中国传统文化思想中，"气化"概念出于"天地絪缊，万物化醇"③的理论建构。这一观念用于描述宇宙自然的运作模式与变化规律，揭示生命本体的审美结构和心理意识。在古人看来，自然万物皆是从"气"发端，即阴阳二气的摩荡、化生、交感与变易，既使自然能量得以转换，又使生命形态得以改变，亦使艺术主体得以彰显。就"神"而言，有显隐之状，既因显之"气"而激发，也因隐之"气"而化育。"阴阳不测之谓神"实是气化过程，生生不已，流荡不息。

---

① （清）道济著，俞剑华标点注译：《石涛画语录》，人民美术出版社1962年版，第42页。

② 涂光社：《论〈庄子〉的"适"与"迹"——庄子自然论范畴的诠释》，《沈阳师范大学学报》（社会科学版）2004年第5期。

③ （魏）王弼注，（唐）孔颖达疏，李申等整理：《周易正义》，北京大学出版社1999年版，第310页。

关于中国古典哲学中"气"的含义及特征，张岱年先生指出：

> 气，是中国古代哲学中表示现代汉语中所谓物质存在的基本观念。气的原义指有别于液体、固体的流动而细微的存在；在古代思想发展的过程中，气亦指一切独立于人类意识之外的客观实在的现象。人和生物依靠呼吸而生存，于是古代人认为气是生命之源，而气本身并非生命。
>
> 中国传统哲学中所谓气，有几个特点：(1)气凝聚而成为有形有质之物，气是构成有形有质之物的原始材料；(2)气是有广度深度可言的，即是有广袤的；(3)气是与心相对的，是离心而独立存在的实体；(4)气是能运动的，气经常在散聚变化过程中。从这些特点看，中国哲学所谓气与西方哲学所谓物质，是基本类似的。但中国哲学所谓气又有两个特点：(1)气没有不可入性，而贯通于有形有质之物的内外；(2)气具有内在的运动性，经常在运动变化之中。①

由此可见，"气化"是对"神"的揭示与建构，乃自然、生命及文艺之道的共有属性，即是"气化流行"因"神"而盛，"气化赋形"因"神"而待，"气化创生"因"神"而通。世间万物的种种变化，乃至于有形无形、有质无质、有体无体等，皆是"气化"所带来的结果。"气化"既可使"神"生姿、赋形和改质，也可使"神"融汇、贯通和渗透，亦可使"神"转移、依循和寄托。

根据"气盛化神"的运作特性，浮沉、升降、动静、相感又絪缊、相荡、胜负、屈伸(《横渠语录》)的"气化"乃是阐释阴阳化生万物(即"神")的根本思想。如《庄子·至乐》云：

---

① 张岱年：《中国古典哲学概念范畴要论》，中华书局2017年版，第35、44页。

> 察其始而本无生，非徒无生也而本无形，非徒无形也而本无气。杂乎芒芴之间，变而有气，气变而有形，形变而有生，今又变而之死，是相与为春秋冬夏四时行也。①

"气化"是生命主体的基本形式，由"气"及"形"，由"形"及"神"，具有聚散离合的特性。如王符《潜夫论·本训》言：

> 以此观之，气运感动，亦诚大矣。变化之为，何物不能？所变也神，气之所动也。当此之时，正气所加，非唯于人，百谷草木，禽兽鱼鳖，皆口养其气。声入于耳，以感于心。男女听，以施精神。②

"神"乃"气化"的极致状态（精微状态），以此言说"气化赋形""气化赋意""气化赋情"观念。周敦颐《太极图说》谓："二气交感，化生万物。万物生生，而变化无穷焉。"③此尤为强调阴阳二气的化生妙用，"神"源于阴阳摩荡、化生、交感与变易。张载《正蒙·太和》云："由太虚，有天之名；由气化，有道之名；合虚与气，有性之名；合性与知觉，有心之名。"这里强调了"气化"是自然变化的过程，在"化神"中成己、成物。如王夫之注：

> 气化者，气之化也。阴阳具于太虚絪缊之中，其一阴一阳，或动或静，相与摩荡，乘其时位以著其功能，五行万物之融结流止、

---

① （清）郭庆藩撰，王孝鱼点校：《庄子集释》中册，中华书局2012年版，第613页。

② （汉）王符著，汪继培笺：《潜夫论笺》，中华书局1979年版，第369页。

③ （宋）周敦颐著，陈克明点校：《周敦颐集》，中华书局1990年版，第4～5页。

飞潜动植，各自成其条理而不妄，则物有物之道，鬼神有鬼神之道。①

王夫之在此重点解释了“气化”的化生观念，自然万物皆有“气盛化神”的面向。又如程颢、程颐认为：“万物之始，皆气化；既形，然后以形相禅，有形化；形化长，则气化渐消。”②可见，“气化”在化生完成时便会消失，而代之以“形化”，不变的乃是精微的“神”。

如王廷相《慎言·道体》云：

有形亦是气，无形亦是气，道寓其中矣。有形，生气也；无形，元气也。元气无息，故道亦无息。是故无形者，道之氐也；有形者，道之显也。③

如戴震《孟子字义疏证》说：

凡有生，即不隔于天地之气化。阴阳五行之运而不已，天地之气化也，人物之生生本乎是。由其分而有之不齐，是以成性各殊。④

“气盛化神”既是宇宙规律，又是自然常态，亦是道德准则，兼具动力和本源的取向，体现出唯物论和辩证法的统一。“气盛化神”既有哲学、美学、艺术的形态，也有物理、生理、心理的元素，亦有体验、

① （清）王夫之：《张子正蒙注》，中华书局1975年版，第17页。

② （宋）程颢、程颐著，王孝鱼点校：《二程集》第1册，中华书局1981年版，第79页。

③ （明）王廷相著，王孝鱼点校：《王廷相集》第3册，中华书局1989年版，第751页。

④ （清）戴震著，何文光整理：《孟子字义疏证》，中华书局2008年版，第28页。

内省、实践的特性。于民先生指出，从混沌中的审美意识、生命科学与原始艺术的合一，到先秦的养生气化与哲学美学等的密切相连，直到汉魏后艺术创作形成独立的气化理论，这一点对古人来说是不言而喻的，自然而然的，因为古人的自然观、生命观、艺术观就是建立在"气盛化神"基础上的。① 由于古人感通的"神"是流行的、动态的、连续的，所以往往从"气化流行""气化赋形""气化创生"角度来看待生命问题。

如方东美先生说：

> 在中国人看来，自然全体弥漫生命，这种盎然生意化为创造动力向前推进，即能巧运不穷，一体俱化，恰如优雅的舞蹈，劲气内转而秀势外舒，此时一切窒碍都消，形迹不滞，原先的拘限扞格都化为同情交感，因此中国哲学家认为，自然与人生虽是神化多方，但终能协然一致，因为"自然"乃是一个生生不已的创进历程，而人则是这历程中参赞化育的共同创造者。所以自然与人可以二而一，生命全体更能交融互摄，形成我所说的"广大和谐"(comprehensive harmony)，在这一贯之道中内在的生命与外在的环境流衍互润、融镕浃化，原来看似格格不入的此时均能互相涵摄，共同唱出对生命的欣赏赞颂。②

"气盛化神"提供了可视、可感、可知的美感形象，"气"对"神"有牵引作用，"神"对"气"有裹挟作用，即"生生不已的阴阳二气织成一种有节奏的生命"③，从而使之有声有色、有动有静、有情有态。

因此，"神"不仅成为了生命之源、修身之要、涵养之基，也成为了冲动之源、神思之依、才情之据。在传统诗文评中，无论是言志、抒

---

① 于民：《气化谐和——中国古典审美意识的独特发展》，东北师范大学出版社 1990 年版，第 430 页。

② 方东美著，李溪编：《生生之美》，北京大学出版社 2009 年版，第 103 页。

③ 宗白华：《美学散步》，上海人民出版社 1981 年版，第 132 页。

情，还是载道、兴趣，在意义的生成上都离不开"神"的知识形态。如杨国荣先生指出：

以认识世界与认识自我、变革世界与成就自我为具体的历史内容，成己与成物的过程同时表现为意义和意义世界的生成过程。①

"神"蕴含成己、成物的生命自觉，既有"穷神知化"的营构现象，也有"气化流行"的化育现象。不论是"人心之动，物使之然"，还是"气之动物，物之感人"，抑或物性、理性、情性发生的微妙变化，归根到底都是"气盛化神"作用的产物(指向生命之气、道德之气、精神之气等)。

如于民先生提出：

一切因气化以分，一切因气化以合，万事万物因气的统一性而彼此相通，以致对立中相渗互补，刚中有柔，柔中有刚，儒中有道，道中有儒，中和中有非中和，非中和中有中和。②

自然万物皆有"气盛化神"的表现，如何在"气化"中激发"神"的艺术想象和情感表达，即何以促成"气盛化神"，就成为一个有待追寻的重要问题。如王世懋《赠汪仲淹序》说："意有所激于中，而气常溢乎其外，则往往有托而类狂。"③黄宗羲《吕胜千诗集题辞》说："元气不寄于

---

① 杨国荣：《成己与成物：意义世界的生成》，人民出版社2010年版，第29页。

② 于民：《气化谐和——中国古典审美意识的独特发展》，东北师范大学出版1990年版，第27页。

③ 四库全书存目丛书编纂委员会编：《四库全书存目丛书》集部第133册，齐鲁书社1997年版，第223页。

众而寄于独，不寄于繁华而寄于岑寂，盖知之者鲜矣。"①在古人看来，"气"经养而盛，经陈而醇，随物宛转，与心徘徊，方可触发创作气机。气机的关键所在正是"神"，通于物境、情境及意境之间，最终建构出审美主体的心理状态。

因此，古人试图通过"神"（隐于意象、意境、情态）的引领，促使"气"（显于声音、修辞、句法）的流转，完成"化"（寄于依循、赋形、托寓）的过程。"气盛化神"是古人生命经验中所沉淀下来的生生不息的生化思想和原始原态的气论观念综合而成的。② 古人感知到无形、无象、无息的"神"，关键在于"气"，即"气化流行""气化赋形""气化创生"，使"神"交感而化生，聚合而适体，赋形而显象。

如日僧遍照金刚《文镜秘府论》载：

> 夫文章兴作，先动气，气生乎心，心发乎言，闻于耳，见于目，录于纸。意须出万人之境，望古人于格下，攒天海于方寸。诗人用心，当于此也。③

如柳冕《答衢州郑使君论文书》云：

> 夫善为文者，发而为声，鼓而为气。直则气雄，精则气生，使五彩并用，而气行其中。④

如苏辙《上枢密韩太尉书》云：

---

① （明）黄宗羲撰，沈善洪主编：《黄宗羲全集》第10册，浙江古籍出版社2005年版，第108页。

② 赵树功、詹福瑞：《论寄》，人民文学出版社2010年版，第277页。

③ ［日］遍照金刚撰，卢盛江校考：《文镜秘府论汇校汇考》下册，中华书局2015年版，第1246页。

④ 周祖谍编选：《隋唐五代文论选》，人民文学出版社1990年版，第169页。

其气充乎其中而溢乎其貌，动乎其言而见乎其文，而不自知也。①

如陈旅《元文类序》云：

元气流行乎宇宙之间，其精华之在人，有不能不著者，发而为文章焉。然则文章者，固元气之为也。徒审前人制作之工拙，而不知其出于天地气运之盛衰，岂知言者哉。②

在传统文论中，诗文创作乃是“气盛化神”的结果，即“神”在“气化”的牵引下而内敛与深沉于篇章之中。归有光《项思尧文集序》说：“余谓文章，天地之元气。得之者，其气直与天地同流。”③钱谦益《复李叔则书》云：“夫文章者，天地变化之所为也。”④创作源于“气盛化神”的鼓动和激荡，“神”寓于隐形情态，酝酿意境；“气”寄于显形对象，赋予生机，于“气化流行”“气化赋形”“气化创生”之际实现心物感应、情景交融的审美可能。因此，“神”的概念谱系既有“神隐气显”的过程，也有“神寓气寄”的过程。

第三节　从“神通气行”到“神与物游”

在“神”的概念谱系中，诸形、诸质、诸体皆生于斯、诸情、诸事、

---

① （宋）苏辙著，曾枣庄、马德富校点：《栾城集》上册，上海古籍出版社1987年版，第477页。

② （元）陈旅：《元文类序》，（元）苏天爵编：《元文类》，上海古籍出版社1993年版，第4页。

③ （明）归有光著，周本淳校点：《震川先生集》上册，上海古籍出版社2007年版，第21页。

④ （清）钱谦益著，钱曾笺注：《钱牧斋全集》第6册，上海古籍出版社2003年版，第1343页。

诸理皆成于斯。无论是"穷神知化"的"神化"，在审美观照中所触发的心理体验，还是"气盛化神"的"气化"，在审美理想中所激活的生命精神，终将导向"神通气行"的理想状态。所以说，"神"既是最微妙的运思状态，也是最理想的审美状态。对古人而言，在创作过程中，一旦"神"不通畅或不通行，就会影响到心物、情景、主客的交融效果。既然如此，那么对"神"之活跃或托寄产生阻碍的关键节点就是"隔"或"滞"。所以说，"通与不通""畅与不畅"的问题就成为"神"之"隔与不隔""滞与不滞"的审美问题。这种"通"或"畅"的审美观念，既是结果性的概念，也是过程性的术语，所隐含的就是所通、所畅者乃为可通、可畅者之前提。① 随着"穷神知化"的酝酿和"气盛化神"的积蓄，创作主体自然会临近创作的关键节点，此时只须清除"隔"或"滞"的阻碍，通会之际，神气俱谐，就能依次获得"应目""会心""畅神"的审美效果，从而顺利完成艺术活动的生成机制、运行机制和评价机制。因此，"神"这一概念乃是可畅、可通的审美极致，既有"随物宛转，与心徘徊"的审美感通，也有"摇荡性情，形诸舞咏"②的审美交融。

在古人的创作实践中，要想实现"神通气行"的艺术效果，关键在于显隐结合的"气机"。"气机"指自然机能，指生命机能，指艺术机能。汤显祖《朱懋忠制义叙》说：

> 通天地之化者在气机，夺天地之化者亦在气机。化之所至，气必至焉。气之所至，机必至焉。……天下文章有类乎是。莽莽者气乎，旋旋者机乎。③

① 赵树功、詹福瑞：《论寄》，人民文学出版社2010年版，第282页。

② （梁）钟嵘著，曹旭集注：《诗品集注》，上海古籍出版社1994年版，第1页。

③ （明）汤显祖著，徐朔方笺校：《汤显祖全集》第2册，北京古籍出版社1999年版，第1129页。

作为审美体验的关键环节，“气机”指经体验感悟而产生的兴会灵感，以“气”的机能来牵引出“神”，激发审美想象，酝酿审美情感，提炼审美意象，从而实现“机来神熟，思之如流，气之如云，致之如环”(《玉茗堂批评种玉记·十五出〈促晤〉总评》)的艺术效果。文之所以为文，艺之所以为艺，关键就在于“神”的通畅情况。“神”若健旺，“气”便活跃；“气”若郁滞，“神”便衰弱，“神通”是“气行”的前提，“气行”是“神通”的目的。所以，我们可以说，诸艺出于气机流动，诸学出于气机转化，诸技出于气机呼应。“神通气行”的状态之所以顺利实现，实际上源于“神与气是一体的范畴，只不过神是对气之特定状态以及运动特征的描绘，尤其强调了气的流动与变化特征”①。在“神”的概念谱系中，“气”是非常重要的一环，神通气行，微妙莫测，周流不滞，既能有效地调动“畅神”的审美情感，也能有效地激发“通神”的创作动机。

根据古人的理论话语，不难看出“神”是“气”的关键，神旺而气足，气充而神盛；“气”是“神”的依托，气盛而神全，神通而气行。当我们对“神”进行审美观照时，会发现也有“气”的在场，“神”“气”互训，“神”“气”同释。

如顾炎武《日知录》云：

> 盈天地之间者，气也。气之盛者为神。神者，天地之气而人之心也。故曰：“视之而弗见，听之而弗闻，体物而不可遗，使天下之人齐明盛服以承祭祀，洋洋乎如在其上，如在其左右。”圣人所以知鬼神之情状者如此。②

如方东树《昭昧詹言》云：

---

① 赵树功、詹福瑞：《论寄》，人民文学出版社 2010 年版，第 283 页。

② (清)顾炎武著，黄汝成集释：《日知录集释》上册，上海古籍出版社 2006 年版，第 40 页。

气之精者为神。必至能神，方能不朽，而衣被后世。彼伪者，非气骨轻浮，即腐败臭秽而无灵气者也。①

说明，"神""气"是一体的生命元素，"神"是"气"的极致变化，"气"是"神"的依托基础。

如刘大櫆《论文偶记》：

行文之道，神为主，气辅之。曹子桓、苏子由论文，以气为主，是矣。然气随神转，神浑则气灏，神远则气逸，神伟则气高，神变则气奇，神深则气静，故神为气之主。②

在此，"神""气"同置于审美场域之内，带有浓郁的读者接受美学(接受理论)意味，二者构成了主导与从属的双向关系。

如王夫之《诗广传》：

天地之生，莫贵于人矣。人之生也，莫贵于神矣。神者何也？天之所致美者也。百物之精，文章之色，休嘉之气，两间之美也。函美以生，天地之美藏焉。天致美于百物而为精，致美于人而为神，一而已矣。求之者以其类，发之者以其物。是故精生神，而神盛焉，神盛于躬，而神明通焉，神明通而鬼神交焉。匪养弗盛也，匪盛弗交也。君子所以多取百物之精，以充其气，发其盛，而不慭也。③

① (清)方东树著，王绍楹校点：《昭昧詹言》，人民文学出版社1961年版，第25页。

② (清)刘大櫆著，范先渊校点：《论文偶记》，人民文学出版社1959年版，第3页。

③ (清)王夫之著，王孝鱼点校：《诗广传》，中华书局1964年版，第172页。

显然，“神”生于阴阳交感，只有在“气”的牵引下达到极盛，才会呈现“心物感应”的审美意识，“情景交融”的灵动机能，“神气谐和”的生命情趣。于是，在“神”的概念谱系中，“气”是非常重要的一环，不影响“你中有我，我中有你”的知识形态。“神”是气之盛者，“气”是神之化者；“神”是气之精者，“气”是神之寄者。

如刘勰《文心雕龙·神思》云：

> 故思理为妙，神与物游。神居胸臆，而志气统其关键；物沿耳目，而辞令管其枢机。枢机方通，则物无隐貌；关键将塞，则神有遁心。①

通过上述材料，可见，在“穷神知化”“气盛化神”之余，“神”的概念谱系尚有“通”“畅”“滞”“隔”的表现。“神”属于基础性、结构性和功能性的概念，既隐于“气”，不争、不显、不露，须通过“陶钧文思，贵在虚静，疏瀹五藏，澡雪精神”而表意；又凝于“气”，不流、不止、不行，须通过“吐纳文艺，务在节宣，清和其心，调畅其气”②而赋形。

如皎然《诗式》云：

> 夫不入虎穴，焉得虎子？取境之时，须至难至险，始见奇句。成篇之后，观其气貌，有似等闲，不思而得，此高手也。有时意静神王，佳句纵横，若不可遏，宛如神助。不然，盖由先积精思，因神王而得乎！③

---

① （梁）刘勰著，范文澜注：《文心雕龙注》下册，人民文学出版社1958年版，第493页。

② （梁）刘勰著，范文澜注：《文心雕龙注》下册，人民文学出版社1958年版，第493、647页。

③ （唐）皎然著，李壮鹰校注：《诗式校注》，人民文学出版社2003年版，第39页。

如殷璠《河岳英灵集叙》云：

> 夫文有神来、气来、情来，有雅体、野体、鄙体、俗体。编纪者能审鉴诸体，委详所来，方可定其优劣，论其取舍。①

"神"是情变之所孕始，藉思理而与物游，因志气而成辞令。"神"是文学创作的原动力，文学作品的情、思、志、气以及辞令，都由"神"而出。② 这里强调"神"是文学创作的终极取向，既可触及文机，也可通及文体；既有拆解属性，也有混融属性。"神"是"气"的关键，故神通而气行；"气"是"神"的依托，故气盛而化神。在"神"的概念谱系中，"气"成为非常重要的的联结点和过渡点，延伸出"神韵""神理""神味"等美学观念。

然而，在古人的创作体验中，"神通气行"的理想状态不是那么容易就能实现的。倘若没有处理好心物、情景、主客、虚实的审美关系，或者没有协调好本质、现象、抽象、具象的审美经验，"神"往往落入"滞"或"隔"的窠臼，从而导致"神"疲而"气"乏，"气"消而"神"颓，且最终影响到作品的整体效果。所以，在创作实践中，从言志到缘情，从临摹到创作，从写意到工笔，如何唤醒"神"的活力，如何促成"神"的流转，如何实现"神"的谐和，就成为创作实践的核心问题。那么如何解决这些问题，审美主体只有融合生命体验和审美体验，才能使"神"司其职、安其位。在"神""气"之间，"神通气行"是融通、变通、会通的过程，要求审美主体能以清澄纯净、无物无欲的情怀，在非功利、超理智的审美心态中，品味、体验、感悟审美对象内部深层的情趣意蕴、生命精神。③ 无论是审美主体，还是审美对象，抑或审美过程，

① 傅璇琮、陈尚君、徐俊编：《唐人选唐诗新编》，中华书局 2014 年版，第 156 页。

② 高明：《中华文化问题之探索》，台湾正中书局 1987 年版，第 178 页。

③ 吴建民：《中国古代诗学原理》，人民文学出版社 2001 年版，第 86 页。

皆有“神化”“气化”的运行机制。我们考察“神”的概念谱系，既不可顾“神”失“气”，也不可顾“气”失“神”。就“神”的意义建构而言，古人对“神”的审美观照，即是对“神超气得”“神通气行”“神完气足”的审美追求。在“神”的概念谱系中，认识“神”的过程乃是由浅入深、由表及里的过程，既要求审美主体“会景达心，体物得神”，也促使审美主体“含道映物，澄怀味象”。

从中国古代思想传统进行考察，“神”既是天地化育的最高原则，也是人文化成的最高境界，亦是生命诗学的最高命题。在天人、物我之间，无论是内在的抽象，还是外在的具象，既有“神”的生理存养，也有“神”的心理培养，更有知性的积累与德性的提升。① 所以说，就“神”的概念谱系而言，从“神化”“气化”到“神通气行”，从“神变”“气变”到“神超气得”，从“神感”“气感”到“神完气足”，“神”的审美体验不仅是生命精神的回归与重塑，还是生命境界的超越与突破，更是生命智慧的唤醒与激荡。在文学创作实践中，经刺激、感兴、陶冶、素养等疏导路径，审美主体的“神”获得相当程度的审美体验，如时间的绵延性和空间的扩展性，意识的主观性和思维的逻辑性。这种体验既是审美主体对审美对象的体会、感受、领悟的过程，也是审美主体的情感生命与审美对象的精神意蕴逐步浑融合一的过程。② 作为中国古代的“公共话语”，“神”的概念谱系导向不同观念，既有“穷神知化”的概念取向，也有“气盛化神”的概念取向，亦有“神通气行”的取向。因此，“神”的概念谱系为理解生命美学提供了可能性，反映出古人在有限中探索无限，在滞隔中追寻自由，在体验中涵泳精神，建构出畅通的生命格局、混融的生命形态，以及流变的生命观念。

---

① 夏静：《情深而文明，气盛而化神——养气对为文的影响》，《中国社会科学报》2015 年 7 月 13 日第 A05 版。

② 吴建民：《中国古代诗学原理》，人民文学出版社 2001 年版，第 78 页。

第六章　尽变："神"的理论构型

19世纪时，严复先生提出一个问题："元气二字，到底是何物事？"①这种批判性的反思与追问，昭示着中西文化碰撞及其话语权的切换、古今历史处境的迥异以及旧学新知在思维方式与知识图景上的嬗变。② 那么，我们顺着严复先生提出的疑问，妙不可言的"神"一词，又到底是何种物事？具有何种构型？在传统文化视域中，"神"既是时间的又是空间的，既是延展的又是掘进的，既是思辨的又是实践的，具有"命大""幅大""力大"的概念特性，以及具有"大观念""元范畴""大文论"的理论视野。就其意义建构而言，"神"涵盖自然生命、精神信仰、社会道德、人生情态等方面，既充盈于创作主体，又弥漫于创作客体，亦流通于创作过程。除了纵向的知识脉络和横向的概念谱系，"神"的历史风貌还体现在纵横结合的理论构型中。于是，我们可以推论"神"既是对本体、本源及本质的理性演绎，也是对生意、生机及生命的感性熔铸。所以说，"神"的理论构型是一种集合性的体现，既有涵育与化感的向度，也有精华与集约的向度，亦有生意与活力的向度。

---

① （清）严复著，王栻主编：《严复集》第4册，中华书局1986年版，第1206页。

② 夏静：《文气话语形态研究》，商务印书馆2014年版，第124页。

第一节 文机涵育与文机化感

在传统诗文评中，古人对作品的生成机制是非常关注的，往往从“神”的概念谱系来探讨“为文”“为艺”的深层原因。这就涉及“神”的涵育问题和化感问题。就生成机制而言，作品既有“穷神知化”的取向，也有“气盛化神”的取向，呈现出“主中有客，客中有主”的审美倾向，恰符合人类认识发生的一般原理。如瑞士学者皮亚杰说：

> 认识既不是起因于一个有自我意识的主体，也不是起因于业已形成的(从主体的角度来看)、会把自己烙印在主体之上的客体；认识起因于主客体之间的相互作用，这种作用发生在主体和客体之间的中途，因而同时既包含着主体又包含着客体，但这是由于主客体之间的完全没有分化，而不是由于不同种类事物之间的相互作用。……这些中介物从作为身体本身和外界事物之间的接触点开始，循着由外部和内部所给予的两个互相补充的方向发展，对主客体的任何妥当的详细说明正是依赖于中介物的这种双重的逐步建构。①

显然，在创作体验中，作品的生成机制是双向的，认识的发生原理是双向的。于是，可以说，涵育与化感的关键点，不仅在“神”的妙用玄通，还在于“神”与其他概念的相遇、碰撞与融合。这种审美遇合既使“神”在主体与客体之间获得涵育、化感的可能性，也使“神”在文辞与心迹之间获得畅通、破滞的必然性。于是，在“神”的理论构型中，审美主体和审美客体获得涵育，审美主体可激发出创作冲动，鼓荡创作激情，

---

① [瑞士]皮亚杰：《发生认识论原理》，王宪钿等译，商务印书馆2009年版，第21~22页。

燃烧创作热忱；审美客体可酝酿出审美意识，承载审美经验，浃洽审美取向。

如陆机《文赋》云：

若夫应感之会，通塞之纪，来不可遏，去不可止，藏若景灭，行犹响起。方天机之骏利，夫何纷而不理。思风发于胸臆，言泉流于唇齿。纷葳蕤以馺遝，唯毫素之所拟。文徽徽以溢目，音泠泠而盈耳。及其六情底滞，志往神留，兀若枯木，豁若涸流。揽营魂以探赜，顿精爽于自求。理翳翳而愈伏，思乙乙其若抽。是以或竭情而多悔，或率意而寡尤。虽兹物之在我，非余力之所勠。①

如刘勰《文心雕龙·养气》云：

夫学业在勤，功庸弗怠，故有锥股自厉，和熊以苦之人。志于文也，则有申写郁滞，故宜从容率情，优柔适会。若销铄精胆，蹙迫和气，秉牍以驱龄，洒翰以伐性，岂圣贤之素心，会文之直理哉！且夫思有利钝，时有通塞，沐则心覆，且或反常。神之方昏，再三愈黩。②

如韩愈《送高闲上人序》云：

苟可以寓其巧智，使机应于心，不挫于气，则神完而守固，虽

① （晋）陆机著，张少康集释：《文赋集释》，人民文学出版社 2002 年版，第 241 页。

② （梁）刘勰著，范文澜注：《文心雕龙注》下册，人民文学出版社 1958 年版，第 647 页。

外物至，不胶于心。①

如李德裕《文章论》转引：

文之为物，自然灵气。惚恍而来，不思而至。杼轴得之，淡而无味。琢刻藻绘，弥不足贵。②

如梅曾亮《钵山余霞阁记》云：

文在天地，如云物烟景焉。一默存之间，而遁乎万里之外。故善为文者，无失其机。③

如唐彪《读书作文谱》引：

机存于手腕之中，行于意想之表。有耆宿不能得，而初学得之者；有终日构思不成，而仓卒立就者。机一得，则诸妙悉来于笔下，虚灵变化，无所不备矣。④

如吴曾祺《涵芬楼文谈》云：

行文有机。机之来如木之生春，水之赴壑，皆有自然而然之妙。固有一题到手，经营累日而不得一字者，机未至也。……迨失机

---

① （唐）韩愈著，马其昶校注：《韩昌黎文集校注》上册，上海古籍出版社2014年版，第302页。

② （唐）李德裕著，傅璇琮、周建国校笺：《李德裕文集校笺》下册，中华书局2018年版，第803页。

③ （清）梅曾亮著，彭国忠、胡晓明校点：《柏枧山房诗文集》，上海古籍出版社2005年版，第223页。

④ 王水照编：《历代文话》第4册，复旦大学出版社2007年版，第3502页。

之既至，援笔伸纸，倾刻之间数千言可以立就。①

由此可见，上述材料阐明了文学作品的生成机制，古人对作品生成机制的描述，大都含有"神"的审美构思和艺术想象。在古人的创作体验中，"通神""入神"构成了文机涵育的关键点和文机化感的突破点。所以说，"神"构成了文机涵育的关键点，"通神""入神"乃是文机涵育的关键所在。

在创作过程中，文机涵育(即"通神""入神")是从事创作必不可少的环节，具体表现为"兴会之到，机于应心"的灵感现象。在创作之际，这么关键的涵育环节究竟是怎样的运思状态？如赵树功先生指出：

文机涵育是创作之前创作主体全方位的涵养积累，具体而言它包括人生的历练、经典的浸淫、艺术手段的参研、表达能力的训练、道德境界的提升、审美感觉的磨砺、常识的贮藏、体式的熟稔等。②

这里说明了文机涵育不是一蹴而就的，而是有着非常丰富的前置因素(如对教养、修养、涵养的要求)，并会对主体心灵与客体对象的审美遇合产生催化作用。卢冀野在《何谓文学》一书中指出："接物兴感，感发情生。情者，艺术之机也；文学因之而产焉。"③此强调了文机的发端和延伸。又如马宗霍《文学概论》所说：

文机发于情感：人生而有性，接于物而有情，情随所感而异，

① 吴曾祺：《涵芬楼文谈》，商务印书馆1933年版，第40页。

② 赵树功：《气与中国文学理论体系构建》，人民出版社2012年版，第92页。

③ 卢冀野：《何谓文学》，大东书局1932年版，第1页。

喜、怒、哀、惧、爱、恶、欲出焉。此七情之所感，即文之机也。①

实际上，在创作过程中，文机涵育之道，说容易也容易，说困难也困难。审美遇合需要契机，文艺创作需要文机，那么契机开启，也就是文机开启。涵育是创作机制的关键点，既使情有所适，也使事有所量，亦使意有所感。一旦陷入滞隔，会对“神”产生某种程度的损耗，愈用力愈滞隔。神融气畅，文机成熟；而神疲气衰，文机窘缩，最终导致“神”未能显现，未能流通。所以说，只有“神”与其他的特质(如“情”“理”“韵”“味”等)相互配合，于文机涵育之际，方有可能进入“神通气行”的创作佳境。

就创作而论，“文机”指“天机”“感兴”，其生成机制以“神”的“滞隔与否”为化感标准。在这种理论构型中，既有心内之“神”与心外之“神”的审美遇合，如“心偶照境，率然而生”②，“遇事有得，遂造神妙”③等；也有物内之“神”与物外之“气”的情志激荡，如“物色之动，心亦摇焉”，“灞桥风雪，驴背诗思”④等。在“神”的理论构型中，从文机涵育到文机化感，形迹脱略而众体玄，神气流转而众艺妙。

刘勰《文心雕龙·风骨》云：

诗总六义，风冠其首，斯乃化感之本源，志气之符契也。是以怊怅述情，必始乎风，沉吟铺辞，莫先于骨。故辞之待骨，如体之树骸，情之含风，犹形之包气。结言端直，则文骨成焉；意气骏

① 马宗霍：《文学概论》，明达出版社1975年版，第7页。

② 张伯伟撰：《全唐五代诗格汇考》，凤凰出版社2002年版，第173页。

③ (宋)胡仔纂集，廖德明校点：《苕溪渔隐丛话》前集，人民文学出版社1962年版，第333页。

④ (五代)孙光宪撰，贾二强点校：《北梦琐言》，中华书局2002年版，第149页。

爽，则文风清焉。①

谢榛《四溟诗话》云：

诗有天机，待时而发，触物而成，虽幽寻苦索，不易得也。②

从审美遇合到情志激荡，从应物现形到触事感怀，气盛而神全，神全而机立；气行而神通，神通而机至；气化而神变，神变而机成。显然，"神"的遇合构成古人的化感(灵感)机制，显现偶然、瞬时、强烈、高效等特性。在创作实践中，"神"既可养文机之蕴，也可持文机之脑；既可卫文机之能，也可荣文机之势；既可赋文机之形，也可振文机之力。

在"神"的理论构型中，文机化感是对文机涵育的转化处理，使之根乎性情之正、合乎礼法之本，"化"即教化纠正，情深而文明；"感"即应物斯感，气盛而化神。

化和感的所指对象与表达意义存在明显差异，化主要是施动行为，对客体施加教化矫治，促进事物向积极方面转化；感主要是人心为外物所触动，属于受动的行为结果。化感是对情感的泛滥加以规范，有导引人欲、净化风气的作用。③

文机化感是对文机涵育的规范处理，起到"保驾护航"作用，在施动行为与受动结果之间，深刻影响到"神"的生成机理及涵育路径。在

① (梁)刘勰著，范文澜注：《文心雕龙注》下册，人民文学出版社1958年版，第513页。

② 丁福保辑：《历代诗话续编》下册，中华书局1983年版，第1161页。

③ 赵华：《〈文心雕龙〉"化感"的内涵及其表达的理念》，《古代文学理论研究》第42辑，华东师范大学出版社2016年版，第141~142页。

创作过程中，首先，涵育是古人在创作之前的博观约取。

如唐彪《读书作文谱》转引：

文者，心之精也，而神所为也。神有清浊，则文有纯杂；神有静躁，则文有粗细；神有昏明，则文有显晦。有诸内必形诸外，若表影相符，未有或爽者也。故修文之士，先务凝神，神完则精固，精固则气充，气充则志强，天下事无不可为者，况区区文字乎？

文以气为主，气和文自雍容大雅，气壮文自充实雄健，气清文自澄洁鲜明。凡欲作文，须先养气。①

其次，化感是古人在创作之时的厚积薄发。

如贺贻孙《诗筏》云：

诗家化境，如风雨驰骤，鬼神出没，满眼空幻，满耳飘忽，突然而来，倏然而去，不得以字句诠，不可以迹相求。②

庄元臣《行文须知》：

文章有神解，有妙解，有理解。神解者，于段落处，不用一字过接，而筋脉紧紧相连，如出一块生成，令人读之顺眼，寻之无端，真如人身元气，周流于荣卫百骸，人但觉肢体和调，举动适意，而其妙有莫可寻觅者。③

① 王水照编：《历代文话》第4册，复旦大学出版社2007年版，第3400、3401页。

② 郭绍虞编选，富寿荪校点：《清诗话续编》上册，上海古籍出版社1983年版，第165页。

③ 王水照编：《历代文话》第3册，复旦大学出版社2007年版，第2269页。

在创作过程或文本生成中，"神"成为涵育和化感的核心取向。因此，无论是文机涵育，还是文机化感，都有"通神""入神"的运思体现。文机涵育需要文机化感的规范，合于玄妙；文机化感需要文机涵育的积蓄，通于造化。美国学者阿恩海姆说："人的本性并不允许他一个劲儿处于高度紧张状态之中。"①说明，涵育与化感是创作过程中的关键环节。如刘勰《文心雕龙·养气》云："率志委和，则理融而情畅；钻砺过分，则神疲而气衰。"②神通而气行，则文思泉涌；神疲而气衰，则文机滞隔。日僧遍照金刚《文镜秘府论·论文意》云："凡神不安，令人不畅无兴，无兴即任睡，睡大养神。"③

在古人看来，从事文学创作的关键前提，即"养神"，既须要有充沛、饱满、旺盛的"神"，又须要有弥漫、流通和涌动的"神"。否则，这种特殊的创作就会产生滞隔，落入枯竭、空虚、衰落的困境，从而失去文机涵育与文机化感的关键契机。在"神"的审美延伸中，神全气盛，畅而生兴；神壅气滞，滞而无兴。所以说，我们可以认为"通神""入神"既是行文的目的，也是行文的关键。

第二节　审美蕴藉与审美效应

在艺术创作和艺术欣赏中，"神"指精神气志，神韵气势，所以古人有神姿离彻、神理俊彻、神矜可爱、精神渊著、神清明秀、神姿朗彻、器朗神俊等美学观念。在"神"的理论构型中，这一概念相当于最精华、最集约的审美蕴藉（心性、情性、诗性），或托于鸟兽，或寄于

① ［美］鲁道夫·阿恩海姆：《艺术与视知觉》，滕守尧等译，四川人民出版社1998年版，第193页。

② （梁）刘勰著，范文澜注：《文心雕龙注》下册，人民文学出版社1958年版，第646页。

③ ［日］遍照金刚撰，卢盛江校考：《文镜秘府论汇校汇考》下册，中华书局2015年版，第1298页。

草木，或寓于虫鱼，或和于音声，或隐于形色，或拟于状貌。这种构型具有路径和方法的双属性，“神”既是涵泳经典的求索之途，以此知意、得趣和悟神；也是诠释经典的应变之道，以此复古、习古和师古。

如苏轼《题渊明饮酒诗后》云：

> “采菊东篱下，悠然见南山。”因采菊而见山，境与意会，此句最有妙处。近岁俗本皆作“望南山”，则此一篇神气都索然矣。古人用意深微，而俗士率然妄以意改，此最可疾。①

此“望”字显得生硬，必然会影响到全篇的艺术效果，朗而吟之颇有滞塞之感，抑而按之颇有阻隔之感。虽然“神”的审美特征在传统诗文评视域中是纯粹的，但是在具体的审美对象或审美现象中，并不存在完全纯粹的审美特征。

如杨维桢《赵氏诗录序》云：

> 评诗之品无异人品也，人有面目、骨骼，有情性、神气，诗之丑好高下亦然。《风》、《雅》而降为《骚》，《骚》降为《十九首》，《十九首》而降为陶、杜，为二李，其情性不鳌，神气不牵，故其骨骼不庳，面目不鄙。……然诗之情性、神气，古今无间也。得古之情性、神气，则古之诗在也。然而面目未识，而谓得其骨骼，妄矣；骨骼未得，而谓得其情性，妄矣；情性未得，而谓得其神气，益妄矣。②

在此，杨氏从人体言及诗体，进而从人品推及诗品，以“面目”“骨骼”“情性”“神气”的层次来评诗歌，并将“神气”置于审美品评的最高

① （宋）苏轼著，孔凡礼点校：《苏轼文集》第5册，中华书局1986年版，第2092页。

② 陶秋英编选：《宋金元文论选》，人民文学出版社1999年版，第581页。

层次。"神"指在字里行间流露的精神意气，鼓荡的神韵气势。这些审美特质不是对立的，"面目""骨骼""情性""神气"皆可统一于"神"的概念谱系。"神"的理论构型既有颠覆的拆解，亦有创新的重构；既有学理的争鸣，亦有理性的批判；既有知识的演绎，亦有学科的推理。在"神"的理论构型中，"神气"是一个非常重要的文论概念。

如艾南英《答陈人中论文书》云：

> 夫秦汉去今远矣，其名物、器数、职官、地里、方言、里俗，皆与今殊，存其文以见于吾文，独能存其神气耳。役秦汉之神气而御之者，舍韩欧奚由？譬之于山，秦汉则蓬山绝岛也。去今既远，犹之有大海隔之也，则必借舟楫焉，而后能至。夫韩欧者，吾人之文所由以至于秦汉之舟楫也。由韩欧而能至于秦汉者，无他，韩欧得其神气而御之耳。①

在传统文人看来，去圣久远，名实有别，变与不变都是一种常态体现，变化的是"形迹"，不变的是"神气"，即最集约的精华。既然如此，那么，涵泳经典，诠释经典，就须抓住根本问题，直抵精华与集约的审美意蕴，而非摹习珠玑与锦绣的辞藻章句。如艾南英《子魏合刻序》云："取古人之神气，而合之于圣贤之理。"②在此，艾氏整合了"前七子""唐宋派"的复古思想，特别是受到了何景明的复古影响，着力反对"刻意古范，铸形宿镆，独守尺寸"，提倡"领会神情，临景构结，不仿形迹"。③ 由此可见，凡欲得秦汉之"神气"，皆须取于唐宋名家，从而使

① 沈乃文主编：《明别集丛刊》第5辑第39册，黄山书社2016年版，第26页。

② 沈乃文主编：《明别集丛刊》第5辑第39册，黄山书社2016年版，第166~167页。

③ (明)何景明著，李淑毅等点校：《何大复集》，中州古籍出版社1989年版，第575页。

得创作者有舟可渡，有路可行。

如艾南英《四与周介生论文书》云：

> 经籍而后必推秦汉，为其古雅质朴，典则高贵，序裁生动，使人如睹。然以其去古未远，名物方言不甚近人；必尽肖之，则势必至节去语助，不可句以为奥。疏枝大叶，离合隐现，寓法于无法之中；必尽肖之，则必决裂体局，破坏绳墨，而至于无法。故韩、欧、苏、曾数大家存其神而不袭其糟粕，二千余年独此数公，能为秦汉而已。①

在“神”的理论构型中，“神气”是一个典型的美学概念，往往指最精华、最集约的审美意蕴，既可辨章诸艺，也可考镜源流。创作者可存“神”而丢俗套，得“神”而弃糟粕，“师古人之心，而不师古人之迹”，崇古意而不囿于陈法，尚古情而不拘于常例。如恽寿平《南田画跋》云：

> 凡观名迹，先论神气，以神气辨时代，审源流，考先匠，始能画一而无失。②

“神气”是一时一代最显著、最典型的特征。欲得“神气”，既要从变中求得不变，也要从不变中求得变；既在形迹中读出精神，也在精神中生出形迹。

如刘大櫆《论文偶记》云：

> 音节高则神气必高，音节下则神气必下，故音节为神气之迹。一句之中，或多一字，或少一字；一字之中，或用平声，或用仄

① 沈乃文主编：《明别集丛刊》第5辑第39册，黄山书社2016年版，第24页。

② 于安澜编：《画论丛刊》上卷，人民美术出版社1989年版，第178页。

声；同一平字仄字，或用阴平、阳平、上声、去声、入声，则音节迥异，故字句为音节之矩。积字成句，积句成章，积章成篇，合而读之，音节见矣；歌而咏之，神气出矣。

凡行文多寡短长，抑扬高下，无一定之律，而有一定之妙，可以意会，而不可以言传。学者求神气而得之于音节，求音节而得之于字句，则思过半矣。其要只在读古人文字时，便设以此身代古人说话，一吞一吐，皆由彼而不由我。烂熟后，我之神气即古人之神气，古人之音节都在我喉吻间，合我喉吻者便是与古人神气音节相似处，久之自然铿锵发金石声。①

刘氏笔下的"神气"是一个文论概念，迹化于音节，规化于字句，指作品的精神风貌，语言的气势格调。从音节求字句，从字句求神气，乃是从有形之迹求无形之迹，从粗显之貌求精粹之蕴。学习经典，诠释经典，须根据字词、语句、段落的变化，在熟读精诵中感悟"神气"，在揣摩玩味中推敲"神气"，在沉潜涵泳中化用"神气"。在"神气"这一遇合中，"神"是可感、可知、可行的，而不是迷离、恍惚、缥缈的。

对于经典作品而言，精华、集约的审美内蕴也是不断变化的，而非静止不变的。在古人看来，时变而文变，文变而气变，气变而神变。通过"神"的理论构型，既可直抵经典的审美内蕴，也可直抵经典的精神空间，既要注重艺术元素的独立性，也要考虑艺术元素的关联性。从孟子的"其为气也，配义与道"到韩愈的"气盛言宜，气盛声宜"，从辛弃疾的"人而有气，以论天下"到唐顺之的"气湮复畅，声歇复宣"，再到李渔的"宾白之学，首务铿锵"，这些观念都是古人对格调风范与气势韵味的关注。"神"是一个动态概念，具有不同的形态：构文之前，"神"是主体的道德修养；临文之际，"神"则是主体的灵感思维；行文

① (清)刘大櫆著，范先渊校点：《论文偶记》，人民文学出版社 1959 年版，第 6、12 页。

之中，“神”便是文章的体貌气象；成文之后，“神”又是文章的精神气势。明乎此，在诗文创作中，何以实现“神气”这一审美遇合，有学者指出：

在散文创作中，尽管人们已经不自觉地意识到思想感情、语言节奏、字词音节之间相互依存的关系，但是，在理论上加以明确表述的，可以说基本未有。……要把握古人的思想感情、写作时的精神状态、文章的气势脉理并不困难，因为一篇文章是由具体的段落、句子、字词组成的，只要从字句段落的安排、声音节奏中细加体味，就不难理解相对显得较为抽象的神气了。①

作为精华集约的体现，“神”是一个删繁就简、去粗取精的概念。在这种构型中，“神”既是对“因声求气”的追求，也是对“因气求神”的探索，构成古人对经典的学习过程和诠释过程。在“神”的理论构型中，这一概念既有追寻古迹、体味古意的致思范式，也有变革今体、创新今貌的理想范式。既然中国传统文论中“神”是最精华、最集约的文论概念，那么我们又该如何实现审美要素的优化组合及有效探索？姚鼐《古文辞类纂序目》云：“神、理、气、味、格、律、声、色。”②这是对“神”的精解和析分，深化了“神”的理论构型，建构出更精华、更集约的审美要素。

如赵吉士《万青阁文训》云：

归宿者何，神是也。夫神者，贯乎理、气、骨、法之中，而又超乎理、气、骨、法之外。其理也，则为神解；其气也，则为神

① 何天杰：《桐城文派：文章法的总结与超越》，广州文化出版社 1989 年版，第 65~66 页。

② （清）姚鼐纂集，胡士明、李祚唐标校：《古文辞类纂》，上海古籍出版社 1998 年版，《序目》第 19 页。

行；其骨也，则为神来；其法也，则为神化。其始也，凝神而求之，其既也，若有神助。久之，神而明之，不可思议。未始无理、气、骨、法，而又不能名其为理、气、骨、法。所谓炼精归气，炼气归精，出有入无，从心所欲，圣而不可知之，谓神也。①

"神"是审美要素的归宿，居于上位，对"理""气""骨""法"具有引领作用，神超而理得，神全而气蕴，神正而骨立，神高而法妙。在"神"的理论构型中，这一概念还有格调、字句之论，依次构成了文学艺术的创作路径。如张谦宜《絸斋诗谈》云：

机所以运字句，气所以贯格调。若神之一字，不离四者，亦不滞于四者。发于不自觉，成于经营布置外，但可养不可求，可会其妙，不可言其所以然。读诗而偶遇之，当时存胸中，咏哦以竟其趣，久久自悟已。②

"神"对"格""调""字""句"具有统领作用，不仅落实为古人的创作路径，还落实为古人的品评标准。所以说，我们对于经典的学习和诠释，既要入其"神"，也要出其"神"；既要写其"神"，也要观其"神"。如王国维先生在《人间词话》中说：

诗人对宇宙人生，须入乎其内，又须出乎其外。入乎其内，故能写之；出乎其外，故能观之。入乎其内，故有生气；出乎其外，

---

① 王水照编：《历代文话》第4册，复旦大学出版社2007年版，第3314~3315页。

② 郭绍虞编选，富寿荪校点：《清诗话续编》上册，上海古籍出版社1983年版，第810~811页。

故有高致。美成能入而不出。①

因此，在“神”的理论构型中，这一文论概念既有致思的取向，也有运思的取向；既有精华的向度，也有集约的向度。

第三节　生命活力与生命情致

在汉语思想语境中，“神”还有一种构型指生命气象、生命活力。“神”原指“神情”“神态”“神志”，之所以进入文艺理论，是因为人伦鉴识与人物品鉴的共同作用。在古人的文艺观念中，以人体由外而内的肉、骨、气、神等构成之整体结构，来比附文章及书画诸艺术的由表及里的结构层次，② 往往会体现出从哲学到美学的剥离，从集体到个体的消解，从生意到活力的充盈。钱锺书先生指出，中国古代文艺理论具有“把文章通盘的人化或生命化”和“把文章看成我们自己同类的活人”的特点，其作用在于“打通内容外表”。③

古人在审视诗文时，通常采取生命化的理念范式，以人喻文，以人喻艺，表现为生意与活力之充盈，精神与气魄之流转。如敏泽先生指出：

> 六朝时期，我国美学思想中涌现了一批对后世美学思想影响很大、并广泛流行的新的美学概念，如气韵(神韵、生气)、风骨(风力)、形似与神似、境界、形象、象外，等等，其中有相当一部分发端于魏晋时期盛极一时的人物品评，或人格美的美学鉴赏，这一点直接影响了我国审美评价的一个最鲜明的民族特点：人化的美学

① 王国维著，徐调孚、周振甫注：《人间词话》，人民文学出版社 1960 年版，第 220 页。

② 党圣元：《体貌与文相》，《贵州社会科学》2016 年第 12 期。

③ 钱锺书：《钱锺书散文》，浙江文艺出版社 1997 年版，第 391、406 页。

评价，常常把作为审美对象的艺术品，看作是具有生机勃勃的人来要求。①

此外，吴承学先生从"生命之喻"②的角度探讨文学艺术的人化批评，蒲震元先生从"圆形批评"③的角度探讨生命结构的圆融会通。在生活体验与生命体验之间，文学艺术作品就获得了"人化"的可能性，流露出"共振""共感""共鸣"的生意活力。于是，可以说，由"神"熔铸出的"人化文评"观念最贴近宇宙生命，最契合艺术生命。

随着"人化文评"观念的发展，古人总是将生活体验和生命体验植入诗文作品中，透过鲜活的语言、生动的图像、无限的想象，竭力追问自然、生命及文艺之道的本真状态。如苏轼评诗云：

> 陶潜诗："采菊东篱下，悠然见南山。"采菊之次，偶然见山，初不用意，而景与意会，故可喜也。今皆作"望南山"。杜子美云："白鸥没浩荡，万里谁能驯?"盖灭没于烟波间耳，而宋敏求谓予云："鸥不解没，改作波字。"二诗改此两字，觉一篇神气索然也。④

这种情况往往发生在命词遣意的最后阶段，古人试图运用妥帖、恰当的文词来表达深刻、含蓄的思想。既要求字里行间有"神"，也要求吟咏诵读有"神"。

---

① 敏泽：《中国美学思想史》第1卷，齐鲁书社1987年版，第512页。

② 吴承学：《生命之喻：论中国古代关于文学艺术人化的批评》，《文学评论》1994年第1期。

③ 蒲震元：《"人化"批评与"泛宇宙生命化"批评——中国传统艺术批评模式中的两种重要批评形态》，《文学评论》2006年第5期。

④ (宋)胡仔纂集，廖德明校点：《苕溪渔隐丛话》前集，人民文学出版社1962年版，第15~16页。

渊明诗，初视若散缓，熟视有奇趣。如曰："日暮巾柴车，路暗光已夕。归人望烟火，稚子候檐隙。"又曰："采菊东篱下，悠然见南山。"又曰："蔼蔼远人村，依依墟里烟。犬吠深巷中，鸡鸣桑树颠。"大率才高意远，则所寓得其妙，遂能如此。如大匠运斤无斧凿痕，不知者疲精力，至死不悟。如曰："一千里色中秋月，十万军声半夜潮。"又曰："蝴蝶梦中家万里，子规枝上月三更。"又曰："深秋帘幕千家雨，落日楼台一笛风。"皆寒乞相，一览便尽，初如秀整，熟视无神气，以其字露也。①

作为生意活力的表现，"神"见于段落的首尾或转折之处，往往集中于单字，集中于单句，如此，方能流露出精神和气魄。② 因此，"神"不能直接宣泄，否则有损艺术美感，只有含而不露、耐人寻味(既宜鼓荡，又宜内敛)才能成功地激活艺术生命。古人对"生意"的肯定，对"活力"的提倡，在很大程度上是受到"神"范畴之人伦鉴识与人物品鉴的影响。

如刘勰《文心雕龙·附会》云：

夫才量学文，宜正体制。必以情志为神明，事义为骨髓，辞采为肤肌，宫商为声气；然后品藻玄黄，摛振金玉，献可替否，以裁厥中：斯缀思之恒数也。③

在中国古代文艺思想中，以人喻文，以神评文，以气论文，正是

① (宋)胡仔纂集，廖德明校点：《苕溪渔隐丛话》前集，人民文学出版社1962年版，第22~23页。

② 赵树功：《气与中国文学理论体系构建》，人民出版社2012年版，第159页。

③ (梁)刘勰著，范文澜注：《文心雕龙注》下册，人民文学出版社1958年版，第650页。

"神"最典型、最突出的构型。如姜夔《白石道人诗说》云：

> 大凡诗，自有气象、体面、血脉、韵度。气象欲其浑厚，其失也俗；体面欲其宏大，其失也狂；血脉欲其贯穿，其失也露；韵度欲其飘逸，其失也轻。①

艺术生命既是形式与内容的统一，也是生意与活力的统一，亦是精神与气魄的统一。如谢榛《四溟诗话》云：

> 诗有造物，一句不工，则一篇不纯，是造物不完也。造物之妙，悟者得之。譬诸产一婴儿，形体虽具，不可无啼声也。赵王枕易曰："全篇工致而不流动，则神气索然。"亦造物不完也。②

诗文作品须有生意与活力(激扬与流动)，唯有如此，才是自然、生命及文艺的本真状态，否则就会徒具其表而无其实。如孙联奎《诗品臆说》云：

> 人无精神，便如槁木；文无精神，便如死灰。③

如方东树《昭昧詹言》云：

> 气之精者为神。必至能神，方能不朽，而衣被后世。彼伪者，

---

① (清)何文焕辑：《历代诗话》下册，中华书局1981年版，第680页。
② 丁福保辑：《历代诗话续编》下册，中华书局1983年版，第1139页。
③ (唐)司空图著，郭绍虞集解：《诗品集解》，人民文学出版社1963年版，第24页。

非气骨轻浮，即腐败臭秽而无灵气者也。①

由此可见，自然万物皆有"神"，皆可表现出振奋的精神意气，以及盎然的生机活力。在古人看来，凡行文运笔，须讲究"精含于内，神见于外"的生命精神。在"神"的理论构型中，古人之所以推崇"人化文评"的生命观念，是因为能感悟到字里行间所流通的"神"。在中国古代文艺思想中，以人体喻文体，则认为行文有"神"，运笔有"神"，表现出生命结构的会通与激活。如袁济喜先生指出：

文艺的生命源于人与宇宙的生命交流与互动，是生命精神的升华，它不是简单地反映和静观对象，也不是浅薄地愉悦感官，这是中国古代文论对于文艺本体价值的基本认定。②

文学艺术具有"神"的基质，既是对生命精神的升华，也是对本体价值的肯定。所以说，"神"这一文论概念的生命观念，如"生气远出，不著死灰。妙造自然，伊谁与裁"③，为诗文创作指明了极致之境。如美国学者苏珊·朗格在《艺术问题》中说：

你愈是深入地研究艺术品的结构，你就会愈加清楚地发现艺术结构与生命结构的相似之处，这里所说的生命结构包括着从低级生物的生命结构到人类情感和人类本性这样一些高级复杂的生命结构。正是由于这两种结构之间的相似性，才使得一幅画，一支歌或

---

① （清）方东树著，王绍楹校点：《昭昧詹言》，人民文学出版社 1961 年版，第 25 页。

② 袁济喜：《从古代文论的"气感说"看文艺的生命激活》，《中国人民大学学报》2004 年第 5 期。

③ （唐）司空图著，郭绍虞集解：《诗品集解》，人民文学出版社 1963 年版，第 24 页。

> 一首诗与一件普通的事物区别开来，使它们看上去象是一种生命的形式。①

这是从"生命同构"的角度，在主客融合的基础上探讨文学艺术的生命形式，表现为节奏与动力的张弛，情感与本性的渲染。这种生命观念对我们理解传统诗文评中的"人化文评"具有相当的借鉴作用。因此，在"神"的理论构型中，古人申写郁滞，吐纳文艺，推敲字句，琢磨篇章，无论是"取诸怀抱，悟言一室之内"，还是"因寄所托，放浪形骸之外"②，都旨在创作出生意充盈、活力扬洒的文艺作品。

中国古代哲学是生命哲学，中国古代美学是生命美学，中国古代艺术是生命艺术。宗白华先生说："艺术为生命的表现，艺术家用以表现其生命，而给与欣赏家以生命的印象。"③艺术是生命的整体呈现，而非静寂呆板的概念，给创作者及批评者提供了生命观照的契机。

在中国传统文论中，"神"具有虚实相生的形态，可以通过"起结""句法""字眼"④等具象，来认识文学艺术的生命结构，探索生意与活力之充盈，讲求精神与气魄之流转。在古人的文化视野中，无论是自然之道，还是生命之道，抑或文艺之道，实际上都源于"神"的鼓荡和流通。

所以，"神"就成为了古人审美体验的首要标准，选字用词要大小合适、褒贬合度，谋篇布局则要缓急适宜、轻重适当。在生命的艺术化与艺术的生命化之间，诗文作品是"神"的整体呈现，既有"神"之滋味，

---

① ［美］苏珊·朗格：《艺术问题》，滕守尧、朱疆源译，中国社会科学出版社1983年版，第55页。

② （唐）房玄龄等撰：《晋书》第7册，中华书局1974年版，第2099页。

③ 宗白华著，林同华主编：《宗白华全集》第1卷，安徽教育出版社1994年版，第545页。

④ （宋）严羽著，张健校笺：《沧浪诗话校笺》上册，上海古籍出版社2012年版，第103页。

也有"神"之意境，建构出"流行为气，凝聚为精，妙用为神"①的生命观念。显然，在"神"的理论构型中，这种生命之喻表现出古人的哲学思想、美学思想及艺术思想，即推崇生机勃勃、灵动自由、神气远出的生命形式，亦要求文学、艺术应具有和生命的运动相似柞通的形式。②因此，在"神"的理论构型中，古人希望能自由出入生命观念构造的文本世界，既不滞于"神"，又不殆于"神"，以实现对"大宇宙生命美学"的整体观照和系统思考。

---

① (明)王阳明撰，邓艾民注：《传习录注疏》，上海古籍出版社2012年版，第47页。

② 吴承学：《生命之喻：论中国古代关于文学艺术人化的批评》，《文学评论》1994年第1期。

第七章　认知："神"的思维取向

脱胎于原始思维的"神"一词具有"大观念""元范畴""大文论"的知识图景，它以相对稳定的理论形式进入古人的思维体系之中，建构出富有诗性智慧的思维范式。如李建中先生指出：

> 一个民族的文化(包括文论)特征的形成，取决于该民族的思维方式。……原始思维作为中国古代早期文化的诗性智慧，本原性地铸成中国文化和文论的诗性。①

无论是辨名析理，还是谈诗论文，抑或品书评画，都会涉及思维范式从单向到双向的转换，从物感到心感的转换，从争鸣到会通的转换。除了认识其纯粹的认知功能外，还须去理解其语言思维的功能、神话思维和宗教思维的功能，以及艺术直观的功能。从"一阴一阳之谓道""阴阳不测之谓神"来说，"神"的思维取向是建立在"相感""相合""相照"之上的。这一概念是对宇宙、精神及艺术的认识，既有"前学科时期"的衍变，又有"后现代时期"的回返，在不同出场中，各有侧重而统一，各有意味而会通，各有旨归而融生。

---

①　李建中：《原始思维与中国古代文论的诗性特征》，《文艺研究》2002 年第 4 期。

第一节 阴阳不测之谓神

任何一种知识体系的构成，以及理论形态的生成，实质上都是人类思维之树上绽放的花朵。① 在中国传统文化思想中，“神”既是思维的提炼，又是智慧的凝聚，亦是认识的升华，这一诗性概念旨在探寻最高原因及原理，建构最高境象及境界，创造最高价值及表现。根据自然、生命及艺术的会通之道，“神”对人的本质力量的体现有不同取向，既有“以道统艺”的风貌，可“究天人之际，通古今之变”(《史记·太史公自序》)；也有“以艺臻道”的发生，可“判天地之美，析万物之理”(《庄子·天下》)；亦有“道艺相融”的范式，可“为天地立心，为生民立命”(《横渠语录》)。如蒋孔阳先生说：“人的本质力量不是单一的，而是一个多元的、多层次的复合结构。”②在这复合结构中，人的本质力量(即“神”)既有物质属性，又有精神属性；既有自然属性，又有社会属性；既有生理属性，又有心理属性。就“神”而言，这一综合体概念是对人的本质力量的建构、积累及转化，涉及思维观念、审美观念及阐释观念，成为古人观照自然、生命及文艺的理想范式。

在“阴阳不测之谓神”的思维体系下，“感”既是一种生理现象，指感官刺激所触发的反应；又是一种心理现象，指主客交感所诱发的情绪。理解“神”的原始思维，须得回到“感”的层面，追寻“阴阳不测之谓神”的诗性智慧。“气感”是对生理状态和心理状态的融通，既指物质性的实践活动，为自然生命提供了发生模式；也指精神性的审美活动，为文学艺术提供了审美范式。“气感”激发了古人对“神”的认识，如赵树功先生指出：

---

① 苏保华：《魏晋玄学与中国审美范式》，社会科学文献出版社 2013 年版，第 97 页。

② 这种本质力量即“神”(志、气、性、情、欲的综合体)。蒋孔阳：《美学新论》，安徽教育出版社 2007 年版，第 166 页。

> 气类感应、天人合一的思想深刻影响了中国文学理论中的文学发生论。魏晋六朝时期，文人们言及感往往与物色相关，说明当时作为"天"之一部分的自然依然是影响"人"之感的主体力量。①

在"阴阳不测之谓神"的观念建构中，"气类感应"具有相当的体系架构与理论基础，阴阳相依、相存，使生命主体蕴含"天人合一""天人亲和"的诗性智慧；心物相感、相通，使生命主体蕴有"主客交感""心物交融"的生命力量。就"神"的延伸而言，袁济喜先生指出：

> 它从天人一体，互相感应的角度去看待文艺与宇宙的关系，主张在人与自然界的亲和与感应中去吸取文艺的生命精神。②

据此，由"气"贯通的"生命感应"现象是生命精神的首要特征，带有强烈的亲和力和感染力，使古人既从天人同构的角度来看待宇宙、生命及文艺的关系，在感诸外物的"神"中汲取智慧，也从主客感应的角度来看待精神、意识及观念的结构，在感诸内心的"神"中汲取力量。如果说"气"是"神"的运行基础，那么"感"就是"神"的运思方式。

从某种程度上来说，"神"这一诗性观念是中国古人的"原始思维"（即以受互渗律支配的集体表象为基础的、神秘的、原逻辑的思维）③的历史产物。在这种原始思维中，由"气"感"神"，由"神"运"气"，既是宇宙、精神及艺术的发生基础，也是精神、意识及观念的把握方式，

---

① 赵树功：《气与中国文学理论体系构建》，人民出版社 2012 年版，第 128~129 页。

② 袁济喜：《从古代文论的"气感说"看文艺的生命激活》，《中国人民大学学报》2004 年第 5 期。

③ ［法］列维-布留尔：《原始思维》，丁由译，商务印书馆 1981 年版，第 496 页。

着力建构出整体观照的思维方式，用于推演自然、人类的发展规律和变化趋势。

> 在中国古人眼里，世间万有都是一个整体，所谓混沌之道、阴阳之气等都是古人对宇宙自然的整体把握。整体思维是中国古人重要的思维方式，这也是一种极富原始意味的思维方式。①

古人以由“气”感“神”参与到对宇宙自然的把握之中，建构出原始、朴素及自然的整体思维（诗性智慧），将“天”“地”“人”纳入阴阳交感的思维体系，使自然、生命及文艺在“阴阳不测之谓神”的思维图景上得到统一。

> 生命观是综合的，不是分析的。生命没有被划分为类和亚类，它被看成是一个不中断的连续整体，容不得任何泾渭分明的区别。各不同领域间的界限并不是不可逾越的栅栏，而是流动不定的。在不同的生命领域之间绝没有特别的差异。没有什么东西具有一种限定不变的静止形态：由于一种突如其来的变形，一切事物都可以转化为一切事物。②

原始思维中的生命观念是可以跨越领域限制而流通和转变的。在传统文化思想中，由“气”感“神”是古人对早期自然观、生命观及文艺观的认识，涵盖自然生命、精神信仰、社会道德、人生情态等方面。所

---

① 吴中胜：《原始思维与中国文论的诗性智慧》，中国社会科学出版社 2008 年版，第 84 页。

② ［德］恩斯特·卡西尔：《人论》，甘阳译，上海译文出版社 1985 年版，第 104 页。

以，"神"这种原始基质"本身是无形式的，就贪求形式，就吞噬一切形式"①，既有对"诗性思维"的整体融合，也有对"思性思维"的审美营造。

研究"神"这一文论概念，在历史语境中须注意"养""化""感"之间的关系，"神"既因"养"而存，也因"化"而育，亦因"感"而通。在"一阴一阳之谓道""阴阳不测之谓神"的思维观念下，无论是养存，还是化育，抑或感通，皆有诗性之思的体现，皆有思性之思的体现，在阴阳交感中化生万物，在人心交感中教化众生。

如《周易·咸卦》云：

> 柔上而刚下，二气感应以相与。止而说，男下女，是以亨利贞，取女吉也。天地感而万物化生，圣人感人心而天下和平。观其所感，而天地万物之情可见矣。②

咸：亨，利贞。取女吉。

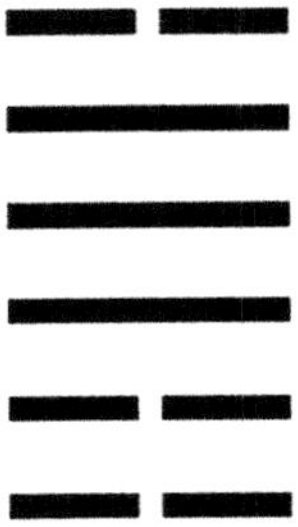

上六：咸其辅，颊，舌。

九五：咸其脢，无悔。

九四：贞吉悔亡，憧憧往来，朋从尔思。

九三：咸其股，执其随。往吝。

六二：咸其腓，凶。居吉。

初六：咸其拇。

咸卦

---

① ［意］维柯：《新科学》下册，朱光潜译，商务印书馆 1989 年版，第 384 页。

② （魏）王弼注，（唐）孔颖达疏，李申等整理：《周易正义》，人民出版社 1999 年版，第 139～140 页。

在同类相感的生命模式中，从生理到心理的交感，从生命到精神的交感，都有对由“气”感“神”的描述。在古人看来，阴阳二气感应，既可生物生人，也可见情见性。在由“气”感“神”中，既有“以人比天”的取向，也有“以天通人”的取向，亦有“天人合一”的取向。

> 此种变化与运动，体现着某种超验而合规律的宇宙精神，《周易》中称之为“阴阳不测之谓神”，便是此种想法的概念化。“神”并不是指某种人格神，而是指包盈在宇宙万物之间的运动与变化的内在精神与韵律，当然也包涵人与自然相对应的生命互动的精神现象，所以《周易》中有所谓“神也者，妙万物而为言”的说法，“神”这一概念后来也成为中国古代文论“下笔如有神”等贯通人的生命精神与艺术精神的极品概念，与“能”、“妙”、“逸”相列。这一概念实际包涵着古老的天人感应，生命互振的精神蕴涵。①

阴阳交感而生“神”，乃是自然、生命和艺术的动因，不仅启示人们关注文艺的审美对象与主体的感应互动关系，而且深入文艺生命精神与自然界的生命节奏互振的关系。② 因此，“阴阳不测之谓神”这一观念有很深的蕴涵，对于古人的思维方式有直接影响，既是宇宙精神的会通，又是生命精神的激活，亦是艺术精神的转换。

在由“气”感“神”中，以董仲舒、王充为代表的学者持有“气化宇宙，生生不息”的观念，他们认为天人之间是同态的、同构的，天之召即人之感，人之应即天之答。阴阳交感而生“神”，无论是身体形态，还是情感意绪，抑或文学艺术，都是由阴阳交感转化而来的。

如董仲舒《春秋繁露·为人者天》说：

---

① 袁济喜：《中国古代文论精神》，山西教育出版社2005年版，第245页。

② 袁济喜：《中国古代文论精神》，山西教育出版社2005年版，第251页。

人生有喜怒哀乐之答，春秋冬夏之类也。喜，春之答也；怒，秋之答也；乐，夏之答也；哀，冬之答也。天之副在乎人。人之情性有由天者矣。①

古人对自然万物的感知实则为“阴阳相感”，由“气”感“神”的思维是对生命精神的合类与归位，天之感在于人，人之应在于天，天人在“神”的审美场域中实现沟通和交流。由“气”感“神”源于“阴阳相感”思维，就是气运行而感动人。气是施动的，呈积极态势；人是受动的，呈消极态势。这种思维方式表现为交感思维，由此推彼，由此知彼，从而实现对事物的感知成象。② 由“气”感“神”除了是对生命节律和生命运动的体认，还是对审美体验和文艺创作的激发。从陆机到刘勰，再到钟嵘，皆有交感思维，从“阴阳相感”中演绎出“心物交感”的思维方式，从“心物交感”中营构出“兴观群怨”的审美方式。

在“神”的思维体系中，人与自然处于同一生命场域，“气”是创造与演化的基础，“感”是运行与传导的方式。由“气”感“神”，是对“天人亲和”“天人合一”等思想的体认，为古人提供了观照生命的思维方式，促使其在宇宙、生命及艺术之间取得平衡。

如董仲舒《春秋繁露·天地阴阳》说：

天地之间，有阴阳之气，常渐人者，若水常渐鱼也。所以异于水者，可见与不可见耳，其澹澹也。然则人之居天地之间，其犹鱼之离水，一也。其无间若气而淖于水。水之比于气也，若泥之比于水也。是天地之间，若虚而实，人常渐是澹澹之中，而以治乱之

① （清）苏舆撰，钟哲点校：《春秋繁露义证》，中华书局 1992 年版，第 318~319 页。

② 饶龙隼：《两汉气感取象论》，《文学评论》2006 年第 4 期。

> 气，与之流通相殽也。故人气调和，而天地之化美。①

在此，董氏建构出由“气”感“神”的生命观念，以水的弥漫喻阴阳二气，人不离气，犹鱼不离水；人活于气，犹鱼活于水。人以气为要，鱼以水为要，人对自身生命的感知就像鱼对水的感知一样。从“悲哉秋之为气也”②到“遵四时以叹逝，瞻万物而思纷”③，由“气”感“神”既是“目既往还，心亦吐纳”的影响和刺激，又是“情往似赠，兴来如答”④的感召和激发。在天人感应的理论框架之内，由“气”感“神”是对人和物的交感建构，既将生理及心理体验相结合，在生理节奏和心理节律中汲取诗性智慧，又将生命及艺术精神相统一，在生命共鸣和艺术共振中汲取批评力量。这便为我们理解感应论提供了一种思考问题的思维取向。

> 人生天地，时时刻刻都会有种种感触。而不同于凡俗之人的是，艺术家、文学家们是以一种激情、一种涉世之初的惊异之心去怀抱、去体悟这个世界。……春风春鸟、秋月秋蝉、夏云暑雨、冬月祁寒可以激起作家心海潋滟；人世沧桑、世道艰险、人情冷暖也会引起作家心潮澎湃、思绪万千。⑤

---

① （清）苏舆撰，钟哲点校：《春秋繁露义证》，中华书局1992年版，第467页。

② （宋）洪兴祖撰，白化文等点校：《楚辞补注》，中华书局1983年版，第182页。

③ （晋）陆机著，张少康集释：《文赋集释》，人民文学出版社2002年版，第20页。

④ （梁）刘勰著，范文澜注：《文心雕龙注》下册，人民文学出版社1958年版，第695页。

⑤ 吴中胜：《原始思维与中国文论的诗性智慧》，中国社会科学出版社2008年版，第116页。

中国古人将宇宙自然视为"负阴抱阳，生生不息"的运动和转化过程，阴阳交感，可化育生命，虚实结合，可观照生命。由"气"感"神"既蕴含观物、观人及观己的整体思维，又蕴含观事、观情及观理的直觉思维，在交感层面上承载古人对宇宙秩序的思考，对生命观念的肯定，对艺术精神的弘扬。"《易》无思也，无为也，寂然不动，感而遂通天下之故，非天下之至神，其孰能与于此"(《周易·系辞上》)，由"气"感"神"成为古人的诗性智慧，以整体思维和直觉思维的形式，建构出"神"这一概念的价值观念。

第二节　妙万物而为言者

在"神"的思维体系下，与"气感"观念相对的就是"神感"。如果说"气感"是对"天人关系"的初始之思，那么"神感"则是对"天人关系"的最终之解，二者建构出"神"的不同取向。"神感"这一思维观念源于早期古人的原始思维，对他们来说，"纯物理(按我们给这个词所赋予的那种意义而言)的现象是没有的。流着的水、吹着的风、下着的雨、任何自然现象、声音、颜色，从来就不像被我们感知的那样被他们感知着"，都属于神秘莫测的互渗(交感)，"如同任何一种为原逻辑思维所感知的实在一样，是'以神灵的形式'出现的并被感觉的"。① 所以说，"神感"是对"天人合一""心物交感""群己互渗"等原始思维的能动反映，指人与物、人与人、人与己之间的精神感应(或谓"神灵感应""心神感应")。这一思维观念旨在探索物质与精神的同一性，体认自我与自然的同质性。就传统文论而言，"神感"富有发生学和认识论的智慧，"虽不代表理智的真理却代表了感觉的真理"②。这种内在的精神意蕴

---

① [法]列维-布留尔：《原始思维》，丁由译，商务印书馆1981年版，第34~35、90页。

② [意]维柯：《新科学》上册，朱光潜译，商务印书馆1989年版，第334页。

与哲学理路，何以落实到中国传统文论研究中，袁济喜先生指出：

> 中国“神感说”是《周易》中十分重要的思想。它建立在万物一体，自然神妙，互相感应的原始思维的观念之上，大致指的是精神灵性的互相感应，体现在物与物之间，物与人之间的互动上面。①

由此可见，中国古人对自然、生命及文艺的认识，乃是出于精神意蕴的建构与阐扬，由“气”感“神”，由“神”感“心”，进而催生出文学艺术作品或理论观念。这说明，“神”富有诗性智慧，乃是古人生存的起点和保证，深化了他们对个体生命的认识，带有较强的冲击力和影响力。

在古人的精神世界中，“神感”是对自然、生命和文艺的沟通及交流，这种方式对理解“天”“地”“人”的融通有重要作用。美籍学者张光直先生在《中国古代史在世界史上的重要性》中提出：

> 中国古代文明中的一个重大观念，是把世界分成不同的层次，其中主要的便是“天”和“地”。不同层次之间的关系不是严密隔绝、彼此不相往来的。中国古代许多仪式、宗教思想和行为的很重要的任务，就是在这种世界的不同层次之间进行沟通。进行沟通的人物就是中国古代的巫、觋。②

在《周易》一书中，就有丰富的“神”之认识观念，这是从“感”衍生出来的精神理论，属于原始思维的最高境界。在“沟通于神”的原始思维中，既有生理效应，也有心理会通；既有感性情绪，也有理性认识；既有哲学思考，也有美学想象。人生于宇宙之间，先有天地之变，后有

① 袁济喜：《从“神感说”探讨古代文论的“神思说”》，《厦门大学学报》2005年第1期。

② [美]张光直：《考古学专题六讲(增订本)》，生活·读书·新知三联书店2010年版，第4页。

万物之生，再有人类之别。"神感"这一思维方式"既存在于理智认识之中，也存在于情感体验之中"，"不只存于意识之中，有时也出现在潜意识或无意识之中"。① 就"天""地""人"的整体建构而言，我们可以认为，无论是喜怒哀乐，还是兴衰荣辱，抑或祸福穷通，都能在"神感"思维中找到"人之所以为人""事之所以作事""物之所以称物"的本源答案。从物质感应到精神感应，"神感"思维蕴有沟通天地的诗性智慧；从阴阳交感到心物交感，"神感"蕴有协调主客的诗性思维。因此，古人在生命体验中获取"神感"，将精神现象推及天、地、人的生命系统，在泛自然的思维范式中唤醒精神自觉，激扬生命活力，建构意义世界。

在中国传统文化思想中，《周易》对"神感"的言说充满诗性智慧和诗性思维，如"阴阳不测之谓神"，"神也者，妙万物而为言者也"。"神感"是对阴阳二气的参赞化育，既有对天地自然和社会人事的观察，也有对主观精神与客观实在的体悟；既有对原始思维和宗教意识的感知，也有对灵感思维和审美意识的把握。

> 范围天地之化而不过。曲成万物而不遗。通乎昼夜之道而知。故神无方，而易无体。（《周易·系辞上》）
>
> 知变化之道者，其知神之所为乎？（《周易·系辞上》）
>
> 韩康伯注：夫变化之道，不为而自然。故知变化者，则知神之所为。②

从思维方式上来说，"神感""神妙""神化"之间是相通的，既可判天地之美，又可析万物之理，是"出神入化""神妙无方"的关键之所在。于是，"神感"既指自然造化的神力，是对精神本体的深刻洞见，也指人文化成的神妙，是对生命灵奥的细微体察。在古人的精神世界中，既

① 郁沅：《心物感应与情景交融》，百花洲文艺出版社2006年版，第96页。

② （魏）王弼注，（唐）孔颖达疏，李申等整理：《周易正义》，北京大学出版社1999年版，第267~268、283页。

然“神感”观念是“超验”“经验”的统一，那么对它的体认也就不能采用理性方式，而须另辟蹊径，采取冥感和直观的方式，所以说“神感”是一种接近于灵感的思维方式。① 在“神”的思维体系之下，“神感”指精神交感。

> 夫《易》，圣人之所以极深而研几也。唯深也，故能通天下之志。唯几也，故能成天下之务。唯神也，故不疾而速，不行而至。(《周易·系辞上》)
>
> 神以知来，知以藏往。其孰能与此哉！古之聪明、睿知、神武而不杀者夫！(《周易·系辞上》)②

“神感”是一种灵感思维，出于对生命的阐扬，古人以此对自然、生命及文艺之道作冥感与直观。这种思维方式是一种通晓宇宙奥秘的境致，深入自然底蕴的透彻，超越生命精神的飞升，③ 使古人得以自如地处理天人、群己及身心的整体关系。

从神化到神妙，从神知到神会，“神感”这一观念被当作“思维和感觉的正当结果”④，给古人提供了一种原逻辑、原思维的思维方式。在儒家思想中，“神感”是一种超凡的精神力量，侧重于人文教化，指最高的人格之境；在道家思想中，“神感”是一种自由的精神境界，侧重于自然造化，指最妙的自然之道。从发生学和认识论来看，“人类心灵自然而然地倾向于凭各种感官去在外界事物中看到心灵本身，只有凭艰巨的努力，心灵才会凭反思来注视它自己”，“词(或字)都是从物体和

---

① 袁济喜：《从“神感说”探讨古代文论的“神思说”》，《厦门大学学报》2005年第1期。

② (魏)王弼注，(唐)孔颖达疏，李申等整理：《周易正义》，北京大学出版社1999年版，第285、287~288页。

③ 袁济喜：《中国古代文论精神》，山西教育出版社2005年版，第270页。

④ [法]列维-布留尔：《原始思维》，丁由译，商务印书馆1981年版，第413页。

物体的特点转运过来表达心灵或精神方面的各种事物"，"世界在最初的时代都致力于运用人类心理的基原活动"。① "神感"是早期古人的心理基原，既有以类度类的思维方式，出入自然造化的心灵映像，又有以己度物的思维方式，出入人文教化的心灵映射。在"神"的思维体系下，物皆有神，物皆有灵，物皆可感，物皆可悟。如英国学者泰勒转述卡斯特林的哲学观点：

> 每一块土地、每一座山岳、每一面峭壁、每一条河流、每一条小溪、每一眼源泉、每一颗树木以及世上的一切，其中都容有特殊的精灵。树木和石头、湖泊和溪流的精灵满意地听着原始人的热心的祈祷，并接受着他的供品。②

这对我们理解"崇神""尚神"的思维观念具有借鉴作用。"神感"对古人的精神世界产生深远影响，在阴阳交感的运行机制中，泽溉诗文理论；在心物交感的传导方式中，惠及书画艺术。古人通过"神感"参与到对自然、生命及文艺的调节之中，体悟"天地自然之象"，创造"人心营构之象"。③ 所以说，"神会""神遇""神思""神韵""神理""神妙""神境"等文论概念，其思维来源和感觉基础，就是从"神潜于心"的"神"延伸而来的。

在古人的思维视野中，"神感"有"神潜""神心"的面向，"神潜"是宇宙与人心的同构显现，"神心"是宇宙与人心的映合交融，这种精神冥感既以"神潜"为本，又以"神心"为用。④ 如扬雄《法言·问神》云：

---

① [意]维柯：《新科学》上册，朱光潜译，商务印书馆 1989 年版，第 126、252 页。

② [英]泰勒：《原始文化》，连树声译，上海文艺出版社 1992 年版，第 642 页。

③ (清)章学诚著，叶瑛校注：《文史通义校注》上册，中华书局 1985 年版，第 18 页。

④ 袁济喜：《中国古代文论精神》，山西教育出版社 2005 年版，第 274 页。

> 或问“神”。曰：“心”。“请问之。”曰：“潜天而天，潜地而地。天地，神明而不测者也。心之潜也，犹将测之，况于人乎？况于事伦乎？”“敢问潜心于圣。”曰：“昔乎，仲尼潜心于文王矣，达之。颜渊亦潜心于仲尼矣，未达一间耳。神在所潜而已矣。”
>
> 圣人存神索至，成天下之大顺，致天下之大利，和同天人之际，使之无间也。①

所以说，神潜于心，人心其神，“神感”是最高的精神智慧及境致，最妙的精神张力及合力，在古人的发生学和认识论中起到思维的桥梁作用。针对古人的思维特征，冯友兰先生指出：“中国思想从心出发，从各人自己的心出发”，乃是“直接地在人心之内寻求善和幸福”。② 在“神”的思维范式中，“神感”既有沟通宇宙与人心的导向，也有沟通人心与人心的导向，用于描述生命体验中“那种躲避理性分析的神奇境界”③。这种方式是对“神”的转化及回归，“形在江海之上，心存魏阙之下”，使古人自由地在宇宙与人生之间寻求生命寄托，在理想与现实之间寻求精神平衡，在物色与情感之间寻求心灵契合。就“神”的思维观念而言，艺术构思、艺术创作及艺术表达，既有“阴阳交感”的观念，又有“天人交感”的方式，亦有“心物交感”的转向。因此，“神感”思维成为古人的智慧，以灵感和想象的形式，参与对生命观念的价值建构。

第三节　人心之感于物也

根据“神”的运思模式，在“阴”“阳”的交感中，还有“心”“物”共参与的情形，合二者之思维效应，这种模式侧重于艺术构思、创作及表

① 汪荣宝撰，陈仲夫点校：《法言义疏》上册，中华书局1987年版，第137、141页。

② 冯友兰：《三松堂学术文集》，北京大学出版社1984年版，第39~40页。

③ ［美］宇文所安：《中国文论：英译与评论》，王柏华、陶庆梅译，上海社会科学院出版社2003年版，第660页。

达，就是"思理为妙，神与物游"的"心物相照"。如果说"气感相应"是"神"体物入微以尽变，"神感相合"是"神"潜心入化以尽妙，那么"心物相照"就是情随物迁以尽"神"，辞缘情发以尽"神"。在古人的精神世界中，"心物相照"源于阴阳交感，既是对"神"的取类和感通，不疾而速，不行而至，又是对"神"的感召和触动，发内动外，为近成远。从思维方式上说，"心物相照"既有由外及内的模式，从"物"到"心"是"情以物兴""物以情观"的过程，属于"神"的物感思维，又有由内及外的模式，从"心"到"物"是"移情于物""移情于言"的过程，属于"神"的心感思维。

在"阴阳不测之谓神""妙万物而为言者"的思维体系下，"心物相照"产生出一种"圆形批评"的思维方式，即如物随心转，境由心生，心与物合，心圆物照，这一思维环节必然会涉及"思维的方式方法和思维达到的境界"①。于是，我们可以认为"心物相照"乃是对"神"的审美观照，从"物"到"心"的应合，即是"神"的物感过程；从"心"到"物"的应合，即是"神"的心感过程。在文艺构思、创作及具体表达中，古人以"神"再现自然、生命及艺术的共振(共感)，以此认识自然精神、生命精神、艺术精神的交融互渗，"所凭藉的标准不是物理的真实而是心理和情感的真实"②。

如宗白华先生所说：

> 艺术家以心灵映射万象，代山川而立言，他所表现的是主观的生命情调与客观的自然景象交融互渗，成就一个鸢飞鱼跃，活泼玲珑，渊然而深的灵境。这灵境就是构成艺术之所以为艺术的"意境"。③

---

① 王先霈：《圆形批评论》，华中师范大学出版社 1994 年版，第 18 页。

② 李建中：《谁其尸之？神理而已——试论〈文心雕龙〉的诗性特征》，《文心雕龙研究》第 6 辑，学苑出版社 2005 年版，第 148 页。

③ 宗白华：《美学散步》，上海人民出版社 1981 年版，第 70 页。

在“神”的思维体系下，观物、取象、比类不是“心物相照”的最终目的，唯有自然精神的归位、生命精神的契合、艺术精神的追寻才是此中的真意。因此，“心物相照”造就了古人的精神境致，力主以心灵拥抱自然，以笔墨抒发性情。

在“神”的思维体系下，“心物相照”是古人对文艺的审美发生的探索和自省。“心”“物”关系论最早见于《礼记·乐记》，揭述人心与外物、音声与情感的关系，以心物感应来解释文学艺术的发生机制和运行机理。

> 凡音之起，由人心生也。人心之动，物使之然也，感于物而动，故形于声。声相应，故生变，变成方，谓之音。比音而乐之，及干戚、羽旄，谓之乐。乐者，音之所由生也，其本在人心之感于物也。是故其哀心感者，其声噍以杀；其乐心感者，其声啴以缓；其喜心感者，其声发以散；其怒心感者，其声粗以厉；其敬心感者，其声直以廉；其爱心感者，其声和以柔。六者非性也，感于物而后动。①

从思维方式上来讲，“心物感应”使得我们的文艺作品流露出“强烈的感觉力和广阔的想象力”②，其中“心”指审美主体的情感，“物”指审美客体的表现，“感”指审美客体的触动，“应”指审美主体的归位。在古人看来，“心物相照”是“写心”与“感物”的双向融合，“写心”指“抒情”“言志”，“感物”指“观象”“取象”。如刘勰《文心雕龙·明诗》云：“人禀七情，应物斯感，感物吟志，莫非自然。”③情随物迁，辞缘情

① (清)孙希旦撰，沈啸寰、王星贤点校：《礼记集解》下册，中华书局 1989 年版，第 976~977 页。

② [意]维柯：《新科学》上册，朱光潜译，商务印书馆 1989 年版，第 8 页。

③ (梁)刘勰著，范文澜注：《文心雕龙注》上册，人民文学出版社 1958 年版，第 65 页。

发，古人充分认识到"心物交感"是艺术发生的动因，"心"是交感主体，"物"是交感对象。在"神"的思维体系中，无论是艺术构思，还是艺术表达，"心"不会无端而行，"物"不会无端而至，须有所依待，那便就是依托于"神"。明乎此，"心"感于"神"而动，"物"感于"神"而应，使得自然、生命及文艺之间具有"心物相照"的基础。在传统文论语境中，艺术发生的内在根源，既是对"阴阳交感"的远绍，也是对"心物交感"的近承，熔铸出"神"这一思维观念。

"心物相照"出于"神"的运思，既有"心感于物"的面向，又有"物感于心"的面向，体现出思维观念的一致性。在传统文论中，古人对"心物相照"的标举，是对"气盛化神"的标举，以"心物相照"建构出文学艺术的本原论和发生论。在古人看来，"心物相照"蕴有"神"的思维观念，情由此结，意由此得，境由此构，美由此生。在这种观照方式下，"心"具有"神"的冥感思维和灵感思维，"物"具有"神"的整体思维和直觉思维。所以，从"气之动物，物之感人"到"情与气偕，辞共体并"①，从"圣以时动，物以情征"②到"心以应物，意到笔随"③，"心物相照"在"心""物"两端映射出"神"的思维方式，继续推进了"情深而文明，气盛而化神"的思维观念。

如沈宗骞《芥舟学画编·取势》云：

> 山形树态，受天地之生气而成。墨滓笔痕，托心腕之灵气以出。则气之在是，亦即势之在是也。气以成势，势以御气。势可见而气不可见，故欲得势，必先培养其气。气能流畅，则势自合拍。

---

① （梁）刘勰著，范文澜注：《文心雕龙注》下册，人民文学出版社1958年版，第514页。

② 沈乃文主编：《明别集丛刊》第1辑第92册，黄山书社2016年版，第376页。

③ 周振甫、冀勤编著：《钱锺书〈谈艺录〉读本》，上海教育出版社1992年版，第118页。

气与势原是一孔所出，洒然出之，有自在流行之致，回旋往复之宜。不屑屑以求工，能落落而自合。①

古人所感之“物”由“气”而成，所写之“心”由“神”而出，即“心”之灵与“物”之生感而会通。有学者指出：“中国美学的心物感应说，不同于重客观的模仿说，也不同于重主观的心灵表现说。”②在“神”的思维方式中，古人把“心”“物”作为构思、创作及表达的要素，由“神”衍生出“心物遇合”“心物观照”“心物交融”等审美观念。在传统文人看来，“阴阳不测之谓神”，诸物有“阴”有“阳”，诸艺有“心”有“物”，“心物相照”是对“神”的审美言说，并以此寻求自然、生命及艺术的平衡。

随着审美意识和审美思维的深化，“神”这一观念向文学艺术发生位移，古人对“心”“物”关系论有了新的认识，着力剖析“心物遇合”“心物相照”“心物交融”的思维空间。在“神”的审美观照下，古人建构出“心物交感”的思维观念，将“心”作“写心”“抒情”“言志”来理解，或指精神主体，或指审美中心，或指情感本源；将“物”作“实象”“虚象”“形象”来理解，或指自然物象，或指主观物象，或指艺术形象。于是，“心物相照”成为文学艺术的发生根源和思维起点，使得创作主体在内心与外境的相接中完成了“心”与“物”的沟通和交流。

是以诗人感物，联类不穷，流连万象之际，沉吟视听之区；写气图貌，既随物以宛转；属采附声，亦与心而徘徊。故灼灼状桃花之鲜，依依尽杨柳之貌，杲杲为出日之容，瀌瀌拟雨雪之状，喈喈

① （清）沈宗骞著，李安源等注释：《芥舟学画编》，山东画报出版社 2013 年版，第 84 页。

② 张晧：《中国美学范畴与传统文化》，湖北教育出版社 1996 年版，第 106 页。

逐黄鸟之声，喓喓学草虫之韵。①

在"神"的审美思维体系中，"心物相照"具有"触""观""会"等中间环节(内心感悟和情感体验)：首先，"触"是"心物相照"的遇合方式，心触于物，物触于心；其次，"观"是"心物相照"的把握视点，心观于物，物观于心；最后，"会"是"心物相照"的交融程度，心会于物，物会于心。② 这就是传统文论中的"触神""观神""会神"。就"心""物"的关系论而言，可认为"触"是"观"的萌动之因，"观"是"会"的生发之机，"会"是"触"的应合之迹。于是，从"心物相触"到"心物相观"，从"心物相观"到"心物相会"，古人追寻的是"虚己游世"的人生智慧，体悟的是"乘物游心"的审美体验，以期达到"含情而能达，会景而生心，体物而得神"③的理想境界。中国古人以"心""物"的关系论熔铸出"神"的思维取向，使"触""观""会"成为其审美基础，提供了言说"情""景""事""理"的基本框架。

当古人感遇兴衰、荣辱、祸福、穷通时，其喜怒、哀乐、情景、事理便会跃然笔端，就会产生"体道立文""含道成艺"的理想范式。无论是"心感"，还是"物感"，抑或相照，都可落实到"神"的思维取向中。这是生命交感的理想范式，既可上达道艺，剖析玄奥之意，亦可下启雅俗，领会精微之处。在"神"的思维体系中，"物"有所从，"心"有所归；"物"有所触，"心"有所向。

如钱锺书《谈艺录》所说：

---

① (梁)刘勰著，范文澜注：《文心雕龙注》下册，人民文学出版社 1958 年版，第 693~694 页。

② 张皓：《中国古代艺术理论论纲》，华中师范大学出版社 1996 年版，第 233、235、236 页。

③ (清)王夫之著，戴鸿森笺注：《姜斋诗话笺注》，上海古籍出版社 2012 年版，第 97 页。

> 夫艺也者，执心物两端而用厥中。兴象意境，心之事也；所资以驱遣而抒写兴象意境者，物之事也。物各有性：顺其性而恰有当于吾心；违其性而强以就吾心；其性有必不可逆，乃折吾心以应物。①

由此可见，文学艺术的生成，出于"神"的驱遣和抒写，以"心物两端"写"兴象意境"，追求"顺性""合心""应物"的审美效果。在这种运思中，"心物相照"是对"神"的延伸，既有"感物造端"的思维取向，也有"凭心构象"的思维取向。在传统文论中，"神"成为文学艺术的思维之源，使得中国古代文艺理论在思维之源处即通于一个韵律化的秩序观念，艺术创作和美学思想因之而虚灵无滞，避免了"物质""精神"的割裂。② 因此，"心感""物感"相照，共同熔铸出"神"的思维方式，泽溉之深，惠及之远，反映出中国古人尚自然、尚感合、尚和谐的思维传统。

---

① 钱锺书：《谈艺录》下卷，生活·读书·新知三联书店 2001 年版，第 618~619 页。

② 孙焘：《"文"、"物"、"象"与华夏艺术的人文源头》，《船山学刊》2011 年第 2 期。

第八章　感知："神"的审美取向

在中国传统文论中，"神"凝聚着古人的审美意识，乃是一种诗意的、逻辑的审美范式。这里便有一个问题，究竟何为审美范式？苏保华先生在《魏晋玄学与中国审美范式》一书中对"审美范式"进行了解释和说明：

> 审美范式是审美作为特殊的人生实践与人生境界的统一。从人生境界的角度看，既不是物质的，也不是精神的，而是凝结着人类审美情感的具有开放与发展潜能的审美的状态，是人在特定的前提下或者特定的情景下所身临的生存状态。①

在生命形式、生命结构及生命情态的统一中，"神"这一审美范式是"对生命情态的体验与领会""对生命状态与生命本质的终极领悟"②，既是"物质""精神"的统一，也是"性灵""神韵"的统一，亦是"心物""情景"的统一。于是，通过内心感悟和情感体验，才能有效地把握这种生命特征。"神"既是静止中的流动，又是流动中的静止；既是虚象中的实象，又是实象中的虚象；既是生命中的形式，又是形式中的生命，形

---

① 苏保华：《魏晋玄学与中国审美范式》，社会科学文献出版社2013年版，第145页。

② 朱立元、刘旭光、寇鹏程：《从中西比较看西方美学范畴的特质》，《厦门大学学报》2005年第1期。

成一种“极自由、极解放，最富于智慧、最浓于热情”①的精神结构。

（清）查士标《空山结屋图》

从审美体验来看，“神”提供了一种“悦耳悦目”“悦心悦意”“悦志悦神”的审美范式，以“目亦同应”“心亦俱会”“神之所畅”作旨归，塑造出趣味、观念和理想，催生出中国古典诗论、文论、书论及画论的批评面向。

第一节 初级体验：悦耳悦目

在“神”的审美取向中，“悦耳悦目”既是基本的感官愉悦，也是基础的审美体验，亦是传统文人关于文学艺术人化（如自然生理与主体心理的会通）的首要前提。

① 宗白华：《美学散步》，上海人民出版社1981年版，第208页。

若一志，无听之以耳而听之以心，无听之以心而听之以气！听止于耳，心止于符。气也者，虚而待物者也。唯道集虚，虚者，心斋也。①

在古人的精神结构中，"目听""心听""气听"是"神"的审美向度，涉及审美能力及审美形态的"人化"建构。如果说"悦耳悦目"是"悦心悦意""悦志悦神"的发生之源，那么"悦心悦意""悦志悦神"则为"悦耳悦目"的体验之维。"悦耳悦目"是生理和心理的交织，看似是简单、纯粹的感官刺激，实际上包含着更复杂的精神结构，只是个体生命往往没有直接意识到而已，如感知、想象、理解、情感等审美因素。这也正是"人之所以为人""事之所以作事""物之所以称物"的关键之所在。

在"神"的审美体系中，沿着"应目""会心""畅神"的致思路径，我们可追寻到古人有关"生命之喻"的审美范式，既有主体的观照与体悟，也有客体的激发与引导。传统文论的"感应"论相比于西方的"模仿"论，更能凸显文学艺术的人化观念，乃是自然、生命及文艺的会通结果。然而，有一些学者在研究文学艺术的发生原理时，使用"反映论""决定论"去比附"模仿论"，仅从"气感""神感""物感""心感"的某一点去阐释文学艺术的发生学及认识论。在这种观念中，虽然认识到文学艺术是生命形式的表征，但是缺乏对"应目""会心""畅神"的系统检视。

"生命情感"是古人在"神"的审美范式中首先获得的耳目感召，往往落实到"悦耳悦目"的情感形式上来。

到此为止，我们几乎完全是从所谓"创作角度"（The studio standpoint）对艺术进行考虑的，把艺术品看作是其创作者"理念"的表达，就是说，把艺术品看作是其创作者在细腻描绘其面临的现实

① （清）郭庆藩撰，王孝鱼点校：《庄子集释》上册，中华书局2012年版，第152页。

> 时表现出来的某种东西；而艺术家面临的现实，推理性语言是不能恰如其分地加以表达的。艺术家创造的是一种符号——主要用来捕捉和掌握自己经过组织的情感想象、生命节奏、感情形式的符号。①

如此，古人就是通过自身的生理感官在生命形式中体会这种共振、共感、共鸣的生命情感，既欲“以观其妙”，也欲“以观其徼”②。在“神”的审美体系中，文学艺术的生命形式是“自然之物”“生命之感”“艺术之情”相呼应、相激荡的结果。所以说，我们探讨“神”的审美范式，若停留于“气感”或“神感”的某一端，执迷于“物感”或“心感”的某一点，势必会陷入“耳目之撩”的浅层状态，而非“悦耳悦目”的生命感召。这些单向感知在形式上通过静观来对审美感官产生影响，实际上只是外在的形式，内里却不是“神”的应答与归位，没有生命的互感与互动，纯粹的物象刺激不能真正产生生命节律与生命精神的感召，最多是一种耳目之撩。③ 古人在谈及审美体验时，“耳目之撩”只是纯粹的生理现象，并非文学艺术“人化”的首要前提，唯有“悦耳悦目”才是契合生命的体验形式。在“神”的审美观念中，人既是一种感性存在，也是一种理性存在，唯有处在审美关系中的人，才是全面的人，丰富的人，完整的人。④ 因此，在通向“畅神”体验的途中，从“耳目之撩”到“悦耳悦目”的转变，不仅是新鲜感、刺激感的需要，而且是“立目”功夫的考量。

无论是“人心之动，物使之然”，还是“气之动物，物之感人”，审

---

① ［美］苏珊·朗格：《情感与形式》，刘大基等译，中国社会科学出版社1986年版，第455页。

② （魏）王弼注，楼宇烈校释：《老子道德经注校释》，中华书局2008年版，第1页。

③ 袁济喜：《中国古代文论精神》，山西教育出版社2005年版，第248页。

④ 蒋孔阳：《美学新论》，安徽教育出版社2007年版，第168页。

美主体的心理情绪都是从生理感官生发出的，使之生发"耳目之观""耳目之感""耳目之欲"，建构出"人化文评"的批评观念。我们探讨"神"的审美观念，即追索古人在文艺作品中留下的"耳目之效"，以期获得"陌生感""新鲜感""刺激感"，避免生理感官在长时间静观中产生审美疲劳。

> 人的感官是容易疲劳的。……缺少变迁会使感官迟钝，没精打采。感官的东西与理性的东西不一样，人与机器不一样，它需要休息和变异，它要求新鲜活泼的刺激，才获有继续生存、活动的生命力。新的刺激使感知得到延长，甚至紧张，从而使知觉专注于对象，不至于因"习以为常"而"视而不见"，这样也才能不断地得到满足。①

在"神"的审美体系中，"悦耳悦目"源于内心与外境的交感。文学艺术需要耳目感官上的"陌生感""新鲜感""刺激感"，才会使审美主体进入"悦耳悦目"的审美境界，以直观感受的方式获得浅层的审美体验。从"神"的审美观念来看，耳目感官上的刺激是人的感觉和情感的初级体现。

> 人的感觉和情感都是外界事物刺激的结果，多元的、纷繁复杂的感觉和情感的领域与多元的、纷繁复杂的客观事物当然是密切相关的，这种关系又不是简单的对应关系，同样是多元的、纷繁复杂的。②

如果说我们的文学史是"心灵史"，以及艺术史是"情感史"的话，那么

---

① 李泽厚：《美学四讲》，《美学三书》，安徽文艺出版社 1999 年版，第 537 页。

② 陈望衡：《美学王国探秘》，陕西人民出版社 1988 年版，第 197 页。

"心灵史""情感史"也就是耳目感受的"流动史""变迁史"。因此，无论是创作者，还是鉴赏者，要想感受经典作品的"神韵""神理""神味"等，须从浅层的感官刺激进行考量，抓住生理感官的需要或刺激，在"耳目之撩"的基础上引发"悦耳悦目"的审美体验，唤起新鲜的想象、理解与情感（即"畅神"）。

在"神"的审美体系中，由"应目"到"畅神"是既源于生理而又超出生理的审美满足，是既起于心理而又结于心理的审美愉悦。

> 眼睛一看到形状，耳朵一听到声音，就立刻认识到美，秀雅与和谐。行动一经察觉，人类的感动和情欲一经辨认出，也就由一种内在的眼睛分辨出什么是美好端正的，可爱可赏的，什么是丑陋恶劣的，可恶可鄙的。这些分辨既然植根于自然，那分辨的能力本身也就应是自然的，而且只能来自自然。①

传统文论中的"神"既指审美对象的精神本体和生命灵奥，也指审美主体的艺术品格和风姿神貌。透过"神"的审美体系，我们不难发现，这种形态是一个复合的精神结构，既是感性的冲动，也是理性的思考；既是直观的感知，也是抽象的理解。这种精神结构是生理性与心理性的交织，是耳目性与社会性的交感，以社会性方式实现出来，并使自然生理的耳目性能得以丰富、发展。② 在"神"的审美范式中，"悦耳悦目"是审美主体直接从审美对象上获得的满足感和愉悦感，属于生命精神和生命活力的浅层显现。所以，从审美体验上来说，"悦耳悦目"是审美主体之"神"的起始，而非体验的终结。

传统文人往往是从生命精神的维度去倡导文艺精神的，而不是仅从

---

① 北京大学哲学系美学教研室编：《西方美学家论美和美感》，商务印书馆1980年版，第95页。

② 李泽厚：《美学四讲》，《美学三书》，安徽文艺出版社1999年版，第536~537页。

生理感官的层面去限定文艺价值的。如果说文学、艺术只是作为感官刺激的点缀，那么文学、艺术将永远无法企及人的心灵深处，无法成为人类灵魂的直指。① "悦耳悦目"是主体之"神"在生命形式上的初级体现，诉诸耳目生理的满足，诉诸情志心理的愉快，还属于浅层的美感。"悦耳悦目"尚未进入深远的审美境致，有待主体对想象、理解、情感(即"畅神")等因素的融通。

在"神"的审美体系中，无论是"气感""神感"，还是"物感""心感"，对耳目生理而言，都有从不自觉到自觉、从不深入到深入的过程，逐渐得到审美情感的培养和陶冶。在"神"的审美范式中，原状态的主体情感不再限于视觉、听觉两区，还包括味觉、嗅觉的领域，不仅有"美声""美色"，还有"美食""美味"。② 这说明，传统文人已经不满足于从哲学或文艺理论上界说审美主体特征以及主客体"交流"模态，而是渴望打开审美主体心灵的"黑箱"，去窥视人类艺术审美创造的奥秘。③ 在中国传统文论中，文学艺术的生命形式倾向在感觉媒介中展示出来，它倾向隐含在一种直接而有力地作用于感觉器官的模式之中。④ 于是，"神"成为古人探索审美心理的着力点和落脚点，"悦耳悦目""悦心悦意""悦志悦神"是"神"在文学艺术中的审美显现。

就"神"的审美方式而言，从形式到内容，从结构到观念，从感性到理性，无不有耳目生理与情志心理的会通。

如刘勰《文心雕龙·物色》云：

古来辞人，异代接武，莫不参伍以相变，因革以为功，物色尽

---

① 袁济喜：《中国古代文论精神》，山西教育出版社 2005 年版，第 258 页。

② 王元骧：《审美：向人回归》，浙江大学出版社 2015 年版，第 211 页。

③ 胡经之：《文艺美学及文化美学》，复旦大学出版社 2016 年版，第 37 页。

④ [美]H. 加登纳：《艺术与人的发展》，兰金仁译，光明日报出版社 1988 年版，第 44 页。

而情有余者，晓会通也。①

如李泽厚先生《美学四讲》说：

> 各种各样、多种多样的悦耳悦目，无论是日常生活、艺术作品，也无论是绿水青山、花香鸟语、黄昏落日、长江大河、碧野田畴、春风杨柳……在生理性的基础上，由于社会性的渗入，在感知基础上，想象、理解、情感诸因素的渗入，我们的耳目感官日益拥有丰富的包容性，它们远不是那么狭窄了。②

作为情感本体的成长见证，审美主体之“神”既诉诸外在的耳目生理，又诉诸内在的情志心理。耳目感官日益拥有丰富的包容性，从生理要求中解放出来，从心理支配下解放出来，唤起自由的生理快感与心理愉悦。“悦耳悦目”的形态趋于丰富，在生理基础上传达出情志心理的审美状态，标志着“神”的深化及落实。

第二节　中级体验：悦心悦意

在“神”的审美范式中，“悦心悦意”（即“会心”）是较高程度的审美体验，包括但不局限于“悦耳悦目”。根据“遇合”“相照”“交融”原则，审美主体在生理快感的基础上，通过浅层的、单向的、机械的视听形象，不自觉地领会到某些深远的、持久的、广泛的精神意蕴，这是对想象、理解、情感诸因素的多样化、个性化、复杂化，从而自由地、自在地、自然地走向审美主体的内在心灵。从美感形态上来说，“神”既是

---

①　（梁）刘勰著，范文澜注：《文心雕龙注》下册，人民文学出版社 1958 年版，第 694 页。

②　李泽厚：《美学四讲》，《美学三书》，安徽文艺出版社 1999 年版，第 540 页。

审美形态，又是审美体验。"悦心悦意"正是审美主体之"神"在生命形式上的体现，这一美感形态出现在审美体验的中间阶段，在"遇合""相照""交融"中凸显明显的生命性、精神性和价值性。

在通向"畅神"的途中，如果说"悦耳悦目"是对生理感官的人化表现，那么"悦心悦意"就是对心理情欲的人化表现。虽然"悦耳悦目""悦心悦意"都是同一结构的审美形态，但是两者相较，显然"悦心悦意"更具生命意味和心灵镜像特征，更有情感体验和想象空间，几乎所有的作品都在普及、彰显和建构这种审美品位及取向。从"悦耳悦目"到"悦心悦意"的转变和上升，既是对审美主体之"神"的映照，也给审美主体提供了循序渐进、以资借鉴的审美范式。文学艺术出于"神"的驱遣和抒写，成于"心""物"两端的会通和融通，而"悦心悦意"是主体感受到的生命活力和精神风貌。在审美体验中，"悦心悦意"是对"悦耳悦目"的推进，耳目动而心意起，心意生而耳目行。所以，"悦心悦意"涉及的情感、意绪和心境变化，则为审美主体之"神"的弥漫、流淌和涌动。

在中国传统文论中，耳目视听是"神"的生命形式，心意思虑是"神"的生命意蕴。于是，"悦心悦意"远超"悦耳悦目"，基本涵盖想象、理解、情感等因素，涉及加工、操作和处理等环节，使得审美主体在感性形象与理性形象相接中顺利获得"韵外之致"与"味外之旨"，唤起内在的心意变化（即"畅神"）。

> 近而不浮，远而不尽，然后可以言韵外之致耳。……绝句之作，本于诣极。此外千变为状，不知所以神而自神也，岂容易哉？今足下之诗，时辈固有难色。倘复以全美为工，即知味外之旨矣。①

---

① （唐）司空图著，祖保泉、陶礼天笺校：《司空表圣诗文集笺校》，安徽大学出版社2002年版，第193~194页。

如此，就是“悦心悦意”对“悦耳悦目”的超越与复归，在音响、形象和图画诸符号中流露出“文已尽而意有余”“咏之者无极，闻之者动心”的审美体验，共同趋向于“悦志悦神”的审美体验。

> 文已尽而意有余，兴也；因物喻志，比也；直书其事，寓言写物，赋也。宏斯三义，酌而用之，干之以风力，润之以丹彩，使咏之者无极，闻之者动心，是诗之至也。①

且看李泽厚先生在《“意境”杂谈》一文中所说：

> 看齐白石的草木虫鱼，感到的不仅是草木虫鱼，而能唤起那种清新放浪的春天般的生活的快慰和喜悦；听柴可夫斯基的音乐，感到的也不只是音响，而是听到如托尔斯泰所说的“俄罗斯的眼泪和苦难”，那种动人心魄的生命的哀伤。也正因为这样，你才可能面对着这些看来似无意义的草木虫鱼和音响，而“低徊流连不能去云”了。②

在“神”的审美体系中，“悦耳悦目”是浅层的美感形态，“悦心悦目”是深层的美感形态。文学艺术之所以能够企及人的心灵深处，成为人类灵魂的直指，其根本秘密在于感知力、想象力和理解力的契合，即“应目”“会心”“畅神”的会通。所以，传统文人捕捉和体悟“言外之意”“弦外之音”时，沿“应目”“会心”“畅神”的路径，既能在生理体验与心理体验之间自由出入，又能在自然意识与社会意识之间自由转化。因此，

---

① （梁）钟嵘著，曹旭集注：《诗品集注》，上海古籍出版社1994年版，第39页。

② 李泽厚：《“意境”杂谈》，《美学旧作集》，天津社会科学院出版社2002年版，第300页。

创作者、鉴赏者应着眼于文学艺术的美感形态，在"悦心悦意"的高度上提高精神境界，致力于"畅神"的审美体验。

在"神"的审美体系中，趋于"悦心悦意"的"会心"观念是一种特殊的审美范式，即"在审美创造的世界中复现与直观自身所形成的基本形式"①。在审美主体之"神"的精神结构中，生理冲动、欲望、意念，既得到表露与召唤，也得到宣泄与节制，以"人化"的方式塑造出审美主体的情志和心灵。经典作品之所以具有广泛的功能性、审美性及精神性，即抒发情感、引起共鸣、感染人心的内在力量，正在于审美主体之"神"是自然生理与主体心理的协同结构，以"应目""会心""畅神"的形态塑造了原始本能、生理情欲，也就是陶冶性情、形成人性。

如果说"悦耳悦目"是审美体验的起点，"悦志悦神"是审美体验的终点，那么"悦心悦意"就是审美体验的中间环节，负责转化旧的审美经验，激发新的审美经验，在"应目""会心""畅神"的同构中培育出"神"的审美范式。从耳目满足到心意愉悦，从本能解放到情感宣泄，"悦心悦意"的精神结构不断地提高与扩展，同时，"神"的审美范式也在不断地丰富与充盈。"悦心悦意"对主体之"神"的审美意向(趣味、观念、理想)起到培育作用，既是对"悦耳悦目"的复现，又是对"悦志悦神"的直观。如王夫之对"情""景"关系论的认识就蕴含着"悦心悦意"的审美经验。

> 起束入化。景中生情，情中含景，故曰景者情之景，情者景之情也。高达夫则不然，如山家村筵席，一荤一素。"窥"字中隐一

① 苏保华：《魏晋玄学与中国审美范式》，社会科学文献出版社2013年版，第176页。

"镜"字，亦可。①

> 情景名为二，而实不可离。神于诗者，妙合无垠。巧者则有情中景，景中情。景中情者，如"长安一片月"，自然是孤栖忆远之情；"影静千官里"，自然是喜达行在之情。情中景尤难曲写，如"诗成珠玉在挥毫"，写出才人翰墨淋漓、自心欣赏之景。凡此类，知者遇之；非然，亦鹘突看过，作等闲语耳。②

中国传统文论中的"景中生情""情中含景""情景交融"就属于这种情况，给艺术家、文学家们带来精神上的享受和满足。说明，"情""景"之间的审美体验，不应限于耳目之悦(生理欲望)，而有着更深、更广、更高的审美取向，旨在培育出审美情感、审美意趣和审美理想。

在通向"畅神"的途中，虽说"悦心悦意"是非常普遍的美感形态，但是不同审美主体对"畅神"的感知却有区别，不尽相同。这种情况反映到文学艺术领域，便是审美主体对发生学和认识论的心理配置，由"会心"勾连"应目""畅神"。对传统文人而言，耳目生理上的愉悦是暂时的，是浅显的，是基础的，他们将想象、理解、情感、趣味、观念、理想等因素锁在"神"的审美范式中，且以"个体性""集体性"的审美经验建构出"神"的心意空间。随着心理因素的有效建构，审美主体之"神"的美感状态趋于集中，乃是经历了从无意识到有意识的内在转变，逐渐褪去"应目"的感性直观，获得"会心"的审美能力。所以说，从"悦耳悦目"进入"悦心悦意"，不仅是美感形态的层次变化，还是心意深处的结构调整。

于是，在"心""物"交感之际，在"性""情"摇荡之时，传统文人有意识地改变以往的被动模式，转为主动模式(即以审美主体之"情"来体

① (清)王夫之著，陈书良校点：《唐诗评选》，上海古籍出版社2011年版，第185页。

② (清)王夫之著，戴鸿森笺注：《姜斋诗话笺注》，上海古籍出版社2012年版，第72页。

悟审美对象之"景"），运用自己的审美经验和审美能力来填补作品的"空白"①和"不定点"②，培育出较高程度的审美趣味、审美观念和审美理想。很显然，从"悦耳悦目"到"悦心悦意"有明显间隙(位移)，通向"悦志悦神"的途中不是那么简单或直接的，而是充满了偶然性与不稳定性。审美主体要想顺利实现"耳目可关，心意可钥"③的审美境界，须超越"耳目之观""耳目之感"，唤醒"心意之志""心意之神"，从而达到"不徒耳目，必开心意"④的审美境致。如此一来，"悦心悦意"就成为由"悦耳悦目"通向"悦志悦神"的关键环节，在心理配置上起中转作用，陶冶性情，涵养心灵，激发趣味，悦动生命，既有对"悦耳悦目"的审美回溯，又有对"悦志悦神"的审美导向。

在"神"的审美体系中，"悦心悦意"这一美感形态并非是静止不变的，而是会随着生活经历、价值观念、文化修养、个性特点等因素的变化而发生相应的改变，具体呈现为"虚与实不断转化的辩证的运动过程"⑤，即"神"的心意空间的扩展及延伸。"悦心悦意"具有起点与终点的双重取向，既是对浅层"悦耳悦目"的结束，寄托于生理与心理之间，表现出由浅入深、由低到高的变化，又是对深层"悦志悦神"的开始，徜徉于心灵与精神之间，表现出返朴归真、返本归元的变化，建构起古人的诗性智慧。

如李泽厚先生描述自己的阅读体验：

由于年龄、经历、修养、文化、性格、气质的不同，人们对悦

---

① [德]伊泽尔：《审美过程研究——阅读活动：审美响应理论》，霍桂桓、李宝彦译，中国人民大学出版社1988年版，第249页。

② [波兰]英伽登：《对文学的艺术作品的认识》，陈燕谷等译，中国文联出版公司1988年版，第50页。

③ 傅亚庶撰：《刘子校释》，中华书局1998年版，第11页。

④ (汉)王充著，黄晖撰：《论衡校释》第3册，中华书局1990年版，第963页。

⑤ 余敦康：《魏晋玄学史》，北京大学出版社2016年版，第52页。

心悦意的要求和需要也不尽相同。我少年时喜欢读词，再大一些喜欢读陶渊明的诗，这也说明心意的成长，太年轻是很难欣赏陶诗的。读外国小说时，记得开始喜欢屠格涅夫，但后来读陀思妥耶夫斯基的《卡拉玛佐夫兄弟》，看完后两三天睡不好觉，激动得不得了，好像灵魂受到了一次洗涤似的，这也说明悦心悦意所“悦”的已有不同，实际上这种悦心悦意已进入悦志悦神的范围了。①

从耳目到心意的愉悦，从物性到人性的转向，从精神到灵魂的洗涤，几乎都标志着“会心”这一审美观念的有效确立。“悦心悦意”既有感官生理的解放，也有审美能力的培养，亦有精神境界的提高。在中国传统文论中，“外师造化，中得心源”（张璪）②，“悦心悦意”在“外师”（功夫）、“中得”（修养）两个向度助力着“神”这一审美范式的确立，不仅具有较强的感染力，还有蓬勃的生发力。如符载《观张员外画松石序》云：

观夫张公之艺非画也，真道也。当其有事，已知遗去机巧，意冥玄化，而物在灵府，不在耳目。故得于心，应于手，孤姿绝状，触毫而出，气交冲漠，与神为徒。③

在“神”的审美取向中，“悦心悦意”蕴含的情感、意趣和理想，乃是一种深层的生命力量，“道精艺极，当得之于玄悟，不得之于糟粕”（符载《观张员外画松石序》），既是“人之所以为人”的价值尺度，也是“文之所以成文”的审美尺度，亦是“艺之所以作艺”的情感尺度。

---

① 李泽厚：《美学四讲》，《美学三书》，安徽文艺出版社 1999 年版，第 542 页。

② （唐）张彦远撰：《历代名画记》，浙江人民美术出版社 2011 年版，第 161 页。

③ 俞剑华编：《中国画论类编》上卷，人民美术出版社 2016 年版，第 20 页。

第三节 高级体验：悦志悦神

在“神”的审美范式中，“悦志悦神”是最高级别的审美能力，也是最高程度的审美体验，亦是最高阶段的审美理解。作为特殊的审美范式，“神”既出于形而上之本体论、认识论，又入于形而下之价值论、方法论，建构出统一的生命原理。顺着“应目”“会心”“畅神”的内在理路，如果说“悦耳悦目”是在生理感触中培育人的感知，“悦心悦意”是在心理配置中培育人的情感，那么“悦志悦神”就是在精神思索中培育人的崇高。

在中国传统文论中，通过“应目”“会心”“畅神”的相互协作，“悦志悦神”是对“悦耳悦目”“悦心悦意”的整合与超越。从感官生理到情欲心理，再到形神气志，主体之“神”经历了“悦耳悦目”“悦心悦意”“悦志悦神”三个阶段，循此逐渐深入文学艺术的情感模式与审美张力之中。在“神”的审美范式中，“悦耳悦目”是对“言”“象”的交织，“悦心悦意”是对“心”“物”的涵纳，“悦志悦神”是对“性”“情”的熔铸。“悦志悦神”是对“遇合”“观照”“交融”诸论的积淀与淬炼，通过“合一”的思维，对“畅神”观念的确立起到重要作用。

作为一种自由的生命活动，“神”显现于人的哲思、审美、信仰等精神领域之中，具有“自然境界”“实践功利境界”“天地境界”三重取向，乃是“发端于顺应必然，提升为掌握必然，而归趋于超越必然”。这种生命活动直面宇宙生命本源，既有对有限存在的突破，又有对无限存在的追索。

自然境界、实践功利境界和天地境界分别代表着自由的三重境界，总合起来形成为自由精神演化的逻辑结构。作为合目的性与合规律性相统一之表征的自由，发端于顺应必然，提升为掌握必然，而归趋于超越必然，是一个逐层展开、逐层递进的关系。①

因此，"悦志悦神"是审美主体在"合目的性""合规律性"基础上所期望实现的"超目的性""超规律性"的精神追求。

在"神"的审美体系中，"悦志"是指对"合目的性"、"合规律性"(合道德)的精神理念的追求与探索，这是对审美主体的意志、毅力、志气的陶冶与培育；"悦神"是指对"超目的性""超规律性"(超道德)的精神感受的融合与发展，这是对审美作品的原理、规则、模式的建构与塑造。在"悦志悦神"的层面，"畅神"与"崇高""优美""自由"产生关联，这是一种集中凸显的崇高感、优美感、自由感。② 于是，面对崇高、优美的审美对象时，审美主体的心灵会产生某种程度的激荡与交融，抛去有限的生理感触、心理配置，寻求无限的审美愉悦、自由感受，从"悦耳悦目"投向"悦心悦意"，从"悦心悦意"投向"悦志悦神"，从而通达"畅神"的极致之境。

这种审美体验恰如德国学者黑格尔《历史哲学》中所说：

> 大海给了我们茫茫无定、浩浩无际和渺渺无限的观念，人类在大海的无限里感到他自己底无限的时候，他们就被激起了勇气，要去超越那有限的一切。大海邀请人类从事征服，从事掠夺，但是同时也鼓励人们追求利润，从事商业。平凡的土地、平凡的平原流域把人类束缚在土地上，把他卷入无穷的依赖性里面，但是大海却挟着人类超越了那些思想和行动的有限的圈子。③

---

① 陈伯海：《回归生命本原：后形而上学视野中的"形上之思"》，商务印书馆2012年版，第270页。

② 李泽厚：《美学四讲》，《美学三书》，安徽文艺出版社1999年版，第543页。

③ [德]黑格尔：《历史哲学》，王造时译，生活·读书·新知三联书店1957年版，第134页。

无论是高雅的体验，还是通俗的感知，抑或纯粹的静观、静想，都会显现出从初级到高级、从有限到无限的精神自由。"悦志悦神"既不同于"悦耳悦目"的感性直观，也不同于"悦心悦意"的心理配置，而是宇宙生命、精神生命及艺术生命的整体投入，是思维方式、价值观念及审美意识的整体运作。理解"神"这一审美范式，须返回"应目""会心""畅神"的审美之源，在心灵的契合中去感受生命精神和生命活力，激发出"应目"的审美诉求，塑造出"会心"的审美取向，孕育出"畅神"的审美理想。

通过对"应目""会心""畅神"的自觉追求，古人建构出"神"的审美范式，对自然、生命及文艺之道有了"合目的性""合规律性"的认识。特别是"悦志悦神"的审美取向，指引审美主体通达"合一"的极致之境，在生命精神的感悟过程中，寻得心灵上的共鸣，求得精神上的超越，从而拥有"情深而文明，气盛而化神"的诗性智慧。

如李泽厚先生在《美学四讲》一书中说：

> 人作为感性生命的存在，终归是要死亡的，个体的生命都在有限的时空之中，因此人追求超越这个有限，追求超越这个感性的个体存在，而期待、寻求那永恒的本体或本体的永恒。……在中国，则不追求这种超时空的精神本体，而寻求就在此时空中达到超越和不朽，即在感性生命和此刻存在中求得永恒，这也就是与宇宙(整体大自然)的"天人合一"。①

既然人生短暂，时空有限，那么何以求永恒、求不朽？唯有追索"神"这一范式，将之转化为"悦耳悦目""悦心悦意""悦志悦神"具体形态，方能突破感性生命、感性时空的限制，以真情拥抱自然，以真感书

---

① 李泽厚：《美学四讲》，《美学三书》，安徽文艺出版社 1999 年版，第 544 页。

写人生，以真意承载经典。在中国传统文论中，“悦志悦神”是对宇宙生命时空的理解与沟通，既有助于平衡自然、生命及艺术的关系，也有助于协调天人、群己及身心的关系。无论是孔子的“逝者如斯夫！不舍昼夜”①，还是孟子的“所过者化，所存者神，上下与天地同流”②；无论是庄子的“无听之以耳而听之以心，无听之以心而听之以气”，还是《礼记》的“大乐与天地同和，大礼与天地同节”，乃至宗炳的“目亦同应，心亦俱会；应会感神，神超理得”③，都体现了生命亲证与心灵澄明的境致，即“悦志悦神”。所以说，在“神”的审美范式中，“悦志悦神”是审美主体对宇宙生命本源的探索与体悟，对宇宙生命时空的突破与超越，以证得自我的存在与价值，求得生命的永恒与不朽。

根据“自然的人化”“人的自然化”④的审美原则，作为崇高、优美、自由的“悦志悦神”，具体表现为“应目”“会心”“畅神”的相互协作，使审美主体既可参悟宇宙、自然及生命的冥合之境，也可体会哲学、文学及艺术的精微之处。从审美体验上来说，只有在“悦耳悦目”“悦心悦意”的有效整合中实现“悦志悦神”的审美境致，才算是最终完成了“神”这一审美范式的确立过程。无论是创作、阅读，还是批评、鉴赏，抑或观养、玩味，这些审美活动都能以不同的生命形式呈现出“悦志悦神”的美感形态，指向生命活力与生命精神之“神”，证明美在宇宙生命，美在自然生命，美在艺术生命。

如此，这里便有一疑问，“悦志悦神”的美感形态，何以在“神”的

---

① 程树德撰，程俊英、蒋见元点校：《论语集释》第2册，中华书局1990年版，第610页。

② （清）焦循撰，沈文倬点校：《孟子正义》下册，中华书局1987年版，第895页。

③ 俞剑华编：《中国画论类编》上卷，人民美术出版社2016年版，第583页。

④ 从“自然的人化”的美的本质，到作为审美对象的五色缤纷的自然景象，是一个由工具本体到心理本体的进展过程。所谓“人的自然化”实际正好是“自然的人化”的对应物，即情感(心理)本体的建立，二者是整个历史过程的两个方面。见李泽厚：《美学四讲》，《美学三书》，安徽文艺出版社1999年版，第498页。

审美体系中，成为激动、昂扬、振奋、荡漾的境界与感受？因为"悦志悦神"在生命形式上融合有生理、心理、感性、理性等因素，在精神结构中积淀紧张、刺激、冲突、对立等因素。值此状态，审美主体能在"自然的人化"与"人的自然化"的会通中走向主客的统一，走向心物的平衡，走向天人的和谐，使"神"这一审美范式得到全面的陶冶、培育及塑造。在中国传统文化思想中，从道家气功到佛学坐禅所达到的种种经验，以及宋明理学所宣讲的"孔颜乐处"的人生境界①，这些感性生命和理性生命所熔铸的审美经验，既有"悦耳悦目"的取向，也有"悦心悦意"的取向，亦有"悦志悦神"的取向，在"应目""会心""畅神"的协作中完成了"神"这一审美范式的确立过程。对于审美主体而言，确立"神"这一范式并非一蹴而就，须经过漫长而艰苦的内在锤炼，持有"自强不息""厚德载物"的交感之势，追求"知行合一""情理合一"的精神力量。

"神"这一审美观念建构了文学艺术的诗性空间，同时，文学艺术涵育了"神"的审美范式。在对经典作品的解诠、演绎及效仿中，"悦耳悦目""悦心悦意""悦志悦神"所熔铸的"神"，成为传统文人回溯审美意识、重构审美经验、践行审美理想的特殊范式。唯有如此，经典作品才具有"指穷于为薪，火传也，不知其尽也"②的审美之道。在"神"的审美体系中，"悦志悦神"既有意境之美，又有气势之美；既有神态之美，又有情感之美，即有"体贵正大，志贵高远，气贵雄浑，韵贵隽永"的审美效应。

> 《余师录》曰："文不可无者有四：曰体，曰志，曰气，曰韵。"作诗亦然。体贵正大，志贵高远，气贵雄浑，韵贵隽永。四者之

---

① 李泽厚：《美学四讲》，《美学三书》，安徽文艺出版社 1999 年版，第 545 页。

② （清）郭庆藩撰，王孝鱼点校：《庄子集释》上册，中华书局 2012 年版，第 135 页。

本，非养无以发其真，非悟无以入其妙。①

在文学艺术领域中，我们应如何体会“畅神”这一审美观念？如谢榛《四溟诗话》说“熟读之以夺神气，歌咏之以求声调，玩味之以裒精华”，既应从“熟读”“歌咏”“玩味”诸方面涵养、化育，又应从“应目”“会心”“畅神”诸境界参悟、修证，“非养无以发其真，非悟无以入其妙”。此外，又如叶燮《原诗·外篇》云：

志也者，训诂为“心之所之”；在释氏，所谓“种子”也。志之发端，虽有高卑、大小、远近之不同；然有是志，而以我所云才、识、胆、力四语充之，则其仰观俯察、遇物触景之会，勃然而兴，旁见侧出，才气心思，溢于笔墨之外。志高则其言洁，志大则其辞弘，志远则其旨永。如是者，其诗必传，正不必斤斤争工拙于一字一句之间。②

在此，叶燮由“悦志悦神”析出“才”“识”“胆”“力”，以建构“畅神”之论。古人有云：“他山之石，可以攻玉。”(《诗经·小雅·鹤鸣》)通过“畅神”这一文论观念，如何借鉴“他者”(西方文论)的生命观念，如何建构“自我”(传统文论)的生命精神，便成为新时期中国文论创造性转化和创新性发展的重要课题。

在走向一个交往日益频繁密切的世界文化的交会中，中国传统如何吸取西方宗教和艺术中那种痛苦悲厉的深刻感受，来补充和加深加强自己的生命力量，便是在培育塑造悦志悦神的审美能力时所

① 丁福保辑：《历代诗话续编》下册，中华书局1983年版，第1141页。
② (清)叶燮著，霍松林校注：《原诗》，人民文学出版社1979年版，第47页。

应特别重视的现代课题。①

按其所说，在有关耳目、心意、神志的审美经验中，"畅神"是一个共有的审美能力，中西美学观念之间有着走向会通的可能性和可行性。明乎此，我们培育和塑造"神"这一审美范式，既要整合中国古人的宇宙观、生命观及艺术观，也要借鉴西方宗教和艺术理论的悲剧感、崇高感及自由感，予以积极回应，充分体现文论关键词的经典化过程。在"神"的审美体系中，无论是"感""应"的致思模式，还是"心""物"的运思模式，最终都将呈现为自然、生命及艺术的整合之道，即"悦耳悦目""悦心悦意""悦志悦神"的有效统一。

① 李泽厚：《美学四讲》，《美学三书》，安徽文艺出版社 1999 年版，第 545~546 页。

第九章　致知："神"的阐释取向

在中国传统文论中，唯有鸢飞鱼跃、活泼玲珑、渊然而深的"神"，才能创构出幽微精深、妙造自然、妙合无垠的生命体验，以其内在的生成性和延展性"为古代思想家解释万物提供了依据，同样也为人类精神及其形态的阐释提供了根据"①。在古人的文化视野中，由"神"探索宇宙本源及一切运动的法则，揭示情感与形式。就静态而言，其是自然、生命及文艺的价值根源；就动态而言，其是自然、生命及文艺的阐释原理。如《庄子·大宗师》云：

> 夫道，有情有信，无为无形；可传而不可受，可得而不可见；自本自根，未有天地，自古以固存；神鬼神帝，生天生地；在太极之先而不为高，在六极之下而不为深，先天地生而不为久，长于上古而不为老。②

"神"既源于美学与诗学的会通，也源于现实与理想的融合，亦源于物性与人性的统一。除了思维范式和审美范式，阐释范式也是"神"这一美学概念的重要取向，极富诗性特色和阐释价值，既有对宇宙本源的探索和叩问，也有对生命本相的激发和敞现，亦有对精神本真的言说和书

① 苏桂宁：《宗法伦理精神与中国诗学》，上海三联书店2002年版，第25页。

② （清）郭庆藩撰，王孝鱼点校：《庄子集释》上册，中华书局2012年版，第252页。

写。"神"是生命体验的不断生成和升华，既有"味象"(象之阐释)的思维本体论，也有"观气"(气之阐释)的美学认识论，亦有"悟道"(道之阐释)的阐释方法论。

> 生成是有限与无限的中介环节，连接着审美体验之感性材料(物象、形象、意象等)和审美体验之效应(境、韵、道、召唤结构、解释学空间、审美虚空心理场等)，这使得审美体验必得以味象(象之审美)为始点，而最终落实到悟道(道之审美)层面上来。①

于是，中国传统文论中的"神"成为古人的思维之维、美学之维和阐释之维，其呈现方式如"澄怀""格物""目想""心存""外游""内观""神思""妙悟"等一系列活动，既以"去蔽""还原"为旨归，又以"重构""阐释"为依托，在生命体验的不断生成和升华中肯定了"人之所以为人"的独特性和主体性。

第一节　自由的把握方式

在传统与现代之间，随着感性与理性、有限与无限、现象与本体的断裂与冲突，就文学艺术而言，无论是语言层面，还是形象层面，抑或意蕴层面，几乎都遭遇到一种前所未有的"异化处境"(即"语言暴

---

① 首先，象之审美(味象)是审美体验的开端和初始环节，乃是在味象层次中去把握与体味事物之外的样态，并以诉诸感性经验形态的方式确立意识必得反映存在的最为基本的艺术唯物原则。其次，气之审美(观气)构成体验的核心。它是由味象通往悟道的中介环节，体认与敞现宇宙间万物万象万态互不相同又相互关联的生机活力和深层生命内涵，构成审美体验源于生活又高于生活的发生学依据。最后，道之审美(悟道)超越象之审美(味象)、气之审美(观气)而成为审美体验的最高层次与最后环节。因为真正的审美体验都必以敞亮世界的本源性意义为旨归。见黄念然：《味象·观气·悟道——中国古代审美体验心路历程描述》，《广西社会科学》1998年第2期；黄念然：《中国传统审美体验的生命本体论阐释》，《首都师范大学学报》1998年第6期。

政”）。如胡经之先生在《文艺美学》一书中说：

> 这种静悄悄地、不流血的暴政，扼杀了本真的诗情和本源之思，从而使人的存在意义晦暗不明。人还感同身受地体验了感性与理性、经验与超验、有限与无限、现象与本体、存在与思维、自由与必然的普遍分裂。这种人的现实处境与理想世界的尖锐对立，使当代美学家、艺术家为寻找沟通有限与无限、感性与理性的中介环节，以达人性的完整和美好而殚思竭虑。①

面对错位的“异化”，传统文人往往会追索生命意味，体悟生命本真，寻得“人之所以为人”的价值观念，在自由的把握方式中确立天人、群己及身心之间的整体关系。无论“自然的人化”，还是“人的自然化”，须从人对现实的把握方式出发，以对生命意味的自由把握抵达人的精神世界，肯定人的感性价值，回应人的精神焦虑。人居于天地之间，感于阴阳之合，“神”这一生命观念恰是对宇宙生命、自然生命及精神生命的显现与映照。

理想世界与现实世界之间的张力，感性生命与理性生命之间的缝隙，促使古人在精神层面上寻找沟通天人、群己及身心的把握方式，达到人性的完整与自由，人格的美好与独立。关于精神、意识、人格的承传，袁济喜先生指出：

> 精神的彰显与意识的清醒、人格的刚毅与坚韧，在任何时候都是我们从事文学理论建设的首选，因为不管在什么时候，是人类创造了精神文化而不会是技术模塑了人类的精神世界。②

---

① 胡经之：《文艺美学》，北京大学出版社1999年版，第1页。
② 袁济喜：《中国古代文论精神》，山西教育出版社2005年版，第19页。

所以说，精神、意识、人格（即生命主体之“神”）是“人之所以为人”“事之所以言事”“物之所以称物”的基本维度，融合出人类的文学艺术，在承传与改造中，探索生命体验，激发生命力量，揭示生命价值；在继承与发扬中，创构精神世界，释放精神张力，弥合精神缝隙。

“神”是传统文人关于理性、知性及思维的表述，体现出一定社会历史、人文阶段的人之认识的自由。

> 在审美实践比如艺术、文学审美中，人之生命及其意识、理念、情感，不是作为一个问题而被认识、被思考的，它直接便是人的生活、人的世界与人的心灵本身，它是感性的、经验的、直觉的、移情的、领悟的，它是生命直观的现实存在，是对生命自身的审美、移情、体验与体悟。从人之生命直观出发，自然宇宙、社会人生及其艺术审美之类，都是生气灌注、气韵生动的，无疑是诗性的，天人合一的。①

在传统文论中，古人创构“神”这一把握方式，既是仰观天文的需要，也是俯察地理的需要，亦是中和人事的需要。如果说文学艺术是人类的精神结构，那么“神”作为人类把握本体存在的特殊方式，就是这一精神结构的核心与基础，负责掌控精神结构的运思与建构，源源不断地提供思想资源。文学艺术的语言层、形象层及意蕴层，都有对“神”的涵养与化育，不以文学艺术为依托的“神”也是不存在的。在古人的把握方式中，“神”是一种特殊的自由把握方式，使人能有效地超越语言层、形象层及意蕴层的滞隔和限制，获得人格、人性、人心的圆满自足。通过这一特殊的自由把握方式，实践主体既可把握本体与存在的精神价值，也可抵达诗文与书画的精神世界。如《晋书·乐上》云：

---

① 王振复：《中国美学范畴史研究的一点思路》，《上海大学学报》2006年第2期。

人受天地之灵，蕴菁华之气，刚柔递用，哀乐分情。①

古人对现实世界的把握方式，富有自由的生命观念，从“灵”(即“神”)的角度来理解，蕴含哲学、艺术、宗教、实践等阐释取向。这种自由把握方式具有不同场景，既是诗性的，也是思性的；既是感性的，也是理性的。

(宋)郭熙《早春图》

我们生活的现实世界是一个整体存在，而人对世界的把握方式有多种体现，如马克思说：

整体，当它在头脑中作为被思维的整体而出现时，是思维着的头脑的产物，这个头脑用它所专有的方式掌握世界，而这种方式是不同于对世界的艺术的、宗教的、实践—精神的掌握的。②

① (唐)房玄龄等撰：《晋书》第3册，中华书局1974年版，第677页。
② 马克思：《〈政治经济学批判〉导言》，《马克思恩格斯选集》第2卷，人民出版社1972年版，第215页。

可见，我们熟知的哲学、艺术、宗教、科学乃是人类对现实世界的把握方式，这些把握方式虽然各有侧重，但是同出一源，共同建构出整体的精神世界。这对我们理解"神"的阐释取向具有重要的借鉴作用。

在"神"的阐释取向中，既有想象、理解和情感的把握之道，也有趣味、观念和理想的把握之道。只有自然、生命及艺术达到平衡与和谐，才会产生主体对世界的把握与运思，客体对世界的投射与映照。作为人对现实世界的自由把握方式，"神"这一观念虽是意识形态的直接体现，但也与人的生存状态和发展情况息息相关，有助于古人触及意象世界(观念世界)的价值体验，寻求物象世界(现实世界)的意义呈现。在古人的生命视野中，人是一种特殊的存在，生于天地之间，感于阴阳之合。

"神"是对观念世界与现实世界的整合，建构出"外求于神"(外求于物)和"内求于神"(内求于心)两种诉求方式，使古人具有出入感性生命与理性生命的无限可能。"传神""写神""入神"等观念，促成传统文人的把握之道，令人们致力于探究内在的精神世界，拟定出假定性与真实性相统一的原则，在把握文学、艺术与宗教、科学的方式上分道扬镳，使其有效地释放出精神张力，弥合了精神缝隙。

恰如法国学者毕加索所说：

> 艺术是一种使我们达到真实的一种假象。相反的大多数画家相信他们的劳动成果，也就是说，他们的作品便是真实本身。"真实"就在画布上实现了。但它是永远不会在画布上实现的，因为它所实现的只是作品和现实之间发生关系而已。①

源于"阴阳交感""心物交感"的文学艺术，既是生命活动、精神活动及情感活动的整体协作，又是这些特殊活动的产物。在这一过程中，

---

① 云雪梅编著：《毕加索论艺》，人民美术出版社2002年版，第87页。

“神”是“羚羊挂角，无迹可求”的特殊存在。如萧子显《南齐书·文学传》云：

> 文章者，盖性情之风标，神明之律吕也。蕴思含毫，游心内运，放言落纸，气韵天成。莫不禀以生灵，迁乎爱嗜，机见殊门，赏悟纷杂。若子桓之品藻人才，仲治之区判文体，陆机辨于《文赋》，李充论于《翰林》，张际摘句褒贬，颜延图写情兴：各任怀抱，共为权衡。属文之道，事出神思，感召无象，变化不穷。俱五声之音响，而出言异句；等万物之情状，而下笔殊形。吟咏规范，本之雅什；流分条散，各以言区。①

基于生命观念构造的文本世界，古人对“神”的把握方式有不同取向，既从生命本体的角度来把握人性、人格、人心，也从精神本体的角度来把握物象、意象、形象，亦从情感本体的角度来把握至真、至善、至美。可见，“神”这一观念既是本体性的，亦是工具性的，“既是诗性之思，亦为诗性之方”②，既是思性之范，亦为思性之理。所以说，我们不妨将“神”看作“一个诗性与思性相统一的时空结构”③，一种根植于“天人合一”“天人相分”的生命美学观念。文学艺术的特殊之处正在于：

> 文艺活动不是一般的人类活动，根本原因在于它是以人自己的独立之思去唤醒灵魂，以自己超越的视野去寻找本真的自我，以对本体价值的追求去观照人类的现实处境。④

---

① （梁）萧子显撰：《南齐书》第2册，中华书局1972年版，第907页。

② 李建中、吴中胜、褚燕：《中国古代文论诗性特征研究》，武汉大学出版社2007年版，第38页。

③ 王振复：《诗性与思性：中国美学范畴史的时空结构》，《学习与探索》2006年第1期。

④ 胡经之：《文艺美学》，北京大学出版社1999年版，第9页。

这也正是传统文人在生命"相感""相合""相照"中获取的把握之道。随着诗性和思性的互渗，"神"这一把握方式已经渗透到古人的存在方式和栖息方式之中，促使古人去寻求生存之本、发展之根与完善之见。

在对现实的把握中，文学艺术虽有不同的把握方式，经历了从诗性到思性的转变过程，有的在诗性中把握思性，有的则在思性中把握诗性，但不论把握方式有何不同，按其精神本体来说，都是主体之"神"的具体显现。"神"起到阐释与创构的双重作用，不仅成为天人、群己和物我赖以沟通的生命形式，还成为了冲动、神思和才情赖以成文的精神依据。传统文化之开端，古典思想之立基，文艺美学之呈现，最关心的问题都是人的存在、发展和完善，所以说，传统文人尤为重视对生命形式的把握、生命活力的跃动与生命精神的回归。"神"为沟通自然、生命及艺术而存在，既源于对感性生命的肯定和理解，也源于对理性生命的接纳与反思。

因为有"神"的存在，文学艺术才得以发挥出"生命之喻"(明镜之喻)的作用，使传统古人从中照见现实把握、形体生存和心灵栖息诸方面的"异化"问题。这一自由的把握方式也促成了传统文论中生命美学的阐释取向，既致力于生命本源的探索，也致力于生命结构的会通，充溢着想象、理解和情感，弥漫着趣味、观念和理想。通过这一自由的把握方式，古人在认识生命观念的同时，也认识到文学艺术所反映的"内宇宙之妙"和"外宇宙之游"。所以说，"神"既充盈于审美主体，亦积淀于审美客体，既流通于现实世界，亦弥漫于观念世界，"有了它，作品才可感人；有了它，主体才能欣赏，才有美感共同性的存在，才有作品流传之不朽"①。从把握方式上来说，中国传统文论中"神"成为自然、生命及文艺的精神本源，在功利欲望和生理快感中促使古人试着去面对或解决肉体生存问题和灵魂栖息问题。

---

① 于民：《气化谐和——中国古典审美意识的独特发展》，东北师范大学出版社1990年版，第11页。

第二节　本真的生存方式

在中国传统文论中，“神”是对生命存在、思维存在及情感存在的诠释与澄明，对确立文学艺术的存在方式是很有裨益的。在传统文人看来，人是一种特殊存在，生于天地之间，感于阴阳之测，方有人与世界的本体(生命本体、精神本体和情感本体)；通于神气之会，游于心物之合，方有人与世界的存在(生命存在、思维存在和情感存在)。主体之“神”促成了人与世界的亲和力、感召力和生命力，人不能脱离世界而存在，世界也不能脱离人而建构。恰如德国学者海德格尔《艺术作品的本源》所说：

> 世界绝不是立身于我们面前、能够让我们细细打量的对象。只要诞生与死亡、祝福与诅咒的轨道不断地使我们进入存在，世界就始终是非对象性的东西，而我们人始终隶属于它。①

在感性与理性、有限与无限、现象与本体之间，虽然有某种程度的对立、冲突和断裂，但是却不影响人与世界的交感、互渗和融会。世界是人的世界，文学艺术是对主体之“神”的显现和映照。从存在方式上来说，“神”的体验性、超越性及自由性，使传统文人从日常生活的琐屑卑微状态中解放出来，直面灵肉存在的现实处境，跳出感性羁绊与理性窠臼，体味自然存在与生命本真，追索本体价值与存在意义。② 只有“心内世界”与“体外世界”相统一，“人的存在”与“世界存在”相统一，才是自然生命、精神生命及艺术生命的存在之道。人对世界的诗性阐释与思性创构，对存在意义的体悟，唯有在生命亲证、心灵澄明的“神”

---

① [德]海德格尔：《林中路》，孙周兴译，商务印书馆 2015 年版，第 33 页。
② 胡经之：《文艺美学》，北京大学出版社 1999 年版，第 21 页。

之境中方能实现。

海德格尔在《在通向语言的途中》一书中说：

> 一切凝神之思都是诗，而一切诗都是思。①

从存在方式上来看，出于主体之"神"的文学艺术是一种特殊存在，文学艺术"从来不是低吟浅唱，也绝非单纯的时代传声筒"，"从来不是纯粹感官娱乐，也并非与哲思无缘"②。在中国传统文论中，文学艺术出于生命主体之"神"的交感、互渗和融会，既是诗性与思性的会通，也是阐释与创构的统一，亦是自然与生命的融合。"神"对生命体验的映射与立言，不仅使人的本体价值得以实现，还使人的存在意义得以显现。唯有拥抱"神"、体悟"神"、感受"神"，才能在文学艺术中涵容生命、精神与情感，熔铸冲突、痛苦与焦虑。"神"这一观念既使人从容进入文学、艺术的精神世界，又使人真正进入诗性、思性的生命空间，从而具有"同感""同情""同心"的精神担当。如以此来认识文学艺术，便能有效地跨域语言、形象及意蕴的阻隔，带来一种自由、开放和流动的存在方式。在文本世界中，"语言"用于塑造形象、传递意蕴，有着"澄明""遮蔽"的双重属性，不仅组成了人存在的"精神家园"，还构成了人存在的"精神牢笼"。语言具有"通畅""滞隔"的向度，那么文学艺术何以成为人的特殊存在方式？在通向语言的途中，主体之"神"表现为"诗性的思化"与"思性的诗化"，促使人在文本结构（语言、形象和意蕴）中进入清朗、澄明及敞亮的极致之境。

> 诗人杜甫形容诗的最高境界说："精微穿溟涬，飞动摧霹雳。"（夜听许十一诵诗爱而有作）前句是写沉冥中的探索，透进造化的精

① ［德］海德格尔：《在通向语言的途中》，孙周兴译，商务印书馆 2004 年版，第 270 页。

② 胡经之：《文艺美学》，北京大学出版社 1999 年版，第 17 页。

微的机缄，后句是指着大气盘旋的创造，具象而成飞舞。深沉的静照是飞动的活力的源泉。反过来说，也只有活跃的具体的生命舞姿、音乐的韵律、艺术的形象，才能使静照中的“道”具体化、肉身化。①

古人创构“神”这一观念，既旨在感悟生命的精神，也旨在唤醒生命的力量；既旨在挣脱生命的牢笼，也旨在构建生命的家园，走向诗意的人生与世界。如宗白华先生转引荷尔德林的诗句：

谁沉冥到，那无边际的“深”，将热爱着，这最生动的“生”。②

中国古典美学就是“生命本体”体悟“神”的过程。这里的“深”是“神”的静相，“生”是“神”的动相。在传统文论中，“神”具象于文本语境，表象于文本结构，抽象于文本生产。谁能触及“神”的本真生存，谁就能感受文学艺术的形象和生命，谁就能省悟人生、世界的深变和灵魂。通向“神”的途中，既蕴有社会人生的价值与意义，也蕴有文学艺术的本真与本相。

黄帝游乎赤水之北，登乎昆仑之丘而南望，还归，遗其玄珠。使知索之而不得，使离朱索之而不得，使喫诟索之而不得也。乃使象罔，象罔得之。③

从生存方式上来说，古人对“神”的沉潜与运思，既激活了己身的精神世界，也开启了笔下的文本世界；既使本真得以回归，也使本相得以显现。如董其昌《画禅室随笔》说：

---

① 宗白华：《美学散步》，上海人民出版社 1981 年版，第 80 页。
② 宗白华：《美学散步》，上海人民出版社 1981 年版，第 80~81 页。
③ （清）郭庆藩撰，王孝鱼点校：《庄子集释》中册，中华书局 2012 年版，第 419 页。

> 大都诗以山川为境，山川亦以诗为境。名山遇赋客，何异士遇知己？
>
> 以蹊径之怪奇论，则画不如山水；以笔墨之精妙论，则山水决不如画。①

于是，吟咏情性、流连光景的文艺作品成为一种特殊存在，使人具有自由出入感性生命和理性生命的可能，在有限中追索无限，在刹那间把握永恒。在古人的阐释取向中，"神"是一种特殊的观念，并以此言说文学艺术：

> 既有对主体精神、个性和艺术风格的肯定，又有对于语言组合和作品展开方式的特殊要求。②

传统文人以"神"追索文学艺术的精神世界，对"神"的去蔽、亲证及澄明，使作品摆脱感性羁绊与理性窠臼，成为他们把握世界、认识自己的一种特殊的方式，既在于揭示人生与世界的统一，也在于揭示诗性与思性的会通，亦在于揭示历史与生命的交响。所以说，拥抱"神"、体悟"神"、感受"神"，文学艺术不再是"体外世界"的操作活动(搭配、组合和映衬)，而成为"心内世界"的赋予活动(体悟、阐释和创构)。

传统文论中的"神"并非虚无缥缈、不可把握的存在，而是隐于"语言"(声调、音节及字句)中，表现为"文类的交互关涉"③。文学艺术是

---

① (明)董其昌著，印晓峰点校：《画禅室随笔》，华东师范大学出版社2012年版，第115、129页。

② 涂光社：《原创在气》，百花洲文艺出版社2001年版，第136页。

③ 陈引驰：《"文"学的声音：古代文章与文章学中声音问题略说》，《文艺理论研究》2012年第5期。

对“语言”的体悟、阐释及创构，“千淘万漉虽辛苦，吹尽狂沙始到金”①，始于语言、终于语言的精神追索，就是对“神”的观照、亲证和澄明。如果说“情深而文明”是对生存状态的显现，那么“气盛而化神”就是对生存状态的言说。在“神”的阐释取向中，文学艺术是始于“神”、终于“神”的存在，因“语言”而立意、构思、创作。如海德格尔《荷尔德林和诗的本质》说：

惟语言才提供出一种置身于存在者之敞开状态中间的可能性。惟有语言处，才有世界。②

所以说，“语言”的存在就是“精神”的存在，既是人存在的“精神家园”，也是人存在的“精神牢笼”，成为我们理解“神”的基础环节。这种特殊的存在方式，既有“优游玩味”的索解之道，也有“缀字属篇”的练择之法。

大抵读书须是虚心平气，优游玩味，徐观圣贤立言本意所向如何，然后随其远近浅深、轻重缓急而为之说。③

是以缀字属篇，必须练择：一避诡异，二省联边，三权重出，四调单复。④

如此，“神”的阐释取向便具有丰富的可能性和可行性，不仅有想象、

---

① （唐）刘禹锡著，瞿蜕园笺证：《刘禹锡集笺证》中册，上海古籍出版社1989年版，第864页。

② ［德］海德格尔：《荷尔德林诗的阐释》，孙周兴译，商务印书馆2000年版，第40页。

③ 朱杰人等主编：《朱子全书》第22册，上海古籍出版社、安徽教育出版社2002年版，第2149页。

④ （梁）刘勰著，范文澜注：《文心雕龙注》下册，人民文学出版社1958年版，第624页。

理解与情感的存在，还有趣味、观念与理想的存在，亦有把握、生存和栖息的存在。从存在方式上来说，文学艺术的"语言"敞现了主体之"神"的存在空间，以便于我们真正理解"神"的存在领域，从而理解"神"之本身。实际上，我们的一切知识乃是出于"神"的驱遣和抒写，以"心物两端"写"兴象意境"，既有无边际的深寂，又有最生动的活力，然而"神潜于心""神潜于文"(即"智慧")则是不容易被表述清楚的。如俞宣孟《本体论研究》说：

> 从热爱智慧到追求普遍知识，这可能就是智慧本身中包含着的一种命运。……一切知识都是可以明白表述的；智慧则是使知识得到明白表述的条件和保证，它本身是无法被明白表述出来的。所以，我们可以有关于各种事情的知识，却无法有关于智慧的知识。一旦有人号称说出了关于智慧的知识，它充其量只是一种知识，而不是人们想追求的智慧本身。①

在生命观念构造的文本世界中，"语言"是对本真生存的敞现，析而论之，既是阐释的工具，也是阐释的本体。因此，"语言"所在之处，方有人生与世界；"精神"所通之处，方有价值与意义。

文本的"语言"是对"书写"与"批评"的整合。在古人的阐释取向中，从事书写(立意、构思和创作)时，便是存在意义的给出者；从事批评(想象、还原和审美)时，便是存在意义的赋予者。通向"神"的途中，"语言"既是给出者，也是赋予者，"给出""赋予"是相对的，彼此交感(渗透)，构成复杂的阐释取向。无论是存在意义的给出者，还是存在意义的赋予者，皆以"神"的不同阐释方式(得鱼忘筌、得意忘言、舍筏登岸)言说存在的境遇，寻求存在的意义，用艺术活动的形式去肯定人的感性价值，积极回应人的精神焦虑。如此以来，追索、发掘与揭示"神"，便成为"给出者""赋予者"的使命和担当。

---

① 俞宣孟：《本体论研究》，上海人民出版社 2012 年版，第 4 页。

> 艺术活动就其本质而言，不是模仿，而是揭示；不是宣泄，而是去蔽；不是麻痹，而是唤醒；不是功利目的的追逐，而是精神价值的寻觅；不是纯然的感官享受，而是积极的承诺和人类生命意蕴的拓展。①

艺术活动中“通神”“入神”“练神”既是人的存在性的回归，也是人的超越性的建构，亦是人的创造性的激发。沿着“神”的取向，同“音节”联系，同“字句”协调，方能追索人的生命存在，发掘人的生命意义，揭示人的生命价值。

第三节　诗意的栖息方式

传统文论中的“神”是对身体栖息、心灵栖息及精神栖息的憧憬与向往，对确立文学艺术的栖息方式是很有裨益的。于是，以“神”为阐释中心，文学艺术的初心、使命及担当，既是要演绎出人的把握方式，也是要呈现出人的生存方式，亦是要追索出人的栖息方式。从栖息方式上来说，我们的文学艺术出于主体之“神”的驱遣和抒写，既是对人的生命活力的释放，亦是对人的生命精神的张扬；既是对人的诗性踪迹的澄明，亦是对人的思性领域的敞现；既是对人的感性价值的肯定，亦是对人的精神焦虑的回应。随着“神”的阐释转向，回答“何以为人”的栖息问题，就开始摆到创作者与批评者的桌案上，具体表现为“何以为文”“何以为艺”。在生命观念构造的文本世界中，隐于字句、音节、声律之中的“神”的缺席，容易使人产生隔阂和不理解，变得陌生。

如刘勰《文心雕龙·序志》云：

---

① 艺术家作为精神的寻求者，其境遇集中体现了人类的真实境遇：置身于“有”却苦苦地追求着“无”，处在此岸向彼岸超越过渡的漂泊状态之中。见胡经之：《文艺美学》，北京大学出版社1999年版，第18页。

> 唯文章之用，实经典枝条，五礼资之以成，六典因之致用，君臣所以炳焕，军国所以昭明，详其本源，莫非经典。而去圣久远，文体解散，辞人爱奇，言贵浮诡，饰羽尚画，文绣鞶帨，离本弥甚，将遂讹滥。盖《周书》论辞，贵乎体要；尼父陈训，恶乎异端；辞训之异，宜体于要。于是搦笔和墨，乃始论文。①

从阐释取向上来说，文本世界中"神"的缺失，就意味着作品失去赖以存在的真意，失去赖以阐释的基础，失去赖以创构的依据。因为有"神"的存在，文学艺术才成为人的存在的栖息方式，既成为人的憧憬之邦，也成为人的解救之所，亦成为人的生命之光，使人存在的理想范式不断地得到确立与完善。② 因此，中国传统文论中"神"既是融合道艺的理想范式，也是通贯古今的诗意范式，亦是穿越时空的自由范式。

在古人的阐释取向中，"神"这一观念既是人的把握要素，也是人的生存理路，亦是人的栖息踪迹。经典蕴有真意，乃人之诗性；阐释蕴有智慧，乃人之思性。在经典之中，方有"神"的价值；在阐释之中，方有"神"的意义。"文变染乎世情，兴废系乎时序"(《文心雕龙·时序》)，那么，在对经典的解诠过程中，就会有去圣久远、经典不再、意深难疏的情况，此时阐释者对文本之"神理""神韵""神妙"的憧憬与向往，又不免有时空、心境与技法的阻隔。在传统文论中，沿"释字""析理""通义"的阐释路径，吟咏、追寻、体悟那远逝的"神"，就成为文人诠释经典的核心取向。

如海德格尔《林中路》说：

> 作为终有一死者，诗人庄严地吟唱着酒神，追踪着远逝诸神的踪迹，盘桓在诸神的踪迹那里，从而为其终有一死的同类追寻那通

---

① (梁)刘勰著，范文澜注：《文心雕龙注》下册，人民文学出版社 1958 年版，第 726 页。

② 王岳川：《当代美学核心：艺术本体论》，《文学评论》1989 年第 5 期。

达转向的道路。然而，诸神惟在天穹之中才是诸神，天穹乃诸神之神性。这种天穹的要素是神圣者，在其中才还有神性。对于远逝的诸神之到达而言，也即对于神圣者而言，天穹之要素乃是远逝诸神的踪迹。但谁能追寻这种踪迹呢？踪迹往往隐而不显，往往是那几乎不可预料的指示之遗留。在贫困时代里作为诗人意味着：吟唱着去摸索远逝诸神的踪迹。①

这里的“诸神的踪迹”就是中国古人追寻的“神”，摸索远逝的“踪迹”也是在摸索远逝的“真意”。面对经典，何以考察圣贤言论之始，何以探求圣贤言论之终，这种摸索方式成为中国古典阐释（如训、诂、校、笺、注、疏等）的核心取向。在古人的观念中，人既是有限感性的存在，也是有限理性的存在，追踪、探索与研究经典的“神”，自然成为古典阐释的根柢。所以说，经典的阐释，即是对“神理”“神韵”“神妙”的敞现；对“神理”“神韵”“神妙”的追索，即是对经典的重构。在传统文人的精神生活中，无论是辨名析理，还是谈诗论文，亦是品书评画，最终目标都是追索文本世界中的“神”：既根据有限的材料来探寻无限的义理，又根据有限的形式来创造无限的情感，也根据有限的线条来建构无限的图景。

无论是解诠经典，还是演绎经典，自由把握、本真生存与诗意栖息的关键之所在，即在于对“神”的体察、疏通与引导。在阐释过程中，虽然会有“去圣久远”“经典不再”“意深难疏”的情况，但这些情况并非难跳出的深渊，而是有法可依、有理可循的。如刘勰在《文心雕龙·序志》中归纳出“原始表末，释名章义，选文定篇，敷理举统”四种原则，提供追踪、探索和研究的具体方法。

① ［德］海德格尔：《林中路》，孙周兴译，商务印书馆2015年版，第305~306页。

> 若乃论文叙笔，则囿别区分，原始以表末，释名以章义，选文以定篇，敷理以举统。①

在生命观念构造的文本世界中，将"神"落实到实处，以"原始表末，释名章义，选文定篇，敷理举统"为路径，如此，方可建构出"神"的阐释取向，即古人的创作情境、接受语境以及批评心境。在对"神"的追索中，经典文本既有自由把握的取向，也有本真生存的取向，亦有诗意栖息的取向。传统文论中的"神"是对人的存在的言说，既使人的观念有所依凭，也使人的心灵有所澄明，亦使人的精神有所托寄，不失为一种有效的把握方式、存在方式和栖息方式。

从诗意栖息上来说，文学艺术是人的存在的澄明之境，而"神"则是开启澄明之境的密钥。诗意栖居蕴含人对自然、生命及文艺的一种整体的、终极的看法，既是对生存的揭示，又是对生存的敞现，亦是对生存的追求，聚焦人的历史图景、现实处境、可能进路，追问生存的真理、人生意义和价值。

> 艺术本体论只能是艺术存在自身的探讨，这种探讨不可能向科技理性那样向人之外的领域拼命求索，而只能向人的本然处境、人的无限可能性复归。于是，艺术成了我们生存的揭示，成了我们渴望追求和超越的家园。②

于是，从"阐释"出发，触及人的认识；从"精神"出发，复归人的生存；从"存在"出发，通向人的栖息。作为文学艺术的解诠路径，"自由的把握方式""本真的生存方式""诗意的栖息方式"依次构成了传统文人对"神"的理解。所以说，在自然、生命及文艺的建构中，古人对"神"的

---

① (梁)刘勰著，范文澜注：《文心雕龙注》下册，人民文学出版社 1958 年版，第 727 页。

② 王岳川：《当代美学核心：艺术本体论》，《文学评论》1989 年第 5 期。

阐释取向有了全面认识，从探索生命本源走向探索生命存在：惟通彻于“形式”，通汇于“结构”，方能通变于“神”；惟通彻于“音节”，通汇于“字句”，方能通变于“神”；惟通彻于“线条”，通汇于“色彩”，方能通变于“神”。

在中国传统文论中，古人建构出一种可行可望、可游可居的生命场域，在通向“神”的途中，探索“为人”的本体价值与存在意义。无论是作为有限感性的存在，还是作为有限理性的存在，在“通神”之中，方能臻于诗意之妙境；在“入神”之中，方能通于栖息之自由。如陈继儒在《艺苑赘言序》一文中说：

> 余宇宙之赘人也！方其翩翩为儒生也近儒；及其毁冠绅，游戏于佛奴道民之间近二氏；醉卧酒炉，高吟骚坛近放；遇人伦礼乐之事，扪舌屏气，斤斤有度近庄；好谭天文禽道及阴阳兵家言近迂；浪迹山根树林之傍，与野猕瘦猿腾跃上下而不能止近野。①

在传统文人看来，欲洞悉生命场域中“神”的奥秘，既要学会自由的把握，进入生命存在；也要学会本真的生存，敞开生命空间；亦要学会诗意的栖息，拥抱生命精神。如袁中道《赠东奥李封公序》云：

> 古之隐君子，不得志于时，而甘沉冥者，其心超然出尘弢之外矣，而犹必有寄焉然后快。盖其中亦有所不能平，而借所寄者力与之战，仅能胜之而已。或以山水，或以曲蘖，或以著述，或以养生，皆寄也。寄也者，物也。借怡于物，以内畅其性灵者，其力微，所谓寒入火室，暖自外生者也。故隐者贵闻道，闻道则其心休

① （明）陈继儒：《艺苑赘言序》，转自吴承学、李斌：《隐逸与济世——陈眉公与晚明的士风》，《中国文化研究》2005年春之卷。

矣。惟心休而不假物以适者，隐为真隐。①

在对"神"的追索中，从"借怡于物"到"闻道于心"，从"外寄物理"到"内畅性灵"，从"假隐力微"到"真隐自适"，皆有传统文人的诗意栖息方式。在通向"精神"(语言)的途中，作品的生成、传播及嬗变，源于自然、生命及文艺之道的交感、互渗及融合。所以说，中国传统文论中"神"是"隐而不显"的初心、使命及担当。作为历史的见证，"神"惟有入于其中，出于其外，方是人的自由把握；作为人生的寄托，"神"惟有不假于物，融化于道，方是人的本真生存；作为世界的反映，"神"惟有知命而为，无往不适，方是人的诗意栖息。

在传统文人对"神"的理解中，"神"既有自由把握的向度，也有本真生存的向度，亦有诗意栖息的向度，促使文学艺术建构出"人化"的思维方式与审美方式。惟有主体之"神"，方能在生命观念构造的文本世界中呈现出诗意栖息的心灵空间，建构出诗意生存的精神世界，演绎出诗意把握的理想境界。从诗意栖息上来说，"神"直接作用于人的存在，既是生命的交感，也是心灵的对话，亦是精神的会通。如巴金先生说：

人为什么需要文学？需要它来扫除我们心灵上的尘垢，需要它给我们带来希望，带来勇气，带来力量。②

在中国传统文论中，文学艺术之所以具有诗意栖息的独特性，是因为"神"的创生与传达，培育出激荡与融合的生命观念。"神"(价值、真理、意义)是自我认识、灵魂唤醒的本真生命活动，是人的一种寻求生

---

① (明)袁中道著，钱伯城点校：《珂雪斋集》上册，上海古籍出版社1989年版，第423页。

② 巴金：《我为什么写作》，《巴金全集》第19卷，人民文学出版社1993年版，第390页。

命意义和自我审美生成的过程，是人的一种生命超越形式。① 所以说，我们熟知的文学艺术绝非仅仅是一种入世方式，或一种避世手段，抑或一种出世行为。凡是有“神”的存在，就有文学艺术的“骨骼”（生命形式），就有文学艺术的“筋络”（生命活力），就有文学艺术的“血肉”（生命精神）。从对“神”的追索来看，这一概念融合了“入世”“避世”“出世”的取向，既有对价值与意义的回溯，也有对诗性与思性的复归，亦有对情态与体验的追寻。“神”既影响着传统文人的思维方式，也维系着传统文人的审美方式，亦决定着传统文人的阐释方式。

① 胡经之：《文艺美学》，北京大学出版社 1999 年版，第 411 页。

第十章　降格：“神”的语言困境

在传统文论中，“神”包蕴丰富的内涵和海量的信息，用文学性的话说是“一月普现一切水，一切水月一月摄”，也就是《庄子·天下》篇所讲的“其备乎”。① “神”这一思想观念的形成和发展反映了传统文人对创作规律与创作思维的深化，对审美经验与审美体验的注重，对本体价值与存在意义的突出。由“崇神”“尚神”而“通神”的历史过程，再现了中国古代文艺思想在原点处即通于一种“气化流行，生生不息”的生命美学观念。在传统知识图景中，“神”既是对宇宙本原及秩序的思考，也是对生命本质及意识的肯定，亦是对艺术精神及追求的弘扬。在传统与现代之间，“神”这一概念的“现代遭际”②发生新变，其活力、效力及魅力有所降低，从不断生成的批评话语变为普通意义的形容词，不再致力于自然、生命及艺术之道的会通与平衡。

在传统知识图景中，“神”既是对“义理”“考据”“辞章”的整合与阐扬，也是对“音节”“字句”“章法”的诠释与体认，亦是对“想象”“直觉”“灵感”的捕捉与把握。作为整一的思想传统，“神”是阴阳激荡的结果，其语义生成乃是一个历史过程，“崇神”“尚神”而“通神”，既有“情深而文明”的价值取向，也有“气盛而化神”的价值取向。所以，理解“神”的价值取向，要避免陷入“偏正式”的现代困境，切勿将“神”与其他文

---

① 李建中主编：《中国文化：元典与要义》，北京师范大学出版社 2016 年版，前言第 6~7 页。

② 党圣元：《在传统与现代之间——古代文论的现代遭际》，山东教育出版社 2009 年版，第 1 页。

论概念（如“气”）理解成修饰与被修饰的构词关系。以“神气”为例，把“神气”作定中短语，“神”为定语，“气”为主语，那就会降低、弱化“神”的层级，以及抬高、强化“气”的观念。在这种降格中，“神”居于低位，“气”居于高位，既遮蔽了“神”的思想传统，也割裂了“神”的话语体系，亦搁置了“神”的价值取向。在“神”“气”之间，我们有必要从“语力”“语义”“语用”等方面，来检视与反思“神”的语言困境。

第一节 语力弱化：名实不副

在传统文论中，“神”既是对天人关系的审视，也是对群己关系的探索，亦是对身心关系的建构。面对“神”的现代遭际，特别是在“神”与其他文论概念的同构中，如何厘定“神”的概念与范围，激活“神”的结构与功能，以及完善“神”的理念与标准，这些都是值得我们深思的问题。

如《韩非子·扬权》云：

> 用一之道，以名为首。名正物定，名倚物徙。故圣人执一以静，使名自命，令事自定。①

所以说，检视和反思“神”的现代困境，就是对“神”的正名和重构，既绕不开对艺术形式和审美意蕴的阐述，也绕不开对文本结构和审美要素的揭示，亦离不开对艺术批评和审美批评的探讨。此外，“神”又是师古的核心取向，更须对此进行正名，使之名实相副。

> 王者制礼，是曰规模，规模之兴，实由师古。师古之道，必也

---

① （清）王先慎撰，钟哲点校：《韩非子集解》，中华书局2013年版，第45页。

> 正名，名之与实，故当相副。①

于是，我们探讨"神"一词的语力弱化，须追溯至桐城派古文理论。"神"是方苞、刘大櫆、姚鼐、方东树等古文家对"言有物""言有序"②"言有情""言有理"的体悟和揣摩，并在此基础上建构出系统的古文理论。在桐城派文论的知识图景中，"神"是对"义理""考据""辞章"的整合与阐扬，在其语力弱化中，"神"遭遇到"气"的遮蔽，名实不相副，义理不相证，在语言张力上有力不从心之感。

如姚鼐《述庵文钞序》云：

> 学问之事，有三端焉：曰义理也，考证也，文章也。是三者苟善用之，则皆足以相济；苟不善用之，则或至于相害。今夫博学强识而善言德行者，固文之贵也；寡闻而浅识者，固文之陋也。然而世有言义理之过者，其辞芜杂俚近，如语录而不文；为考证之过者，至繁碎缴绕，而语不可了当，以为文之至美，而反以为病者何哉？其故由于自喜之太过而智昧于所当择也。③

显然，如果在"义理""考证""文章"之中缺少"神"的存在，文学艺术就会产生陋病。考察自然、生命及文艺之道，须有"明道致用""宗经师古""名实相副"的义理取向。其中"义理"指审美意蕴与艺术形式的理论思维，既是问道门径，也是治学门径。

如冯天瑜先生指出：

---

① （后晋）刘昫等撰：《旧唐书》第10册，中华书局1975年版，第3146页。

② （清）方苞著，刘季高校点：《方苞集》上册，上海古籍出版社1983年版，第58页。

③ （清）姚鼐著，刘季高标校：《惜抱轩诗文集》，上海古籍出版社1992年版，第61页。

> 如果用现代的思路来谈的话，义理就是理论。理论思维是一个做学问的人、一个以人文科学为自己研究对象的学人所必须要下功夫的方面。①

由此可见，中国传统文论中“义理”既是研究对象，也是研究方法。所以说，面对“神”的语力弱化，我们有必要从“义理”角度来剖析“神”的名称、名分及名义，辨正“神”的准则、经义及名理。

以“神气”一词为例，在桐城派文学思想中，“神”“气”具有较高的价值取向，既是对生命精神的呈现，也是对审美意蕴的呈现，包括气质个性、情感意绪和道德修养等。

> 与日常生活中的显现方式相比，艺术对神气的显现具有更集中、更本质而且更美的特点。文学则是以语言显现神气的艺术，但语言的逻辑形式只能显现理性内涵，作为审美意蕴的神气，要靠语言的艺术形式来显现。②

这说明，“神气”能以不同方式表现出来，既可以表现为哭、笑、怒、愁等面部表情，也可以表现为坐立、行走、手舞、足蹈等身体动作，还可以表现为歌唱、吟诗、作赋等艺术活动。此外，姚鼐在刘大櫆的基础上，又进一步充实了“神”的审美意蕴。

> 凡文之体类十三，而所以为文者八，曰：神、理、气、味、格、律、声、色。神、理、气、味者，文之精也；格、律、声、色者，文之粗也。然苟舍其粗，则精者亦胡以寓焉？学者之于古人，

---

① 冯天瑜：《治学三门径：义理、考据、辞章》，《人文杂志》2018年第4期。
② 赵建章：《桐城派文学思想研究》，北京图书馆出版社2003年版，第107~108页。

必始而遇其粗，中而遇其精，终则御其精者而遗其粗者。①

然而，自曹丕提出“文以气为主”以来，“文气”成为文学艺术的核心要素，在语力上与“神气”产生纠缠，呈现出“神”“气”的高低降。在“神”的价值建构中，既有以“文”类推“神”的取向，也有以“神”比附“气”的取向，“神”遭遇到“气”的抑制与削弱，键闭了“神”的价值取向。因为“文气”是典型的偏正结构，“文”是对“气”的修饰和限定，所以“文气”是对“气”的价值建构，这是毫无疑问的。如果把这种方式用在“神”一词上，“神”为定语，“气”为主语，那么会弱化“神”的义理，使之淹没于“气”的语言张力之下。

为迎合传统的“文气”论，这种方式弱化了“神”的语力，不断从生命精神向下游移，有降低“神”以调和的情况；这种方式强化了“气”的语力，不断从气质个性向上提升，有抬高“气”以适应的情况，将“神”视为“文气”的体系之一。根据“神”的审美发生和历史风貌，这一诗性概念是“神”“气”会通的结果，既有“气”的在场，也有“神”的参与，“行神如空，行气如虹”，显然不能仅凭“气”的语力来判断“神气”的价值取向，甚至是不能通过“气”来主导“神”的价值取向。也就是说，“文气”论的构词经验不适于“神”，虽有一些文论概念(如“才气”“体气”“生气”等)适合这种方式，但不代表“神”也能套用。实际上，“神”这一诗性概念“自有一番义理，自有一番分别”②，要避免以“神”之名而行“气”之实。

在中国传统语境中，“气”多运用于生命体验、精神思考及美学追求，从道德规范到精神信仰，从生命活力到审美理想，从主体素养到艺术技巧，仿佛一切事物都是“气”的营构。这种“尚气”心态，影响到一

① (清)姚鼐纂集，胡士明、李祚唐标校：《古文辞类纂》，上海古籍出版社1998年版，序目第19页。

② 钱穆：《中国史学发微》，《钱宾四先生全集》第32册，台湾联经出版事业公司1998年版，第47页。

些现代学者对“神”的解读，认为“神”是“气”的辅助成分，在理解“文气”“神气”等概念时，格外强调“气”的活跃性、亲和性及聚合性，弱化了“神”的主体性、极致性及情感性。从发生基础来看，“文气”是“气”在“文”中的充盈、弥漫及流通，“神气”是“神”“气”的交感、互渗及谐和。

如按“文气”的经验来疏通“神”的义理，就会导致“神”向下游移，居于低位，“气”向上提升，居于高位，出现“神”的降格。这种降格是语力上的削足适履，以“神气”之名而行“文气”之实，既遮蔽了“神”“气”会通的思想传统，也割裂了“神”“气”融通的话语体系，亦搁置了“神”“气”变通的价值取向。因为“文气”论的抑制与削弱，将“神”键闭为“作品之气”“作者之气”，使之丧失“神”“气”同构的义理基础。在传统与现代之间，就“神”的现代遭际而言，无论是不顾思想传统的过度改造，还是不顾话语体系的过度吸纳，抑或不顾价值取向的过度同化，最终都使得“神”在面对“气”时有力不从心之感。从语言张力上来说，“神”“气”之间的纠缠，使得“神”既有义理的交叉，亦有义理的分离；既有亦有义理的重叠，亦有义理的错位；既有义理的并行，亦有义理的冲突。

随着中国古典文气论的盛行，举凡诗文、书画、音乐、戏曲诸艺，莫不以“文气”为尺度，不仅是对文艺鉴赏和批评出发点的规定，还是对文艺创作和价值生成点的明确要求。① 在这种情况下，“神”面临“气”的同化，陷入语力弱化的困境，既有“文”对“神”的牵制，也有“气”对“神”的束缚，将“神”键闭为“气”的附属概念。随着二者语力的此消彼长，“文气”削弱了“神气”的义理基础，降低了“神气”的话语强度，从而使“神”陷入语力弱化的境地。虽有“神气”之名，而无“神气”之义；虽有“神气”之事，而无“神气”之理，即“维鹊有巢，维鸠居之”（《诗经·召南·鹊巢》）。在“文气”论的影响下，“神”陷入弱势境地，

① 涂光社：《原创在气》，百花洲文艺出版社 2001 年版，第 98 页。

渐锁于"言"，而渐泛于"意"；渐趋于"气"，渐远于"神"。就"神气"而言，在取法"文气"的过程中，既有降低"神"以适应的情况，也有抬高"气"以调和的情况。一些学者搁置"神气"的本来面目(即"神""气"融合)，转向"文气"论的构词经验(即"气"单向建构)，由"双轨"转为"单轨"，导致了"神"的义理倒置。

如陈钟凡先生说：

> 言学术者必先陈其义界，方能识其旨归。①

如郭绍虞先生认为：

> 研究文学批评史者，首先的难题，就要辨析这些抽象名词的义界，不使它迷糊，亦不使它混淆。②

所以，我们欲识"神"之旨归，须先陈其语义之边界。在"神""气"之间，惟有厘定"神"的义理，方能为之重塑语力；惟有激活"神"的义理，方能为之重铸语义；惟有完善"神"的义理，方能为之重构语用。

在现代学术语境中，"神"面临"文气"的抑制与削弱，我们重塑、重铸及重构"神"的价值取向，须避免"文气"论的构词经验，从单向建构转为整体建构。"文气""神气"不具有相同的义理基础，虽都有一部分"气"的取向，但却在二者之语力上有不同反映。"文气"弱化了"神"的语力，强化了"气"的语力；"神气"是对"神""气"的会通、融通及变通。如果以"文气"论的阐释经验来疏通"神"的义理，以"神气"之名，行"文气"之实，难免会出现误读、误解及误判现象。这种策略无疑遮蔽了"神"的思想传统，割裂了"神"的话语体系，搁置了"神"的价值取

① 陈钟凡：《中国文学批评史》，江苏文艺出版社2008年版，第1页。

② 郭绍虞：《照隅室古典文学论集》上册，上海古籍出版社1983年版，第46页。

向。以“神气”一词为例，无论是由“气”起主导作用，还是由“神”起主导作用，最终都会表现为语力上的弱化，从而陷入单向建构的困境。在传统与现代之间，随着古典“文气”论的盛行，“神”遭遇的语力弱化，既是“气”“神”角力的结果，也是“言”“意”碰撞的结果，亦是“诗”“文”交融的结果。

面对“气”“神”之间的相互纠缠，无论是揭示在语力上的弱化，还是描述在语义上的曲解，抑或敞现在语用上的背离，最终都会转化为价值立场、价值态度及价值倾向等一系列问题。于是，为能有效证明“神”的独立性与自主性，我们既要确立“神”的历史风貌，也要追索“神”的审美发生；既要建构“神”的理想范式，也要阐扬“神”的价值取向。因此，对“神”作观念史的考察，理应寻找厘定、激活及完善“神”的可能性和可行性：不论是以“气”来激发“神”的潜能，还是以“神”来引导“气”的活力；不论是以“气”来检测“神”的误读，还是以“神”来校正“气”的偏颇。

第二节　语义曲解：概念空转

面对曲解的“神”这一观念，何以正本清源，惟有利用材料考据出“神”的语义，方能最大程度地发挥“神”的语义。

> 做学问，首先应该占有材料、辨析材料，然后才谈得上有理论分析。没有材料的话，理论和文章都是空的。①

对“神”要作观念史的考察，回到批评的原点，确立“神”的历史风貌，追索“神”的审美发生，建构“神”的理想范式，阐扬“神”的价值取向。面对“神”“气”之间的语义曲解，既要利用“神”所属的文论材料，也要

① 冯天瑜：《治学三门径：义理、考据、辞章》，《人文杂志》2018 年第 4 期。

利用"气"所属的文论材料，将二者统一于"神"的语义场。为证明"神"的独立性与自主性，须从材料出发，让材料说话，避免"理论的空转"①，避免对语义的曲解。从价值取向上来说，"神"这一文论概念"兼具对象与方法之双重内涵"②，既有研究对象的价值取向，也有研究方法的价值取向。

(明)唐寅《听琴图》

在古人看来，没有文本作基础，"神"将无所寄寓；没有"神"作支撑，文本将无所聚合。然而，在现代语境中，一些学者对"神"的理解

① 当理论拥有足够的积累之后，隐藏在概念与命题内部的思辨引擎开始启动。这时，诱发理论的初始动因逐渐退隐，支持理论持续飞翔的动力可能是智慧、学识、争辩的激情、学科逻辑、荣誉或者道德使命；理论与现实之间的联系逐渐模糊，术语、公式、特殊的知识背景构成了愈来愈强烈的专业风格。或许很难简单地评估，这是理论的飞跃，还是理论的空转？见南帆：《南帆文集》第8册，福建教育出版社2017年版，第457页。

② 李建中：《关键词研究开启中华文化现代意义世界》，《中国社会科学报》2014年6月4日。

和接受，着重于其形式和结构，将“神”键闭成为“气”的附属概念，忽略了“神”的思想和方法。如此，“神”陷入曲解困境，与“气”纠缠在一起，丧失了独立自主的语言空间。从语义上来说，破除高低降格的困境，既是厘定、激活及完善“神”的前提，也是会通、融通及变通“神”的目的。面对“神”的语义曲解，既可以通过开启“神”的意义世界，激活其生命力；也可以通过叩问“神”的思想世界，激荡其震撼力；亦可以通过探索“神”的精神世界，激发其穿透力。在古人的生命观念中，“形”“气”“神”一体，由“形”入“气”，由“气”入“神”，则须“气”作为中间环节，连接“形”“神”，古人正是这样看待自然、生命及文艺之道的。

> 要由形入神，就必须物皆有神。中国古人正是这样看待世界的。在他们的观念中，物并不是、至少不仅仅是一个质实的团块、一个界限分明的实体，而是一个有着由表及里、由实入虚的丰富层次的存在。这个由实到虚的层次，就是形、象、气、神。这其实是一种独特的自然观。①

对“神”作观念史的考察，这一概念折射出古人对创作规律与创作思维的深化，对审美经验与审美体验的注重，对本体价值与存在意义的突出。这种结构层次既是“形”“气”“神”的统一，又是“言”“象”“意”的统一。这种结构观为证明“神”的独立性与自主性，指引了新思路，提供了新方案：不能只抓着这个概念不放，应在“言”“象”“意”的基础上，建构出“形”“气”“神”的价值取向。在传统文人看来，诗文书画诸类源于生命精神的建构，既有“著乎外”的“形”，也有“蕴乎内”的“气”，亦有“形气交感”的“神”。

---

① 成复旺：《神与物游：中国传统审美之路》，山东人民出版社2007年版，第23页。

> 自古诗人养气，各有主焉。蕴乎内，著乎外，其隐见异同，人莫之辨也。熟读初唐、盛唐诸家所作，有雄浑如大海奔涛，秀拔如孤峰峭壁，壮丽如层楼叠阁，古雅如瑶瑟朱弦，老健如朔漠横雕，清逸如九皋鸣鹤，明净如乱山积雪，高远如长空片云，芳润如露蕙春兰，奇绝如鲸波蜃气，此见诸家所养之不同也。学者能集众长合而为一，若易牙以五味调和，则为全味矣。①

实际上，"神"指精粹、精微及精诚的内在元素，充盈于审美主体，弥漫于审美客体，流通于审美创造，其语义要远超于"气"。"神"是更为高级的概念，更为纯粹的元素，更富有创造性的存在。通过读书、练笔、体验、观察等手段，大有可能养得"气"，"神"是可遇不可求的理想状态。

从语义结构上来说，"神"之所以遭遇困境，主要源于"文气"论的抑制与削弱，使"神"向下游移，使"气"向上抬升，从而遮盖了"神"的独立性与自主性。在"文气""神气"之间，"文气"是"气"在"文"中的建构，而"神气"是"神"与"气"的会通。在现代学术语境中，无论是以"言"的形式来比附"意"，还是以"气"的经验来同化"神"，最终都会使"神"键闭成为"文气"论的附属概念。"神气""文气"纠缠在一起，以至于"神"陷入困境，在语义上失去独立性与自主性，无法面对"文气"所带来的降格危机。如李重华《贞一斋诗说》云：

> 词之妙，神气备而词从之也。若神气索而翦词求工，特貌似而实非其真。故古人命意以遣词，非因词以造意也。②

在此，"神气"的语义弱于"文气"，移植了后者的构词经验，从"神"

---

① 丁福保辑：《历代诗话续编》下册，中华书局1983年版，第1180页。

② 丁福保辑：《清诗话》下册，上海古籍出版社2015年版，第956页。

"气"同构简化为"气"的单向建构。既有对"形"的效仿，对"气"的追逐，保证了共性，摒除了个性；也有对"言"的求工，对"象"的求似，顾及了局部，忽略了整体。传统文论中的"神"是诗文之妙，是性情之真，既有由言入象、由象入意的取向；也有由形入气、由气入神的取向。

如沈德潜《东隅兄诗序》云：

> 从来读古人书者，贵乎知人论世。而古人之书，必有不可腐坏澌灭者，使人据以为知人论世之实。……苟其人无君形者存，而断断焉求工于章句，彼其所求者，非必不工也，然欲使后世读其书想见其为人，吾恐性情面目隐而不见也久矣。①

然而，在现代学术语境中，"神"深受"文气"的影响，植入了"气"论的构词经验，以"气"为主，以"神"为辅，降格为"言意"问题，简化为"形象"问题。

"崇气""尚气"等观念，使得"形""象""言""意"等一系列文论概念，围绕"气"不断生成、发展及完善，形成众星拱月般的理论格局。"气"被认为是最高、最深、最妙的元素，其余元素是"气"的衍生品、派生品。这种观念影响到现代学者对"神"的理解和接受，往往以"文气"论的阐释经验来疏通"神"的义理，既以"形"作结构之始，也以"气"作结构之终；既以"言"作层次之初，也以"意"作层次之末。于是，"神"这一文论概念降为"言意"问题，化为"形象"问题。显然，这种降格是对"神"语义的曲解，实际上，在"气"的背后，还有更理想、更极致的审美追求，那就是阴阳不测的"神"。在中国传统文论语境中，"气"介于"形""神"之间，既不是外在形体，也不是内在灵魂；既不是

---

① （清）沈德潜著，潘务正、李言校点：《沈德潜诗文集》第3册，人民文学出版社2011年版，第1337页。

浅层语言，也不是深层意义，而是起到了重要的中转作用。

如刘熙载《艺概·书概》云：

> 学书通于学仙，练神最上，练气次之，练形又次之。书贵入神，而神有我神、他神之别。入他神者，我化为古也；入我神者，古化为我也。①

这说明，"练气"是中等程度的境致，处于"练形""练神"之间，协调二者之关系，既可承上启下，又可沟通内外。在"练形""练气""练神"中，唯有"练神"才是最高、最深及最妙的存在，由此"入神""通神"。"神"的地位、意义及重要性不言而喻。如果我们把"神"当作"气"的附属概念，对"气"的关注远大于"形"，对"气"的热情远高于"神"，那么就会导致"神"的高低降格，以至于陷入语力弱化、语义曲解及语用背离的困境。所以说，我们理解"神韵""神理""神妙""神气"等概念，决不能照搬"文气"论的阐释经验，不能以"偏正结构"来解诠"神"，须从会通层面来证明其独立性和自主性。

"神气""文气"之所以纠缠在一起，主要是"神""气"有时实在难以分清。如苏轼《上刘侍读书》云：

> 天下之所少者，非才也。才满于天下，而事不立。天下之所少者，非才也，气也。何谓气？曰：是不可名者也。若有鬼神焉而阴相之。今夫事之利害，计之得失，天下之能者，举知之而不能办。②

---

① （清）刘熙载著，袁津琥校注：《艺概注稿》下册，中华书局2009年版，第809~810页。

② （宋）苏轼著，孔凡礼点校：《苏轼文集》第4册，中华书局1986年版，第1386~1387页。

又如李重华《贞一斋诗说》云：

> 夫神妙物于不知，气入物于无间，固各有当也。诗之宗莫若李、杜。杜生气远出，而总以神行其间；李神采飞动，而皆以浩气举之。是两人得之于天，各擅其长矣。惟夫杜之妙，神行而气亦行；李之妙，气到而神亦到，此其所以未易优劣尔。若历代名家，或凝神以发英，或振气以舒秀，尤了然可指者。诗之尤贵神也，惟其意在言外也；若气，则凡为文无不贵之，岂独诗然乎哉？①

由此可见，在中国传统文论中，“神”“气”相近，难以名状，各有所贵，诗贵于“神”，文贵于“气”。“神”所遭遇的困境，还有“诗文之辨”的影响，“以文论诗”“以诗为文”等阐释取向，强化了“以气论神”“以神为气”的审美观念，更是加剧了“神”在语义上的困境。“气”较为显露，容易感知；“神”较为幽隐，只能意会。

在现代学术语境中，一些学者追索文本意蕴时，聚焦于显露的“气”，忽略了幽隐的“神”，仅凭“气”来承担“神”的语义，从而键闭了“神”的价值取向。从语义上来说，显露之“气”是幽隐之“神”的具体元素，并非是唯一的要素，“神”这一概念尚有独立、自主的语义取向。如此以来，“神”便与“气”纠缠在一起，陷入语义曲解的困境，相当于变相移植了“文气”论的阐释经验。如从“文气”论角度来解读“神”的价值取向，则难免会把“神”误认为“气”的附属概念，在语义上有“只见树木，不见森林”之感，着力凸显“气”的活跃性、亲和性及聚合性，弱化了“神”的主体性、极致性及情感性。我们不能凭“文气”论的阐释经验来判断“神”的价值取向，或仅凭“神”的部分语义来断定这一概念的构词方式。面对“神”的现代遭际，既要在语义上揭示其独立性与自主性，也要在语义上敞现其思想性与方法性。

---

① 丁福保辑：《清诗话》下册，上海古籍出版社 2015 年版，第 956 页。

第三节 语用背离：观念移位

面对日益疏远的"通神""入神""练神"传统，我们何以恢复"神"的具体语用，既是体认"神"的理路，也是诠释"神"的旨归，亦是阐扬"神"的导向。在"文气"论的影响下，"神韵""神理""神妙""神气"等文论概念羁锁于"气"，远泛于"神"，引发了对"神"的语力弱化、语义曲解及语用背离等现象。对于"神"之现代遭际而言，无论是语力上的弱化，还是语义上的曲解，须在语用中揭示、反思及探索。

> 义理、考据还是要通过"妙手著文章"，也就是有好的文章才能传播开来，才能成为一种学术的精品。①

所以说，为能有效证明"神"的独立性和自主性，须从具体语用出发，再回到具体语用，将"神"融合到语用情境中，使"神"有所依托、有所寄寓。在传统与现代之间，由于"文气"论的抑制和削弱，现代语境中的"神"陷入语用上的困境，从不断生成、极富自由的批评话语变为日常的、普通的汉语词汇，甚至出现意涵背离、断裂的情况。

如果我们把"神"视为"文气"的附属概念，就会在两者之间造成相当程度的混乱(如关系模糊、话语失衡、路径错位)，既有对语力的误判，也有对语义的误解，亦有对语用的误读。如此以来，"神"转向"文气"论的阐释经验，"神韵""神理""神妙""神气"等概念着力凸显"气"的价值取向，搁置了原本独立、自主的价值取向，既背离了"神"的历史形态，也疏远了"神"的审美体验，亦肢解了"神"的理想范式。那么，在文学艺术中，应如何恢复"神"的具体语用？首先通过形式、结构和章法来疏通"神"，其次通过声调、音节和字句来引导"神"，最后通过

---

① 冯天瑜：《治学三门径：义理、考据、辞章》，《人文杂志》2018年第4期。

熟读、歌咏和玩味来领悟“神”。

传统文人在追索审美结构时，总是不满足于显露的形象感知与情绪体验，渴望触及到幽隐的精神体验与生命感悟。在他们看来，惟有如此，方是“美”之所在，“气”之所往，“神”之所存。于是，有一些现代学者便把“文气”论的阐释经验移植到“神韵”“神理”“神妙”“神气”等文论概念中，凸显“气”的优越性，以此来审视“神”的价值取向。如此，给“神”这一观念烙上“文气”论的标签。从具体语用上来说，“气”“神”之间虽有相通之处(精神、情感及意绪等方面)，但是“神”具有更深、更广及更高的语用，既指向“阴”“阳”之间的交感，也指向“言”“意”之间的互渗，亦指向“心”“物”之间的谐和。传统文论中“神”原自有一番格局，不仅有“内化于心”的取向，还有“外化于行”的取向。

> 君子养心莫善于诚，致诚则无它事矣，唯仁之为守，唯义之为行。诚心守仁则形，形则神，神则能化矣。①

在现代学术语境中，“神”陷入降格困境，且向下游移，紧锁于显露的感知和体验，从整体同构变为单向建构，逐渐淹没于“文气”论的审美思潮之下。于是，“气”“神”相互纠缠，在语力、语义及语用上表现出相当程度的混乱。由此，证明“神”之于“气”的独立性与自主性，并不是不可为的事情，而是有迹可循的，应从“语力弱化”“语义曲解”“语用背离”等方面探索“神”的现代遭际，重构“神”的话语形态、思想传统及文化精神，进而寻找厘定、激活及完善“神”的可能性和可行性。

在“神”的现代遭际中，受“气”论泛化思维的影响，“神”这一概念被纳入了“文气”论的话语体系，但“神”的价值取向却是“气”所不及的。如《吕氏春秋·本生》云：

---

① (清)王先谦撰，沈啸寰、王星贤点校：《荀子集解》上册，中华书局2013年版，第53~54页。

> 故圣人之制万物也，以全其天也。天全则神和矣，目明矣，耳聪矣，鼻臭矣，口敏矣，三百六十节皆通利矣。若此人者，不言而信，不谋而当，不虑而得，精通乎天地，神覆乎宇宙。①

从审美体验上来说，传统文论中"神"包括但不限于"气"，比"气"更适合统领"文之精也"(神、理、气、味者)，"文之粗也"(格、律、声、色者)，相比之下，显然更能契合自然、生命及文艺的精微之处。此外，"神"具有阴阳同构的整体思维，蕴含非常丰富的审美因素，既不羁锁于任何一端，也不远泛于任何一端。如此，在"通神""入神""练神"的审美取向中，既有对声韵美和辞藻美的求索，也有对感性美和理性美的求思，亦有对朴素美和华丽美的求证。可以说，"神"比"气"更有时代活力、阐释效力及理论魅力。

现代语境中的"神"被植入了"文气"论的阐释经验，从"阴""阳"同构简化为单向建构，其语力、语义及语用都有不同程度的缩小。于是，原本劲健不息、虚灵无滞的"神"便会有阻隔(滞塞)，出现简化、降格、错位等现象，失去原有独立的、自主的价值取向。于是，在"文气"论的泛化影响下，现代学者解读"神"这一概念，对"气"的关注远超于"神"，对"气"的热情远高于"神"，直接打破两者之间的平衡，使之转向"文气"论的话语体系，以至于闭锁了"神"的时代活力、阐释效力及理论魅力。面对如此情况，我们只有透过"神"的现代遭际，检视和反思"神"的语言困境，厘清"神""气"之间彼此纠缠的关系，才有可能重新确立"神"的独立性和自主性。

在现代学术语境中，"神"之所以陷入困境，主要是因为"神""气"看似相似，以至于被当作"文气"论的派生品、衍生品来对待，使得这一概念陷入"偏正式"的语言困境。此外，"气"易得，"神"难得，也加

---

① 许维遹撰，梁运华整理：《吕氏春秋集释》上册，中华书局 2009 年版，第 15~16 页。

剧了“神”在语用上的困境。从审美体验上来说，“气”较为显露，“神”较为幽隐；“气”较为弥漫，“神”较为集中。“与日常生活中的显现方式相比，艺术对神气的显现具有更集中、更本质而且更美的特点。”在传统诗文评中，“气”出于“语言”的日常形式，“神”出于“语言”的艺术形式，“气”比“神”易聚合显现，“神”比“气”更凝练集中。

然而，一些学者解读“神”这一概念时，对“气”的关注高于对“神”的关注，将“神”置于“文气”论的话语体系之下，并且以此来建构“神”的价值取向。“气”比“神”易寻(易求)，为满足表情达意、遣词造句的需要，在两者之间，“气”会被优先对待，向上抬升，凸显语用；“神”会被简化处理，向下游移，弱化语用。如此，“神”遭遇“文气”论的影响，向其构词形式靠拢，对其的阐释生搬硬套“文气”论的阐释经验，陷入困境，从“阴”“阳”同构趋于单向建构，这既遮蔽了“通神”的思想传统，也割裂了“神”的话语体系，亦搁置了“神”的价值取向，且逐渐闭锁了原本劲健不息、虚灵无滞的价值取向。面对“文气”论的泛化影响，何以追索“语义”“语力”“语用”的现代遭际，确立“传神”“写神”“通神”“超神”“入神”“练神”的价值取向，便成为证明“神”之独立性和自主性的核心要务。

根据“神”的历史风貌、审美发生及理想范式，我们不难发现这一诗性概念具有“客体之神”与“主体之神”的双重取向。

> 对于客体之神的理解比较单纯，其内含是客观事物的精义妙理及其神妙的变化。……主体之神，是人的志、气、性、情、欲的融合，融合而后就是人的生命精神、智慧的体现。①

在传统文论视域中，“神”作为生命精神、诗性智慧的集中体现，融合

---

① 陈良运：《周易与中国文学》下册，百花洲文艺出版社2010年版，第316页。

了创作者的志、气、性、情、欲，而后呈现为生命的阐扬、审美的意蕴，是经典作品都须具备的核心特质。只要作品达到最高、最深及最妙的审美境界，就可称之为"传神""写神""通神""超神""入神""练神"等。"上学以神听之，中学以心听之，下学以耳听之。"(《文子·道德》)从语力、语义及语用上说，"神"比"气"更有时代活力、阐释效力及理论魅力。如果把"神"键闭为"文气"的附属概念，仅凭"气"来建构"神"的价值取向，那么"神"就会陷入语言上的困境，无法直面"文气"论带来的同化压力和概念危机。原本劲健不息、虚灵无滞的"神"既会失去"忘言""忘象"的审美素养，也会失去"无方""无体"的审美风采，亦会失去"本真""本源"的审美理想。如章学诚《文史通义·辨似》云：

> 夫阴阳不测，不离乎阴阳也。妙万物而为言，不离乎万物也。圣不可知，不离乎充实光辉也。然而曰圣曰神曰妙者，使人不滞于迹，即所知见以想见所不可知见也。学术文章，有神妙之境焉。末学肤受，泥迹以求之，其真知者，以谓中有神妙，可以意会而不可言传者也。不学无识者，窒于心而无所入，穷于辨而无所出，亦曰可意会而不可言传也。①

证明"神"的独立性和自主性，须回到具体的语言环境中，规避"神"的误读现象，激活"神"的思想传统，确立"神"的价值取向，从而实现文学艺术的审美诉求。在传统文论中，"语言"敞现了"神"的存在空间(志、气、性、情、欲的融合)，便于阐释者真正理解"神"的存在领域，从而理解"神"本身。如果没有"语言"支撑，"神"就会散漫无章、浮游无根。"神"之语力、语义及语用，皆依托于"语言形式"，只有在文学艺术(艺术形式)中才能得到最大程度地建构与发挥。

---

① (清)章学诚著，叶瑛校注：《文史通义校注》上册，中华书局 1985 年版，第 339 页。

如钱锺书先生《谈艺录》对“神”之二义进行论说：

> 然而“神”有二义。“养神”之神，乃《庄子·在宥》篇“无摇汝精，神将守形”之“神”，绝圣弃智，天君不动。至《庄子·天下》篇“天地并，神明往”之神，并非无思无虑，不见不闻，乃超越思虑见闻，别证妙境而契胜谛。《易》所谓“精义入神”，孟子所谓“大而圣，圣而神”，《孔丛子》所谓“心之精神谓之圣”，皆指此言。……“养神”之“神”，神之第一义也。谈艺者所谓“神韵”，“诗成有神”，“神来之笔”，皆指上学之“神”即神之第二义。①

正面“神”的现代遭际，才会更有诠释与阐扬的着力点。我们应在“语力”“语义”“语用”的进路中，检视与反思“神”的语言困境，确立“神”存在的合理性和必要性，寻找厘定、激活及完善“神”的可能性和可行性。既要培养出“神”的审美素养，也要塑造出“神”的审美风采，亦要孕育出“神”的审美理想。

① 钱锺书：《谈艺录》上卷，生活·读书·新知三联书店2001年版，第132~133页。

第十一章　错位：“神”的结构难题

在传统诗文评中，“神”既有单向言说的概念理路，也有综合言说的概念空间；既有单向书写的批评形态，也有综合书写的批评实践；既有单向阐释的美学现象，也有综合阐释的美学话语。“神”这一文论概念是一个复合结构，由“崇神”“尚神”而“通神”“入神”，具有多元化、多层次的价值取向。在现代语境中，“神”的遭际更多源于“气”的同化和遮蔽、抑制和削弱。面对“神”的现代遭际，既要考虑语言上的困境，也要考虑结构上的难题。所以说，我们在理解“神”时，既不能以单向视角来比附综合视角，也不能以局部语境来推论整体语境，以免出现结构上的难题，即“内外有别”“主辅之争”“遗忘和谐”。围绕“神”的结构难题，须对其作一番全新的检讨和反思，揭示其所蕴含的文化精神和思想传统。如宗白华先生说：

> 现代的中国站在历史的转折点。新的局面必将展开。然而我们对旧文化的检讨，以同情的了解给予新的评价，也更形重要。①

我们应该合情合理地对待“神”“气”之间的关联性和整体性，以剖析“神”的结构难题，既不能选择性地搁置“神”的本来面目和事实本体，也不能盲目地扩大“气”的语义、语力及语用。在传统与现代之间，受古典“文气”论的泛化影响，“神”这一文论概念既在“内”“外”之间游

---

① 宗白华：《美学散步》，上海人民出版社 1981 年版，第 68 页。

移，又在“主”“辅”之间摇摆，亦在“高”“低”之间飘忽，出现模糊、错位及失衡等现象。所以说，我们须根据“神”与其他概念的关联性与整体性，追索“神”的现代遭际，探讨其结构难题，建构其价值取向。

第一节 “内外有别”的转向

谈论“神”，绕不开对“气”的言说。在传统诗文评中，“文气”论的批评观念久盛不衰，渗透到精神生活的诸多方面，辐射到思想传统的诸多领域。这是因为“气”作为生命活力的表征，比较具有影响力、繁衍力及亲和力。

> 从汉代元气论哲学以来，经魏晋时的王弼、郭象及阮籍、嵇康玄学气论的发展，到南北朝元气论哲学的再兴，气论思想始终是魏晋南北朝思想界的主流思想，也是审美批评中的主导思想和主要评价标准。①

由此可见，从曹丕到刘勰、韩愈及苏辙的“文气”说成为古人的价值标尺，推及到所有涉及生命观念的文论概念，表现出“内外有别”的格局，凸显“气”的高位性、延伸性及思辨性，将其余部分视为构词的辅助成分。如此，一些学者从“主气”说角度来理解和建构“神”的价值取向，将“神”纳入“气”的话语体系之中，“神”为外，“气”为内，对“气”的关注远超于“神”，对“气”的热情远高于“神”，造就出“内外有别”的观念格局。

于是，现代学术语境中的“神”转向“气”的话语系列，其语力、语义及语用都有不同程度的倾斜。在传统文人看来，生命观念构造的文本

① 侯文宜：《中国文气论批评美学》，中国社会科学出版社 2012 年版，第 162 页。

世界，既不应囿于"内"，也不应限于"外"，而是"形""气""神"三者的会通、融通及变通。然而，在"内外有别"的格局中，"神""气"之间的平衡被打破，使得"传神""写神""通神""超神""入神""畅神""练神"等文论概念的价值取向发生误解。于是，为能有效地建构"神"的价值取向，首要的任务在于确定"神"之实，而不在于改正"神"之名。

如公孙龙《名实论》云：

> 天地与其所产焉，物也。物以物其所物而不过焉，实也。实以实其所实而不旷焉，位也。出其所位非位而位其所位焉，正也。以其所正，正其所不正；以其所不正，疑其所正。其"正"者，正其所实也；正其所实者，正其名也。①

透过"内外有别"的格局，厘清"神"的名与实（体与用），方是建构的重点与路径。

随着"内外有别"的强化，生命美学中"神"的价值取向渐近于"气"（他者），而渐远于"神"（自我）。这一文论概念陷入困境，面临"内外有别"的难题，以至于作普通形容词使用。当"神"邂逅"文气"论时，一些学者持"内外有别"观念，"气"居于内，"神"居于"外"，着力强调"气"对"神"的引领作用，"神"对"气"的建构作用。这种阐释有明显偏向，使"神"遭遇"文气"论的裹挟，打乱了"神""气"之间的关联性和整体性，使两者陷入错序状态，既遮蔽了"气盛化神"的思想传统，也割裂了"神通气行"的话语体系，亦搁置了"穷神知化"的价值取向。

这种遭际源于"文气"论的泛化影响，一些学者根据已有的阐释经验，对涉及生命观念的一系列概念范畴，套用这种理解方式，着重于"气"的流通，削弱了"神"的地位，从而草率地对"神"的价值取向作出

---

① 谭戒甫撰：《公孙龙子形名发微》，中华书局1963年版，第57~59页。

判断。既有对"气"的向内提升，向上拔高，使之成为冲动之源、才情之据、性灵之依，也有对"神"的向外游移，向下弱化，使之成为"精气""才气""灵气"的附属成分。这种阐释观念凸显了"气"的活跃性、亲和性及聚合性，弱化了"神"的主体性、极致性及情感性。如此，"神"在概念结构上面临着难题，即内在关系的模糊、错位及失衡，其价值取向遭到某种程度的降格，由高位概念跌成次要概念，由核心话语降为边缘话语。建构"神"的价值取向，须透过"内外有别"格局，重塑其独立性和自主性，厘定其概念与范围，激活其结构与功能，完善其理念与标准。也就是说，我们惟有纠正"神"之实，改正"神"之误，才能真正地建构"神"的价值取向。

在"文气"论的影响下，"神"这一概念简化为"气居于内，神居于外"，其中"气"居于内，"是'生气远出'的生命"①，引领"神"的价值取向；"神"居于外，"神"本是心灵的映射，在此却成为"精气""才气""灵气"的附属成分。这种阐释观念是对"神"的误解，以局部元素来推论整体观念，使其语力、语义及语用发生某种程度的倾斜，在"内外有别""主辅之争""高低有别"之际转向"气"的话语系列。在传统诗文评中，自然、生命及文艺之道，蕴含"形""神""气"三位一体的格局，既有生命和精神的统一，也有本质和现象的统一，亦有内容和形式的统一。如果打破"气""神"之间的整体平衡，势必会带来生命观念的模糊、错位及失衡，无疑也会遮蔽、割裂及搁置"神"的价值取向。所以说，"神"的结构难题源于此，趋于失衡状态，甚至有发生倾覆的可能。

"气""神"之间的相互纠缠，以及"气"对"神"的强势引领，更是加剧了这一概念在结构上的困境。"内外有别"的观念有明显偏向，催生出"以气代神"(鸠占鹊巢)的结构取向，使其由整体稳定变为局部失衡，由相合统一变为相异对立。显然，在"内外有别"格局中，"神"不再是"形""气""神"的相互统摄，而是"气"居于内，唱主角；"神"居于外，

① 宗白华:《美学散步》，上海人民出版社1981年版，第75页。

唱配角，触发"神"的语言困境和结构难题。虽有"神"之用，而无"神"之体；虽有"神"之象，而无"神"之意，实则是误解了"形""气""神"的整体取向。建构"神"的价值取向，须检视"神"的不同遭际，反思"神"的不同取向，寻找厘定、激活及完善"神"的可能性与可行性。

在传统文论中，"神"既源于"阴""阳"的建构，也源于"言""意"的建构，亦源于"形""象"的建构，乃为一体两面的审美效应。作为中国美学的哲学依据，围绕着"意象说""意境说""审美心胸论"的一系列范畴和命题的源头实际上都可追溯到"神"的价值取向。① 自"文气"论盛行以来，现代语境中"神"的价值取向就受到"气"的制约，其语力、语义及语用都有不同程度的增删。从概念结构上来说，"内外有别"格局是"气"对"神"的限制结果，打破了"气""神"的整体秩序，动摇了"神"的价值取向，使其原有的概念格局产生分离、错位，近于"气"(他者)，即思维、精神及品格②；远于"神"(自我)，即态势、韵致及力度。

于是，在现代学术语境中，"神"键闭成为"文气"论的附属概念，以"气居于内""神居于外"的话语形态，连接主体与客体，沟通文辞与心迹。如果我们以"内外有别"来限定、划分"气""神"的价值取向，即向上抬高"气"的辐射范围，向下降低"神"的语力，那么就会陷入"以气代神"(即"鹊巢鸠占"现象③)的困境和难题之中。在这种格局中，"神"偏向于"气"的价值取向，成为"文气"论的"传声筒"，输出"气"的价值观念，失去原有的时代活力、阐释效力及理论魅力。以"文气"论的阐释经验解读"形""气""神"三者的结构论和关系论，"气"居于内，"神"居于外，势必打破"气盛化神""神通气行""穷神知化"的整体秩序，由稳定状态变为失衡状态，由统一格局变为分离格局，进而动摇"神"的价值取向。所以说，在"神"的现代遭际中，"内外有别"实是对

① 叶朗主编：《现代美学体系》，北京大学出版社1988年版，第93页。
② 涂光社：《原创在气》，百花洲文艺出版社2001年版，第106、114页。
③ 党圣元：《中西文论中"神思"与"想象"的比较及会通》，《探索与争鸣》2017年第1期。

“神”的削弱，对“气”的增强；对“神”的搁置，对“气”的推崇，于是乎，“神”的结构难题就源于此。

在传统与现代之间，“内外有别”的难题，打乱了“形”“气”“神”的关联性与整体性，既遮蔽了“气盛化神”的思想传统，也割裂了“神通气行”的话语体系，亦搁置了“穷神知化”的价值取向。面对“神”的现代遭际，惟有直面结构难题，建构其价值取向，纠正其阐释偏向，才能有效地避免“内外有别”的格局。传统文论中“神”自有一番格局（劲健不息、虚灵无滞），我们在理解和接受这一文论概念时，既不能弱化“神”的自我取向，也不能背离“神”的整体取向。在“内外有别”格局中，一些学者对此有不同取舍，既有“以气代神”的倾向，“气”居于内部，“神”居于外部；也有“以神主气”的倾向，“神”居于高位，“气”居于低位。如此以来，“形”“气”“神”的统一性让位于差异性，在“气”的牵引和驱遣下，“神”近于“气”，远于“神”，显现出“内外有别”的偏向。

如宗炳《画山水序》说，“闲居理气”是“神之所畅”的首要条件，以“气”驭“神”，以“气”驱“神”。

> 夫以应目会心为理者，类之成巧，则目亦同应，心亦俱会。应会感神，神超理得，虽复虚求幽岩，何以加焉？又神本亡端，栖形感类，理入影迹，诚能妙写，亦诚尽矣。于是闲居理气，拂觞鸣琴，披图幽对，坐究四荒，不违天励之藂，独应无人之野。峰岫峣嶷，云林森眇，圣贤暎于绝代，万趣融其神思，余复何为哉？畅神而已，神之所畅，熟有先焉！①

如吴文溥《南野堂笔记》云：

---

① 俞剑华编：《中国画论类编》上卷，人民美术出版社2016年版，第583~584页。

诗文之道有三足：曰理足，曰意足，曰气足。理足则精神，意足则蕴藉，气足则生动；而理与意皆辅气而行，故必以气为主。请看世间万事万物，何莫非气机之所鼓荡洋溢而为之者？有气即生，无气即死。①

在此，"气"被视为文学艺术中最有效力的要素，"理""意"(即"神理""神意")为辅，贯通风采神韵、含蓄蕴藉、气韵生动等概念，带有"内外有别"意味。这种结构偏向影响到一些学者对"神"的理解和接受，难免会在阐释过程中出现相当程度的误解和误判。欲证明"神"的独立性和自主性，先须重塑、重铸及重构其价值取向。这一首要任务不在于否定，而在于纠正审美取向；不在于颠覆，而在于确立批评取向。

第二节 "主辅之争"的牵引

自曹丕倡导"文气"论以来，传统诗文评的阐释取向就有"气为主"还是"神为主"争论，在主辅之间不断变化、纠偏的同时，反而又会陷入另一种偏向。"内外有别""主辅之争"是相对的，"内外有别"源于"主气"说的影响，而"主辅之争"源于"主神"说的影响。明清时期，"主辅之争"格局达到高峰，传统文人理解生命精神趋于"神"远于"气"，对"神"的审美关注远超对"气"的重视。于是，"主神"说成为显著的审美观念，如"神变""神情""神会""神韵""神理""神境""神妙""神趣""神味"等概念。

在"主神"说的审美风潮中，时人对文本意蕴的理解和接受，建构起"以神为主"的格局，迎合当时的审美主题。受此种风尚的影响，一些学者对"神"的阐释和价值发现，陷入另一种偏向，从"内外有别"转

① 张寅彭选辑，吴忱、杨焄点校：《清诗话三编》第3册，上海古籍出版社2014年版，第2079页。

向"主辅之争"，影响到对"神"的价值判断和价值选择。于是，这种结构偏向把"神"置于一种微妙境地，在"内""外"之间游移，在"主""辅"之间摇摆，在"高""低"之间飘忽。当然，不可否认的是，"内外有别""主辅之争"在客观上都促进了时人对"神"之概念、主题、内容及原则的理解和认识。"神"的价值取向是"形""气""神"三者建构的结果，理解和接受这一概念，须结合"神"的自我取向和整体取向，既不能"顾此失彼"，也不能"厚此薄彼"。就文本意蕴而言，如果"形""气""神"的价值取向发生倾斜，那么就会产生纠偏诉求，由此导致"内外""主辅""高低"等问题的出现。

明清时期，"主辅之争"这种偏向问题没有得到根本上的解决，既有心学思潮的影响，对"神韵""格调""性灵""肌理"等主题尤为重视；也有复古思潮的原因。

> 尽管，主观志气充沛和生命力的旺盛依然是作品气色苍浑声情茂越的基本条件；要追仿古人也得保持一种与之对应的精神状态，不然只能是仅得其声腔而无其实气。①

于是，为迎合这种心学思潮和复古思潮，时人以"尚神"观念追复古人的风气和习惯，追仿古人的精神和风貌，转向体格、音节、声调等问题，"神"的语义、语力及语用都有缩小倾向。随着"尚神"观念的流行，传统诗文评受到这一美学思潮的牵引，在创作、接受、阅读、批评等具体环节中，从"主气"说转为"主神"说，从"内外有别"转为"主辅之争"。"主神"说钳制住明清时期诗文评的价值取向，从亲近于"气"变为亲近于"神"，使这一概念迎合了当时的审美思潮，衍生出"神者气之

---

① "在一个文学传统悠久且十分崇尚典范的民族而言，怀着强烈的追古或复古信仰的人们，因对古人的仰慕，在追求契合经典的过程中，更多地从体格风调乃至格律声调上揣摩追仿，是完全可以理解的。"见汪涌豪：《中国文学批评范畴及体系》，复旦大学出版社 2007 年版，第 186 页。

主，气者神之用”的审美主题。

> 神者气之主，气者神之用。神只是气之精处。古人文章可告人者惟法耳。然不得其神而徒守其法，则死法而已。要在自家于读时微会之。李翰云：“文章如千军万马；风恬雨霁，寂无人声。”此语最形容得气好。论气不论势，文法总不备。①

从纠偏实践上来说，这种转向虽有矫正，但效果并不理想，依然没有摆脱“神”与“气”的失衡状态或分离格局。从“内外有别”转向“主辅之争”，不过是“换汤不换药”，变化的是主辅分离的对象，不变的是高低降格的理路。在“神”的现代遭际中，一些学者通过“主神”说纠偏时，凸显“神”的活力、效力及魅力，对“神”的价值发现确有促进作用，但同样也会陷入另一种偏向，扰乱了“形”“气”“神”的关联性和整体性。在传统文论中，文学艺术的价值取向，既不倾斜于“神”，也不倾斜于“气”，而是双向建构的结果。既不能单以“主气”说论之，也不能单以“主神”说论之。否则，在“主辅之争”格局中，就会再次出现以往的误解显现(语言困境、结构难题)，其中既会有“以偏概全”的误判(顾此失彼)，也会有“以点代面”的误用(厚此薄彼)。

从价值取向上来说，“神”深受明清时期“主神”说的影响，其中既有心学思潮的影响，也有复古思潮的原因，降格为“主辅之争”的格局。在心学思潮的影响下，为迎合“心本”论的审美观念，“神”被“童心”“情性”“神明”等概念同化，渐失独立性与自主性。又在复古思潮的推动下，为迎合“气本”论的审美观念，“神”被“神妙”“神韵”“精神”等概念同化，渐失思想性与方法性。在“主辅之争”格局中，无论是心学思潮，还是复古思潮，都有“崇神”“尚神”的显著倾向，将其价值取向键闭为诗文的态势、

---

① (清)刘大櫆著，范先渊校点：《论文偶记》，人民文学出版社1959年版，第4页。

韵致和力度。所以，时人通过“神变”“神情”“神会”“神韵”“神理”“神境”“神妙”“神趣”“神味”等一系列概念，凸显“神”的高位性、延伸性及思辨性，建构出“重神”“尚神”“扬神”的审美观念。

在“主神”说的运作下，“形”“气”“神”的结构论和关系论有倾斜的趋势，特别是“气”“神”之间，从谐和变为分离，产生语言上的困境，以及结构上的难题。如此，“形”“气”“神”便有内外之别、主辅之争，“神”居于主位，“形”“气”皆辅“神”而行，以“神”驭“气”，以“气”驱“形”。从阐释取向上看，“主辅之争”是对“内外有别”的矫正，意在重构“神”的观念世界，激活“神”的精神世界，虽有纠偏意识，但却会陷入另一种困境。在“主辅之争”格局中，无论是向上抬升，还是向下游移，都会使“神”的取向发生偏转，使“神”“气”“理”“味”“格”“律”“声”“色”等文论概念错杂一体。因此，可以说，“主辅之争”只是传统文人从事创作及批评的路径取向，带有探索文学艺术终极因素的性质，并不是对“神”这一概念的完整认识。

传统文论中，“神”原是为技艺之法、文章之法而出现的，以此追索古艺、古文的精神脉理，但在追仿古人的过程中陷入“主辅分离”的格局。在“气”“神”之间，“主辅之争”是“主神”说所带来的。桐城派文论家刘大櫆笔下就有关于“主辅之争”的论述，以“神气”“音节”追尚古人的习惯和风气，追仿古文的精神和脉理，将“神”紧锁于字里行间，键闭为古文的精神个性和气势风格。

如《清国史·文苑传》记载：

> 大櫆虽游方苞之门，所为文造诣各殊。苞择取义理于经，所得文者义法；大櫆并古人神气音节得之，兼集庄、骚、左、史、韩、柳、欧、苏之长，其气肆，其才雄，其波澜壮阔。①

---

① 清国史馆编纂：《清国史》第12册，中华书局1993年版，第890页。

在"主神"说的运作下，"形""气""神"的结构论和关系论有分离倾向，时人建构起可领会、落实的追仿之法，以"神"统"气"，以"气"显"神"，着力凸显"神"的高位性和驱动性，使之达到可操作、可践行的特殊状态：其一指创作过程的"以神为宰""以神运化"，其二指创作目的的"以神会神""传神写照"，其三指创作原则的"神通气行""意往神驰"。① 于是，在"主神"说的推动和影响下，"神""气""理""味""格""律""声""色"等一系列概念，成为传统文论的批评话语，既滋生出统一的审美风格，也孕育出统一的审美情趣，亦建构出统一的审美意识。在现代学术语境中，"神"简化为"主辅之争"中的概念形式，既有语言上的困境(弱化、曲解及背离)，也有结构上的难题(模糊、错位及失衡)。就"形""气""神"三者而言，如果倾向于其中一端，那么在结构上会产生倾斜，陷入偏执一隅的阐释境况。如此以来，三者不再有相互统摄的取向，"神"居于主位，"气"居于辅位，"形"成为"主辅之争"的话语基础，三者出现游移、分离及降格等具体问题。所以，无论是"内外有别"的格局，还是"主辅之争"的格局，最终都会表现为结构上的难题，且影响到"神"之概念、主题、内容及原则的正常建构。

在"神"的现代遭际中，既有语言困境的限制，也有结构难题的束缚；既有"内外有别"的裹挟，也有"主辅之争"的牵引。无论是以"神"入"气"，还是以"气"入"神"，都只为进入文学艺术的审美意蕴，追仿古人精神状态，陷入"主气"说或"主神"说的偏向，并没有真正地凸显"神"的思维功能、审美功能和阐释功能。从出场时间来看，"主辅之争"比"内外有别"稍晚出现，"主气"说比"主神"说更早进入诗文评中，使"气""神"出现语义上的纠缠，影响到"神"之价值取向的正常建构。在"主辅之争"中，"神"居于高位，乃是文章最精华、集约的部分，由"神"主宰之，由"气"鼓荡之，作精神意气、神韵气势来理解。

---

① 侯文宜：《中国文气论批评美学》，中国社会科学出版社 2012 年版，第 349 页。

如刘大櫆《论文偶记》云：

> 神者，文家之宝。文章最要气盛；然无神以主之，则气无所坿，荡乎不知其所归也。①

传统文论中，“神”是对古文章法的理论总结，古人从文章结构中析分出表面、内里、精密、粗疏等具体层面。从价值取向上来看，“神”既有单向言说的概念理路，也有综合言说的概念空间；既有单向书写的批评形态，也有综合书写的批评实践；既有单向阐释的美学现象，也有综合阐释的美学话语。然而，现代学术语境中“神”一改往日劲健不息、虚灵无滞之态势，简化为“主辅之争”中的一端，其审美取向和批评取向有所偏移，从不断生成、极富自由的批评话语变为日常、普通的汉语词汇，进而导致一些学者误判了“神”的价值取向。既然如此，何以证明“神”的独立性和自主性？既须在“内外有别”中重塑“神”的关联取向，也须在“主辅之争”中重构“神”的整体取向。

第三节 “话语和谐”的搁置

在明清时期文论材料中，对“神”之批评美学进行纵向考察和横向比较，有丰富关于“话语谐和”的批评言说，主要代表人物是李梦阳、徐祯卿、王世贞、谢榛、陆时雍、胡应麟、许学夷、贺贻孙、王夫之、叶燮等诗文理论家。

如李梦阳《缶音序》云：

> 夫诗比兴错杂，假物以神变者也，难言不测之妙。感触突发，

① （清）刘大櫆著，范先渊校点：《论文偶记》，人民文学出版社1959年版，第4页。

流动情思，故其气柔厚，其声悠扬，其言切而不迫。故歌之心畅，而闻之者动也。①

如徐祯卿《谈艺录》云：

> 诗者，所以宣元郁之思，光神妙之化者也。
> 诗者乃精神之浮英，造化之秘思也。②

如谢榛《四溟诗话》云：

> 诗无神气，犹绘日月而无光彩。学李、杜者，勿执于句字之间，当率意熟读，久而得之。此提魂摄魄之法也。③

如王世贞《艺苑卮言》云：

> 此是法极无迹，人能之至，境与天会，未易求也。有俱属象而妙者，有俱属意而妙者，有俱作高调而妙者，有直下不对偶而妙者，皆兴与境诣，神合气完使之然。④

由此可见，"神"这一文论话语介于生理与心理之间，包括感情、欲望和意志的统一，精力、气质和个性的结合，审美、品评和鉴赏的实践，构成了中国古代文论复杂多面的知识结构(知识图景)。

如陆时雍《诗镜总论》云：

---

① 蔡景康编选：《明代文论选》，人民文学出版社 1993 年版，第 106 页。
② (清)何文焕辑：《历代诗话》下册，中华书局 1981 年版，第 764、765～766 页。
③ 丁福保辑：《历代诗话续编》下册，中华书局 1983 年版，第 1164 页。
④ 丁福保辑：《历代诗话续编》中册，中华书局 1983 年版，第 961 页。

大抵率真以布之，称情以出之，审意以道之，和气以行之，合则以轨之，去迹以神之，则无数者之病矣。①

如胡应麟《诗薮》云：

作诗大要不过二端，体格声调，兴象风神而已。体格声调有则可循，兴象风神无方可执。故作者但求体正格高，声雄调鬯，积习之久，矜持尽化，形迹俱融，兴象风神，自尔超迈。②

如许学夷《诗源辩体》云：

唐人律诗以兴象为主，风神为宗。浩然五言律兴象玲珑，风神超迈。

盛唐诸公律诗，形迹俱融，风神超迈，此虽造诣之功，亦是兴趣所得耳。③

贺贻孙《诗筏》云：

看盛唐诗，当从其气格浑老、神韵生动处赏之，字句之奇，特其余耳。……盖盛唐人一字一句之奇，皆从全首元气中苞孕而出，全首浑老生动，则句句浑老生动。故虽有奇句，不碍自然。若晚唐气卑格弱，神韵又促，即取盛唐人语入其集中，但见斧凿痕，无复

① 丁福保辑：《历代诗话续编》下册，中华书局1983年版，第1412页。

② （明）胡应麟撰：《诗薮》，上海古籍出版社1979年版，第100页。

③ （明）许学夷著，杜维沫校点：《诗源辩体》，人民文学出版社1987年版，第164、181页。

前人浑老生动之妙矣。①

王夫之《张子正蒙注》云：

> 太和之中，有气有神。神者非他，二气清通之理也。不可象者，即在象中。阴与阳和，气与神和，是谓太和。②

如叶燮《原诗》云：

> 有力者，神旺而气足，径往直前，不待有所攀援假借，奋然投足，反趋弱者扶掖之前。此直以神行而形随之，岂待外求而能者！故有境必能造，有造必能成。③

由此可见，明清文论中"神"既指精神生气，内在情感的表现，作者之精神、心灵以及创作中的思维活动，也指神采气韵，内在风格的流露，作品之气节、气势以及文本中的艺术力量。如果从"话语和谐"的角度理解"神"的价值取向，不涉及内外之别、主辅之争，势必能有效地避免以往的语言困境、结构难题，对重构"神"的观念世界，激活"神"的精神世界具有重要意义。

有关于"神"之谐和的观念在明清时期集中出现，既有宗经、师古的路径转向，也有谈文、论艺的审美理解。在《礼记·乐记》中也能发现有关"神"之谐和的言论，如"情深而文明，气盛而化神"。此外，又如宋濂《文原》说：

---

① 郭绍虞编选，富寿荪校点：《清诗话续编》上册，上海古籍出版社1983年版，第174~175页。

② （清）王夫之：《张子正蒙注》，中华书局1975年版，第2页。

③ （清）叶燮著，霍松林校注：《原诗》，人民文学出版社1979年版，第27页。

人能养气，则情深而文明，气盛而化神，当与天地同功也。①

在传统诗文评中，由“情”到“文”，由“气”到“神”，既分离又相合，既对立又统一，建构出一条连续流畅的话语谱系(内在理路)，组成自然、生命及文艺之道的和谐法则。文章要饱含精神意象或神韵生气，才会有恒久流传的艺术魅力。对传统文论中“神”这一概念而言，“话语和谐”更能契合其整体状态和综合取向，比“内外有别”“主辅之争”更有存在的合理性与必要性。“神”本是一种劲健不息、虚灵无滞的审美观念(和谐美)，但是这种“话语和谐”易被时人搁置，只顾及辨析“神”“气”“理”“味”“格”“律”“声”“色”等一系列概念的“内外之别”“主辅之争”“高低之分”。

一些学者对“神”之概念、主题、内容及原则的理解和接受，除有“内外有别”的转向，“主辅之争”的纠偏，还有“话语谐和”的搁置。既遮蔽了会通的思想传统，也割裂了融通的话语体系，亦搁置了变通的价值取向，导致“神”之语力、语义及语用皆有降格的趋势，“神”变为日常、普通的汉语词汇，多用于表示神情气色。在“神”的价值发现中，“话语谐和”具有“内外有别”“主辅之争”不具备的交感性和互渗性，既是对其审美取向的揭示，也是对其批评取向的建构，既不能“顾此失彼”，也不能“厚此薄彼”。

在“话语谐和”中，“神”这一概念显现出艺境追求、价值秩序和阅历储备的话语依据，即“一气浑成，神完力足，方为合作”②的要求。“神”的价值取向，既是会通、融通及变通的审美过程，又是统筹、统理及统贯的批评过程。在现代学术语境中，一些学者既易被“内外之分”所牵制，也易被“主辅之争”所束缚，偏执一端，搁置“神”“气”

① 蔡景康编选：《明代文论选》，人民文学出版社1993年版，第4页。
② 丁福保辑：《清诗话》下册，上海古籍出版社2015年版，第1007页。

"理""味""格""律""声""色"等概念间的和谐状态。在这种搁置中，"神"的价值选择和价值判断既有交感、互渗与融会的特性，也有对立、冲突和断裂的特性。"话语谐和"原本是"神"的本真状态，担负着培育语力、语义及语用的重任，但却被"内外之别""主辅之争"牵制，"神"的内在平衡状态被打破。所以，一些学者对"话语和谐"的选择性搁置，使得"神"的语力、语义及语用有所删减，"神"被当作得意或傲慢的神情来理解，弱化成为普通形容词，不再复有传统文论中的和谐取向。

面对"话语和谐"的搁置，何以建构"神"的价值取向？在"神"与其他一系列概念间，既不能以单向视角来比附综合视角，也不能以局部语境来推论整体语境，须着力突破"神"的语言困境，检视其结构难题，重返其平衡取向，重塑其关联取向，重构其整体取向。实际上，在"神"的现代遭际中，无论是"内外有别"格局，还是"主辅之争"格局，都源于时人对"话语和谐"的搁置。如果说"内外之别"的转向、"主辅之争"的纠偏是对"神"的降格、消解，那么"话语谐和"的搁置就是对"神"的键闭。在"话语谐和"的审美基础上，经由"神变""神情""神会""神韵""神理""神境""神妙""神趣""神味""传神""写神""通神""超神""入神""畅神""练神"等一系列概念的共同建构，才得以使"神"具有思维范式、审美范式及阐释范式的价值取向，既成为宇宙、生命及人生的终极因素(必然心境)，又成为物理、生理及心理的终极体验(应然态度)。

中国传统文论中，"神"是一个复合结构，由"崇神""尚神"而"通神""入神"，具有多元的价值取向。在传统与现代之间，"神"陷入概念危机(语言困境和结构难题)，表现出高低降格、主辅争论等现象，键闭、紧锁了"神"的价值取向。时人对"话语谐和"的搁置、忽视，势必会导致一些学者对"神"的误读、误解及误判，触发"神"的概念危机，使之陷入主辅争论的困境，落入高低降格的窠臼，以至于低估了其价值立场、价值态度和价值倾向。无论是"内外之别"的转向，还是"主辅之争"的纠偏，抑或时人对"话语和谐"的搁置，最终都表现为概念结构上的难题，进而影响到“神”的价值取向的正常建构，使之由高位概念跌成次要概念，由核心话语降为边缘话语。因此，在“神”的现代遭际中，欲建构“神”的价值取向，并为此正名，那么“话语和谐”的搁置，既是我们不得不面对的语言困境，也是我们不得不解决的结构难题。

如果说“内外之别”“主辅之争”是对“神”的牵制与干扰，那么时人对“话语和谐”的搁置就是对“神”的羁绊与束缚。也就是说，一旦离开观念史、思想史和文化史的整体背景，以其中一端限定“神”的价值取向，就会陷入经验主义、预设主义的窠臼，制造出知识壁垒、理论界限及场域隔阂等问题。面对“神”的现代遭际，既要考虑语言上的困境，也要顾及结构上的难题，经过对“神”的认同、清理与批判，考辨其与其他一系列概念之间的关联性和整体性，在宽宏的历史视野中追索其有效性和适用性，以期完成由古典思想向现代观念的转折：从会通、融通及变通的角度来理解“神”，避免结构失衡；从统筹、统理及统贯的角度来理解“神”，避免话语失效。

如朱自清先生《诗言志辨》说：

> 现在我们固然愿意有些人去试写中国文学批评史，但更愿意有许多人分头来搜集材料，寻出各个批评的意念如何发生，如何演变——寻出它们的史迹。①

所以说，在中国文论关键词的研究过程中，文史哲艺须紧密结合，诗文书画须整体解诠，然后，通过搜集资料，寻出“神”的批评意念如何发生，如何演变，寻出其史迹，才能有效地证明“神”的独立性和自主性，建构其价值取向。

---

① 朱自清：《朱自清古典文学论文集》上册，上海古籍出版社 1981 年版，第 189 页。

第十二章　要义："神"的价值取向

在传统与现代之间，"神"陷入一种概念危机，虽然这一概念的价值取向遭到牵制与干扰、羁绊与束缚，被边缘化和搁置，暂时远离了诗文评语境，但是在中国文论的知识图景上依然有冲击力、影响力及渗透力。

> 每一个时代都会产生一些关键的概念，它们隐含了这个时代最为重要的信息，或者成为复杂的历史脉络聚合之处。提到这个关键性的概念如同提纲挈领地掌握这个时代。因此，阐释这些概念也就是从某一个方面阐释一个时代。①

于是，我们有必要来探索和开发"神"的价值取向，试验"神"与其他一系列概念之间的关联性与整体性，重构其审美取向、批评取向及知识取向。从概念史角度来说，在由"崇神""尚神"而"通神""入神"的位移过程中，"神"经历了一场富有阐释意味的概念旅行与变异，其价值取向必然会映射到原生、沿生及创生的理论生命之中，建构出不同的价值立场、价值态度和价值倾向，具有思想史、观念史和文化史的意义。我们对一种理论或思想的研究，须从自身的立场和需要出发，对此进行有效地理解、借用和阐发。

---

① 南帆：《南帆文集》第8册，福建教育出版社2017年版，第314页。

> 一种理论由一个时代旅行到另一个时代，或由一种文化旅行到另一种文化，都会发生一定程度的变异。这种旅行和变异正是人类知识和思想取得发展和推广的重要途径和基本条件。①

如此，这就为我们建构“神”的价值取向提供了切实可行的操作方案：

> 不仅强调词义的历史源头及演变，而且强调历史的“现在”风貌——现在意义、暗示与关系。②

在思想史、观念史和文化史的基础上，我们应检视和反思“神”的现代遭际，突破固有经验、模式及标准的区囿，结合传统文论研究的当下语境，将“神”置于现代学术话语体系中，以“道法自然的艺境追求”“守中致和的价值秩序”“内外兼修的知识素养”为依据，回归其价值谱系，上溯其批评渊源，下论其审美走向，予以回应并为其正名。

第一节　道法自然的艺境追求

在中西文艺理论之间，西方文化具有“技术模式”的价值取向，按制作器物的模式来考虑问题，这种模式会导致理性世界与感性世界的分裂和对立，③ 而中国文化具有“生命模式”的价值取向，按自然化育的模式来考虑问题，这种模式会促成宇宙、自然及生命的和谐与平衡。根据“神”的历史风貌、审美发生和理想范式，我们不难发现“神”之批评美学就是对“生命模式”的体悟、阐释和创构，源于“近取诸身，远取诸

① 杨建刚：《陌生化理论的旅行与变异》，《江海学刊》2012 年第 4 期。

② ［英］雷蒙·威廉斯：《关键词：文化与社会的词汇》，刘建基译，生活·读书·新知三联书店 2016 年版，导言第 39 页。

③ 权雅宁：《中国文学理论知识形态研究》，中国社会科学出版社 2014 年版，第 208 页。

物"的观照模式。从价值取向上来说，"神变""神情""神会""神韵""神理""神境""神妙""神趣""神味""传神""写神""通神""超神""入神""畅神""练神"等一系列概念对"神"之生命模式的塑造，既是自然化育的结果，体现对宇宙本原及秩序的思考，也是生命交感的存在，体现对生命本质及意识的肯定，亦是艺术和谐的表现，体现对艺术精神及追求的弘扬。

在"天地化育，人文化成"的思想体系中，"神"这一概念具有道法自然的价值取向，既提供了观物、观人及观己的整体思维，也提供了观事、观情及观理的直觉思维。如《庄子·田子方》云：

> 心困焉而不能知，口辟焉而不能言，尝为汝议乎其将。至阴肃肃，至阳赫赫；肃肃出乎天，赫赫发乎地；两者交通成和而物生焉，或为之纪而莫见其形。消息满虚，一晦一明，日改月化，日有所为，而莫见其功。生有所乎萌，死有所乎归，始终相反乎无端而莫知乎其所穷。①

这说明，"神"既有"负阴抱阳，冲气为和"（《老子·第四十二章》）的自然规律，也有"聚则为生，散则为死"（《庄子·知北游》）的生命规律，亦有"搏气如神，万物备存"（《管子·内业》）的艺术规律。这些价值取向是人工制作的"技术模式"无法企及、无法直指的，如虞世南《笔髓论》云：

> 欲书之时，当收视反听，绝虑凝神，心正气和，则契于妙。心神不正，书则欹斜；志气不和，书则颠仆。其道同鲁庙之器，虚则欹，满则覆，中则正。正者，冲和之谓也。然字虽有质，迹本无

---

① （清）郭庆藩撰，王孝鱼点校：《庄子集释》中册，中华书局2012年版，第709页。

为，禀阴阳而动静，体万物以成形，达性通变，其常不主。故知书道玄妙，必资于神遇，不可以力求也。机巧必须以心悟，不可以目取也。……必在澄心运思至微至妙之间，神应思彻。又同鼓瑟轮指，妙响随意而生；握管使锋，逸态逐毫而应。学者心悟于至妙，书契于无为，苟涉浮华，终懵于斯理也。①

人工制作的"技术模式"具有不可避免的局限性和片面性，很难彰显古人的精神道统和幽情壮采，更难以将宇宙意志和生命精神统一。惟有通过"无为而无不为"的"生命模式"，我们才能在认识生命结构的同时，探索到"神"所反映出的"内宇宙之妙"和"外宇宙之游"。② 于是，面对"神"的现代遭际，我们以"生命模式"还原"神"的语境、情境及艺境，重构其语力、语义及语用，对追索这一概念的原生契机、沿生风貌和再生视域，探讨其思想传统、文化精神和价值理念，具有重要的理论意义和实践意义。

在传统与现代之间，虽然"神"的价值取向遭到降格与消解，暂时远离传统文论语境，从不断生成的批评话语变为闲置桌案的普通词语，但是在知识图景上依然有冲击力、影响力及渗透力。在传统诗文评中，由"崇神""尚神"而"通神""入神"，既是诗性与思性的会通，也是阐释与创构的统一，亦是自然与生命的融合。所以说，时至今日，我们有必要在现代学术语境中对"神"的价值取向进行整体观照和系统思考。透过"生命模式"的视角，我们不难发现"神"涵盖了自然、生命及文艺之道，乃是具有中国特色、中国风格及中国气派的文论话语。如《礼记·

① （唐）虞世南撰，胡洪军、胡遐辑注：《虞世南诗文集》，浙江古籍出版社2012年版，第65~66页。

② "神"表示人的内心世界、自我意识、心性实体与思维、情感、意志等心理活动，既是认识物、欣赏美和创造艺术品的主体，又是统摄五官感觉，控制思想行为的主宰，展示着奥妙难穷的内宇宙，有待人们不断地探索与自省。见张晧：《中国美学范畴与传统文化》，湖北教育出版社1996年版，第79页。

乐记》云：

地气上齐，天气下降，阴阳相摩，天地相荡，鼓之以雷霆，奋之以风雨，动之以四时，暖之以日月，而百化兴焉。如此，则乐者，天地之和也。①

阴阳磨荡，而有天地变化，以生自然万物，"阴阳不测之谓神"既是文艺的最终原理，也是文艺的最高取向，亦是文艺的最高境界。如阮籍《乐论》云：

夫乐者，天地之体，万物之性也。合其体，得其性，则和；离其体，失其性，则乖。昔者圣人之作乐也，将以顺天地之体，成万物之性也，故定天地八方之音，以迎阴阳八风之声，均黄钟中和之律，开群生万物之情。②

在道法自然的生命模式中，"神"不仅成为宇宙、精神及艺术赖以发生的自然基础，还成为天人、群己和物我赖以沟通的生命形式，亦成为冲动、神思和才情赖以成文的精神结构。除此之外，程颐亦云：

圣人文章，自然与学为文者不同。如《系辞》之文，后人决学不得，譬之化工生物。且如生出一枝花，或有剪裁为之者，或有绘画为之者，看时虽似相类，然终不若化工所生，自有一般生意。③

---

① （清）孙希旦撰，沈啸寰、王星贤点校：《礼记集解》下册，中华书局 1989 年版，第 993 页。

② （魏）阮籍著，陈伯君校注：《阮籍集校注》，中华书局 1987 年版，第 78 页。

③ （宋）程颢、程颐著，王孝鱼点校：《二程集》第 3 册，中华书局 1981 年版，第 240 页。

作为道法自然的艺境追求，“神”既充于主体，亦盈于客体，充溢着想象、理解和情感；既弥于作品，亦漫于世界，弥漫着趣味、观念和理想，成为文艺的生命之源、精神之本。因此，可以说，“神”既指向道法自然的价值取向，又指向顺合自然的生命体验，亦指向道法自然的艺境追求；既是文学艺术的自然之道，也是文学艺术的生命之道，亦是文学艺术的创作之道。

自曹丕提出“文以气为主”说以来，“神”面临着“气”的牵制和羁锁，影响到其语义、语力及语用的正常建构。所以，为有效建构“神”的价值取向，须确立“神”的独立性和自主性，解锁其语言困境和结构难题。如此，在道法自然的生命模式中，凸显出“神”的高位性、延伸性及思辨性：既有物理之“神”，指原有的自然基质、客观变化；也有生理之“神”，指原本的生命元素、精神意识；亦有哲理之“神”，指原始的最高范畴、最高抽象。在道法自然的艺境追求中，“神”既有对宇宙本源的叩问（文艺本体），也有对生命本相的敞现（文艺规律），亦有对精神本真的言说（文艺功能）。于是，无论我们从哪种意义上来理解“神”，这一观念都是“自然”的诗性智慧和“生命”的审美运思，体现为道法自然的艺境追求。

在自然、生命及文艺之道的观照中，“神”创构出幽微精深、妙造自然及妙合无垠的取向，以道法自然的生成性为古人的艺境追求提供了审美依据和想象空间。“神”通于自然、生命及文艺之道，是因为“神”玄虚、微妙，富于精神性和理念性，隐于审美意象之中，指向文艺表现的最高境界和终极目的；“神”弥满、流动，富于抽象性和思辨性，显于审美过程之中，指向文艺创造的驱动过程和运行机制。在通向生命的途中，虽说“技术模式”不能制造实际生命，但是“生命模式”能够创造生命意象，营造生命活力，塑造生命精神。就“神”的价值取向而言，如果说“技术模式”遮蔽了“神”的本性、本相及本用，那么“生命模式”就是对这一诗性话语的去蔽、澄明及敞亮。所以说，“神”既是对“技术模式”的超越与突破，也是对“生命模式”的回归与建构；既是对自然、生命及文艺的整体关照，也是对精神、意趣及学养的整体言说，所顺合的是文艺创作的最高本体，所涉及的是文艺创作的最高规律，所寻求的是文艺创作的最高境界。

在道法自然的艺境追求中，"神"这一观念是对"人与天调，然后天地之美生"(《管子·五行》)①的致思和运思。在"生命模式"的观照中，"神"不仅是审美对象的本体和灵奥，还是审美主体的品格和风貌，成为传统诗文评最鲜明的理论特征。惟有体会到"情深而文明，气盛而化神"的价值所在，才能认识自然生命的本真，体悟精神生命的本相。郑燮《题兰竹石二十三则》说：

> 古之善画者，大都以造物为师。天之所生，即吾之所画，总需一块元气团结而成。②

在道法自然的艺境追求中，"神"是对"生命模式"的体悟、阐释及创构。通向自然的进路，即通向生命之途。就"神"的价值生成而言，这一诗性概念既是致思路径，亦是运思目标。

> 凡生命都是在自然孕育成熟之后自然生出来的，而不是有意"作"出来的。人可以做这做那，惟独不能做生命。所以无意与有意，正是生命的诞生与非生命之物的产生的根本差别。有意为之就是人工制作，而一切人工制作的东西，都是无生命的死物。所以文艺创作必须虽作而不作，虽为而不为，有意而无意。这不作、不为、无意，正是文艺创作的本质方面，正是文艺创作不同于其他作

---

① 黎翔凤撰，梁运华整理：《管子校注》中册，中华书局2004年版，第865页。

② 王庆德注：《郑板桥诗文集注》，文化艺术出版社2014年版，第266页。

为的鲜明特征。①

作为文学艺术的化育法则，“神”虽作而不作，虽为而不为，有意而无意，包含着文艺和文艺创作的本质规律，不仅蕴含成物、成人及成己的生命自觉，而且还寄寓言志、载道及抒情的审美自觉，融有自然、生命及文艺的多重取向，没有什么比这一观念更能契合古人的生命体验了。

在道法自然的艺境追求中，“神”这一批评话语既提供了“近取诸身，远取诸物”的致思路径，对本体意义进行追寻和追问，激荡自然世界的无限奇妙，深化了时人的感受能力；也提供了“归本自然，归宗自然”的运思路径，对生命意义进行反思和拷问，激发精神世界的无限可能，提高了时人的理解能力；亦提供了“行神如空，行气如虹”的综合取向，对审美意义进行探索和叩问，激活人文世界的无限想象，增强了时人的鉴赏能力。在传统与现代之间，“神”这一批评话语再现出劲健不息、虚灵无滞的美学观念，以对自然、生命及艺术之道的有效整合，完成了古人对艺道、艺法及艺境的心灵映射，使创作成为自然万象的共同协作，体现出文艺和文艺创作的理想境界。因此，在“神”的现代遭际中，追索其价值立场、价值态度和价值倾向，我们才能营造出自然栖息的心灵空间，建构出自然生存的精神世界，演绎出自然书写的理想境界。

第二节　守中致和的价值秩序

在中国传统文论中，“神”是一个重要的概念范畴，其价值取向既有道法自然的艺境追求，也有守中致和的价值秩序。这一话语广泛地浸润到传统文人的思想体系之中，几乎覆盖了中国思想发生期的知识领域和理论视野。从概念史的角度来看，“神”的形成是一个历史的过程，

① 成复旺：《自然、生命与文艺之道——对中国古代文论中“道艺论”的考察》，《求索》2003年第1期。

由"崇神""尚神"而"通神""入神"，既有自然宇宙的观念，也有社会人生的观念；既是思维逻辑之必须，也是理论逻辑之必然，所培育的道德品格与精神品格，成为哲学理论的支柱和生命精神的内核。"神"首先是作为一种宇宙观和世界观出现的，其次才是被作为一种价值观和方法论来看待的。① 在自然、生命及文艺之道的和谐交融中，"神"成为传统文人的审美意识，在民族性格中积淀出审美法度、理想秩序及中和传统，建构出"从心所欲，不逾矩"②的价值取向。

在"通神""入神"的途中，我们须持"守中致和"的价值取向，才能顺利通达于自然、生命及文艺之道。如果说"道法自然的艺境追求"是"神"的先验原理，是生命本相，是精神本真，那么"守中致和的价值秩序"就是"神"的经验原理，是生命视野，是精神智慧。所以说，"神"既是"自然""生命"的理想境界，也是"天文""人文"的中和境界。"道法自然的艺境追求"是"守中致和的价值秩序"的价值取向，奠定了"神"的概念来源和理论基础；"守中致和的价值秩序"是"道法自然的艺境追求"的人文取向，创设了"神"的话语前提和批评场域。传统文论中，"神"蕴含的精神智慧成为古人的致思取向和运思方式，参与对自然、生命及文艺的调节与平衡，体悟"天地自然之象"，创造"人心营构之象"，使文学艺术流露出浓郁的"练神""畅神"之韵味。在传统视域中，"神"对文论、乐论、书论及画论产生深刻而全面的影响，既是审美体验的理想境界(价值观)，也是审美阐释的中和境界(方法论)。

作为守中致和的价值秩序，"神"源于古人的宇宙观(整体感)和世界观(存在感)，乃是传统诗文评的最高理想和最高目标。

如《礼记·乐记》云：

---

① 通过"天人合一"这一命题的融合，我们可以认为"神"贯通在古人关于天、地、人三界的理解中，成为中国古代知识体系中一个根本理念与致思方式乃至价值核心。见夏静：《"中和"思想流变及其文论意蕴》，《文学评论》2007年第3期。

② 程树德撰，程俊英、蒋见元点校：《论语集释》第1册，中华书局1990年版，第76页。

是故先王本之情性，稽之度数，制之礼义，合生气之和，道五常之行，使之阳而不散，阴而不密，刚气不怒，柔气不慑，四畅交于中而发作于外，皆安其位而不相夺也。①

刘劭《人物志·九征》云：

凡人之质量，中和最贵矣。中和之质，必平淡无味，故能调成五材，变化应节。是故观人察质，必先察其平淡，而后求其聪明。聪明者阴阳之精，阴阳清和则中睿外明，圣人淳耀，能兼二美。知微知章，自非圣人莫能两遂。②

由此可见，从天人合一的文化视野到心物交感的诗学视野，从道法自然的艺境追求到守中致和的价值秩序，无不有“神”之审美思想的存在，无不有“神”之批评话语的创构。从意义建构上来说，“神”源于“阴”“阳”的交感、互渗及融会，“尚中”构成了“神”的价值立场，“尚和”构成了“神”的价值理想，最终目标是实现自然、生命及文艺之道的共同协作，突出“神”的思维功能、审美功能及阐释功能。“守中致和”既是价值理性，也是工具理性；既是思想基础，也是方法基础。作为守中致和的价值秩序，由“通神”“入神”而出，无论是“情动辞发”，还是“披文入情”，在价值取向上仿佛左右，在审美内涵上仿佛对立，都须落实到“尚中”“尚和”的批评传统之中。

中国古人常将“神”看作生命和灵机之根，是人具有活力、灵气和思维之所在。举凡“虚静”“神思”“物感”“性灵”“滋味”“文气”等概念都几乎都脱离不了“神”所预设的价值秩序。这种价值秩序经由“神”的

① （清）孙希旦撰，沈啸寰、王星贤点校：《礼记集解》下册，中华书局1989年版，第1000页。

② （魏）刘劭著，梁满仓译注：《人物志》，中华书局2009年版，第11页。

会通、融通及变通，成为一种普遍存在的价值理性，落实为"守中致和"的艺道、艺法及艺境。作为守中致和的价值秩序，"神"的话语形态从哲学发端，延及自然、生命及文艺等方面，不仅是乐论、书论、文论、画论领域的活跃者，彰显出古典美学的风姿神韵，还是批评意识、批评思维、批评实践和批评理想的承载者，成为贯通诗、文、书、画的批评话语。

在传统文论中，"神"具有丰富的价值取向，既是道法自然的艺境追求，也是守中致和的价值秩序。从自然、生命及文艺的品评法度，到社会、人生及心性的话语秩序，"神"呈现出复杂、灵活及广泛的历史风貌。这一话语具有合情合理的价值秩序，具有合法合规的人文格局，以"尚中""尚和"的致思方式，使得宇宙自然、社会人生及文学艺术之间趋于平衡与和谐。如此，面对"神"的现代遭际，我们建构"神"的价值取向，须透过"神"的语言困境和结构难题，澄清其本然状态，确立其应然方向，把握其审美取向，挖掘其审美内涵。那么，我们该如何实现"道法自然"的艺境追求和"守中致和"的价值秩序？实际上，最有效的途径便对生命精神的陶冶、培育及塑造，以此参与到自然、生命及文艺的共振之中。

从致思方式和运思路径而言，作为一种整体性的宇宙论与世界观，传统视域中"神"构成了古人对文化视野的基本规定，这一诗性概念广泛地闪现于古代思想文化的诸多领域；作为一种把握性的方法论与价值观，"神"构成了古人对文艺现象的品评标准，制约人的现实存在方式与理想价值预设；作为一种协作性的政治论和伦理观，"神"构成了古人对礼乐教化的价值取向，影响到中国古代政教制度的发展轨迹。①

关于"神"的价值取向，可参考宗白华先生在《中国艺术意境之诞生》一文中总结出的五种境界，主要有功利境界、伦理境界、政治境界、学术境界、宗教境界：

---

① 夏静：《文气话语形态研究》，商务印书馆2014年版，第459页。

> 为满足生理的物质的需要，而有功利境界；因人群共存互爱的关系，而有伦理境界；因人群组合互制的关系，而有政治境界；因穷研物理，追求智慧，而有学术境界；因欲返本归真，冥合天人，而有宗教境界。功利境界主于利，伦理境界主于爱，政治境界主于权，学术境界主于真，宗教境界主于神。①

作为守中致和的价值秩序，这是“神”的本然状态和应然方向，表现出古人对天人、群己及身心等关系的想象、理解和建构。“神”这一观念富于哲理，源于阴阳磨荡、天人交感，从形式到内容都体现出“对待立义”的思维范式。如夏静教授指出：

> 对待立义源自对天地万象经验之哲理思考，其一而二的对待性和二而一的立义性抽绎出一个超验的二元共构的宇宙生命结构模式。②

在中国古人的思想体系中，作为阴阳对待的生命模式，“神”源于“仰观宇宙之大，俯察品类之盛”的思考，具有“对待性”“立义性”统一的概念结构(价值秩序)。由“崇神”“尚神”意识而形成“神”，由“通神”“入神”观念而塑造出“神”。在“神”的价值生成中，“神”蕴含、体现的精神智慧，不仅有本体论和认识论的预设，还有方法论和价值论的导向。

在阴阳对待中，“守中致和”构成“崇神”“尚神”的价值秩序，统摄“通神”“入神”的话语形态，为宇宙自然、社会人生及文学艺术提供一种关联、协作及融合的创造模式。如成中英先生说：

---

① 宗白华：《美学散步》，上海人民出版社 1981 年版，第 69~70 页。

② 夏静：《对待立义与中国文论话语形态的建构》，《文学评论》2010 年第 6 期。

> 基于阴阳对待之义，吾人可以揭橥对待原理，基于阴阳变化之义，吾人可以揭橥变化原理，基于阴阳统一之义，吾人可以揭橥统一原理。《易传》之所谓易或道即为此三原理认知之真实存在。此三原理亦可称为易道或阴阳之道之辩证原理。依此三原理，凡是真实必有对待，凡有对待必有变化，凡有变化必有统一。……故对待并非对立，而变化也非征服。统一是对待中的统一，也是变化中的统一，故统一并非静止的状态，而是代表了一生生不息的全体性。①

在这一辩证过程中，"阴阳不测之谓神"形成自然、生命及文艺的整体关联，孕育出浮沉、升降、动静、相感、细缊、相荡、胜负、屈伸等观念，集中体现出审美法度、理想秩序及中和传统，不但说明自然化育的实际，也显示了人文化成的潜能。"对待立义"融合在"神"的价值取向中，成为守中致和的价值秩序，既是对"形""神""气""志"的整合，也是对"言""象""意""道"的阐扬。于是，我们可以认为"神"的审美发生具有内在的导向性，这一点主要是源于古人对生命结构模式的体悟、阐释及创构，进而以"对待立义"的思维方式进入文化视野，以"守中致和"的话语模式进入美学视野，成为文学艺术的冲动之源、才情之据、性灵之依。

作为守中致和的价值秩序，古人以"神"创设一种生命结构模式，涉及精神信仰、审美心理及生存方式，对自然、生命及文艺之道的诠释、品评和书写，并且提供了有效的理论预设、价值导向及话语规范。于是，阴阳对待之"神"成为了诗文批评的法度、标准及规范，成为生命美学的态度、情趣及风貌，其中，既有"由气感神""神感相合""心物相照"的精神理想，又有"悦耳悦目""悦心悦意""悦志悦神"的审美理

---

① ［美］成中英：《天、道范畴分析》，《创造和谐》，东方出版社 2011 年版，第 62 页。

想，亦有“自由把握”“本真生存”“诗意栖息”的价值理想。“神”从哲学关键词转向美学关键词，凸显其跨学科沿生的话语基础和思想资源，创生出通变恒久的精神观念，关键在于其价值取向从自然主体向生命主体、艺术主体的转移，在“物—人—艺”的品相中表现出通用无碍的话语形态。首先，中医义理之“神”，指人体的生命元素和精纯元气。其次，文章教学之“神”，指文本的声音节奏和文章精髓。再次，工艺制作之“神”，指器物流露的精神品相和风格气韵。最后，艺术表演之“神”，指表演的精神面貌和风姿气概。古人对“神”的审美追求，既是历史的必然，也是逻辑的必然；既是感性的认识，也是理性的认识。由“崇神”“尚神”而“通神”“入神”，促成了哲学话语、社会话语和文论话语的整体关联，既是宇宙自然的启悟与共振，也是社会人生的应答与合类，亦是文学艺术的互动与感应。因此，我们建构“神”的价值取向，激活“神”的精神空间，确立这一文论概念的有效性和适用性，也就有了相应话语秩序的结构性和层次性，以及话语形态的可能性和可行性。

第三节　内外兼修的知识素养

在古人的文化视野中，由“崇神”“尚神”而“通神”“入神”，乃是内外兼修的知识修养，既有道法自然的审美追求，也有守中致和的价值取向；既有温柔敦厚的理想人格，也有虚实相生的理想境界；既有礼乐教化的外向追寻，也有心性修养的内向探索。从“天人合一”到“心物合一”，从“近取诸身”到“远取诸物”，无不蕴含“神”的交感、互渗及谐和，具体表现为内外兼修的知识修养，既有为物、为人和为己的内在理路，也有为文、为诗和为画的外在影响。在古人的话语体系中，作为一种宇宙论与世界观，“神”是哲学话语，以宇宙本体为中心，以世界本源为追求；作为一种政治论和伦理观，“神”是社会话语，以政治关怀为中心，以伦理关怀为追求；作为一种方法论与价值观，“神”是文论话语，以批评尺度为中心，以审美价值为追求。作为内在兼济的阅历储备，由"崇神""尚神"而"通神""入神"，既是一种身心修炼与欲望治疗，也是一种生活方式与精神寄托，亦是一种实践功夫与知识修养。① 如果说道法自然的艺境追求是"神"的本然状态，守中致和的价值秩序是"神"的应然追求，那么内外兼修的知识修养就是"神"的实然发展。

（清）王原祁《云山图》

在对待立义的结构模式中，"神"既是对"道德""实践"的会通、融通及变通，又是对"内圣""外王"的统筹、统理及统贯。于此，如果说"崇神""尚神"的价值取向偏于"外王"层面的话，那么"通神""入神"的价值取向则偏于"内圣"层面。② 作为内外兼修的知识修养，"神"具有阴阳之和、天人之和、身心之和的理想图式。"负阴而抱阳，冲气以为和"是存在基础，是化生根本，是价值预设；"情深而文明，气盛而化

① 夏静：《情深而文明，气盛而化神——养气对为文的影响》，《中国社会科学报》2015 年 7 月 13 日第 A05 版。

② 夏静：《文气话语形态研究》，商务印书馆 2014 年版，第 464 页。

神”是立身原则，是审美标准，是价值导向；“心生而言立，言立而文明”是自然本性，是人文道义，是价值依据。明乎此，我们建构“神”的价值取向，须透过“神”的语言困境和结构难题，进而澄清其本然状态，确立其应然方向，完善其实然发展。

作为内外兼修的知识修养，在“气”的牵引和触发下，“神”具有整体关联的价值取向，既有“养气得神”的知识涵育，也有“气静神远”的文化涵育，亦有“气始神结”的美学涵育。如魏禧说：

> 养气之功在于集义；文章之能事在于积理。
>
> 为文之道，欲卓然自立于天下，在于积理而练识。……所谓练识者，博学于文，而知理之要，练于物务，识时之所宜。理得其要，则言不烦，而躬行可践；识时宜则不为高论，见诸行事而有功。①

在传统诗文评中，由“崇神”“尚神”而“通神”“入神”，源于“集义”“积理”“练识”的整体融合，其中既有内容的要求，也有形式的要求；既有致思的方法，也有运思的方法。在文学艺术中，“神”表现为内外兼济的知识修养，惟有通过“积学以储宝，酌理以富才，研阅以穷照，驯致以绎辞”，才能充分地认识这一观念所包含的“内宇宙之妙”“外宇宙之游”。

在内外兼济的意义上，“神”的价值取向体现为知识素养的储备，既有“江山之助”的向度，也有“心性之修”的向度；既有“随物赋形”的向度，也有“随心表意”的向度。作为内外兼修的知识修养，由“崇神”“尚神”而“通神”“入神”的有效途径，既需由内而外的涵养功夫，也需由外而内的化感功夫。在“神变”“神思”“神韵”“神理”“神境”“神妙”

---

① （清）魏禧著，胡守仁等校点：《魏叔子文集》上册，中华书局 2003 年版，第 411、289 页。

"神趣""神味""传神""写神""超神""畅神""练神"等一系列文论概念中，既有"内养""外养"的精神智慧，也有"内观""外观"的思想视野，亦有"内游""外游"的实践传统，构成传统文人的知识视野、文化视野和美学视野。那么，"如何养""如何观""如何游"等具体问题，就成为我们建构"神"的价值取向的关键所在。如柳冕《答衢州郑使君论文书》云：

> 夫善为文者，发而为声，鼓而为气。真则气雄，精则气生，使五彩并用，而气行于其中。故虎豹之文，蔚而腾光，气也；日月之文，丽而成章，精也。精与气，天地感而变化生焉，圣人感而仁义生焉。①

在此，"神"是"为义""为理""为识"的阅历储备，那么，这一特殊观念势必会成为古人"陶冶""吐纳"的价值立场，成为古人"钻研""壮游"的价值态度，成为古人"振气""凝神"的价值理想。在天人、心物合一的整体视野中，由"崇神""尚神"而"通神""入神"，无论是抽象化的过程，还是具象化的过程，抑或精神化的过程，都落实为宇宙自然的知识储备、社会人生的阅历储备和文学艺术的素养储备，经由自然、生命及文艺之道的整体关联，最终完成"神"的意义生成、价值建构及话语运作。

在传统诗文评中，"神"思想既源于美学与诗学的会通，也源于现实与理想的融合，亦源于物性与人性的统一。建构"神"的价值取向，尤须注重其兼济意识和涵泳路径。从结构模式上来说，"神"既是"形""神""气""志"的会通，又是"言""象""意""道"的融通，亦是"知""情""意""行"的变通，于是，成为古人的思维之维、美学之维和阐释之维。作为内外兼修的知识修养，"神"具有广泛的兼济意识，既有本

---

① 周祖譔编选：《隋唐五代文论选》，人民文学出版社 1990 年版，第 169～170 页。

体论和认识论的知识图景，也有方法论和价值论的精神智慧；既有对待性和立义性的思维传统，也有整体性和关联性的话语方式。

如郝经《内游》一文说：

> 持心御气，明正精一，游于内而不滞于内，应于外而不逐于外。常止而行，常动而静，常诚而不妄，常和而不悖。如止水，众止不能易；如明镜，众形不能逃；如平衡之权，轻重在我，无偏无倚，无污无滞，无挠无荡，每寓于物而游焉。①

在中国古人的文化视野中，“神”构成了人文秩序的结构性和层次性，人文制作的可能性和可行性，兼具道德标准、审美标准、价值标准的取向，既有物质生活的畅游，也有社会生活的畅游，亦有精神生活的畅游。由此可见，“神”既有生理培养的向度，也有心理培养的向度；既有道德修养的向度，也有知识追求的向度；既有工具理性的向度，也有价值理性的向度。“神”是古人对天、地、人关系的理解，对性、命、心关系的理解，对理、事、情关系的理解。惟有陶冶、培育及涵养“神”，才是对自然、生命及文艺之道的整体观照和系统思考。作为一种实践功夫，“神”成为古人的把握方式、存在方式和栖息方式，创构出幽微精深、妙造自然、妙合无垠的生命体验；作为一种知识修养，“神”成为古人的自然之道、生命之道和文艺之道，在知识图景上具有冲击力、影响力及渗透力。无论是内向度的体认，还是外向度的阐释，“神”本身具有“强烈的动能和明确的意向”②，最终都落实为道法自然的艺境追求，守中致和的价值秩序，内外兼修的知识素养。

作为内外兼修的阅历储备，“神”这一观念既是天人兼济的体认功

---

① (元)郝经著，秦雪清整理：《郝文忠公陵川文集》，山西人民出版社 2006 年版，第 296 页。

② 作为独特的审美心理结构，“神”可被视为是一种多次生成，多次消散，而且次次有所不同的特殊生成物。见畅广元：《文艺学的人文视界》，首都师范大学出版社 2001 年版，第 134 页。

夫，也是主客兼济的默识功夫，亦是心物兼济的实践功夫。在古人看来，陶冶、培育及涵养"神"，既有"内在化""外在化"的途径，也有"主体化""客体化"的结构，亦有"精神化""生命化"的模式。在"通神""入神"的建构中，惟有"内养""外养"会通，"内游""外游"融通，"内观""外观"变通，才有可能通达于自然、生命及文艺之道。

> "为诗须要多读书，以养其气；多历名山大川，以扩其眼界；宜多亲名师益友，以充其识见。"堪问曰："是则然矣。但寒士僻处穷巷，无书可读，而又无缘游历名山大川，常憾不得好友之切磋。奈何?"曰："只是当境处莫要放过。时时著意，事事留心，则自然有进步处。"①

在文学艺术中，"神"既有"道德""心灵"的会通状态，也有"仁心""勇气"的融通状态，亦有"内容""形式"的变通状态。

如徐复观先生指出：

> 由修养而道德内在化，内在化为作者之心。"心"与"道德"是一体，则由道德而来的仁心与勇气，加深扩大了感发的对象与动机，能见人之所不及见，感人之所不能感，言人之所不敢言，这便只有提高、开拓文学作品的素质与疆宇，有何束缚可言？古今中外真正古典的、伟大的作品，不挂道德规范的招牌，但其中必然有某种深刻的道德意味以作其鼓动的生命力。道德实现的形式可以变迁，但道德的基本精神必为人性所固有，必为个人与群体所需要。②

① 丁福保辑：《清诗话》上册，上海古籍出版社 2015 年版，第 122 页。
② 徐复观：《中国文学精神》，上海书店出版社 2006 年版，第 19 页。

“神”既是自然的基本精神，也是生命的基本精神，亦是文艺的基本精神；既是深刻的道德意味，也是鼓动的生命活力，亦是恒久的价值品格。如果说道法自然的艺境追求是“神”的道德标准，守中致和的价值秩序是“神”的审美标准，那么内外兼修的知识素养就是“神”的价值标准。从价值取向上来看，这种价值标准就是其道德标准(道德理性)与审美标准(审美理性)的对待立义。在整体关联的体系中，“神”既有“情深而文明”的理想模式，也有“气盛而化神”的理想状态，以内外兼济的致思方式预设了其价值立场、价值态度及价值取向。在“通神”“入神”的运思中，在“练神”“畅神”的致思中，既会有自然与生命的修养要求，也会有德性与知性的修养要求，亦会有养神与养气的修养要求。明乎此，便于我们追溯古人的价值理想与精神追求，解读古人的自我理解和自我实现，完成“神”的意义生成、价值建构及话语运作。

结　语

本书对“神”一词的研究，从其概念形态出发，回到批评原点，探源衍变谱系，彰显思想资源，既是欣赏、梳理和总结的过程，也是抽象、归纳和演绎的过程。本书探源“神”的本根渊源和概念基础，考察其话语资源和价值范式。在研究视域上，把“神”所属话语系统作为研究对象，从材料的罗列整理走向观念的创新阐释，注重“神”的阐释生衍；从横向的断面研究走向纵向的系统研究，注重“神”的理论体系；从传统的理论原型走向现代的话语范式，注重“神”的跨学科观念。在研究方法上，既继承了古典观念史和思想史的路径，考察“神”的阶段性、关联性和整体性；也借鉴了哲学阐释学和接受美学的观点，对“神”之概念、主题、内容及原则进行梳理，凸显其语义特征和思想资源，揭示“神”的文化精神与美学价值。

围绕“神”的探源和考察，既是一种建构过程，也是一种再生过程，亦是一种完善过程。本书对“神”的历史风貌、审美发生、理想范式及现代遭际进行整体观照和系统思考，将“原生—沿生—再生”的语义梳理与思想史、观念史、文化史的具体语用以及关键节点的铸刻相结合，从而呈现出“神”的时代活力、阐释效力及理论魅力。根据古人对“神”的整体言说，以此切入传统语境和思想场景，在“辨”中实现“统一”，在“释”中实现“同构”，在“隔”中实现“不隔”。基础工作是要诠解虚实相生的概念、范畴和术语，根本任务是要提炼思想激荡的命题、规律和范式。具体表现在：第一，审美发生论，研究“神”的精神自觉，围绕创生语境、变革契机和衍变机制，涉及概念渗透、路径转向和精神张扬；第二，历史风貌论，研究“神”的内在理路，围绕知识脉络、概念谱系和理论构型，涉及语义变迁、风貌形态和意涵共联；第三，理想范式论，研究“神”的批评面向，围绕生发意义、阐释品相和思维特质，涉及本质特性、美感特性和生命特性；第四，价值认识论，研究“神”的精神智慧，围绕思想传统、文化精神和审美取向，涉及实践思维、认知意识和价值理念。

传统视域中“神”这一概念蕴含着中国古人的精神道统，将宇宙意志和生命精神统一于斯，既有“气化流行”的向度，也有“穷神知化”的向度；既有“江山之助”的向度，也有“心性之修”的向度；既有“随物赋形”的向度，也有“随心表意”的向度。无论是“写心”“抒情”“言志”，还是“观物”“取象”“比类”，大都离不开“神”的概念形态。在传统文论中，“神”这一话语既是时间的，也是空间的；既是思辨的，也是实践的；既是文化的，也是审美的，彰显古人的精神品格、审美心理和思维特征。“神”既指审美对象的精神本体和生命灵奥，也指审美主体的艺术品格和风姿神貌，呈现出不同的历史风貌，对应着不同的话语形态：在哲理本源的探索阶段，以生命自觉的形式把握物质和精神的规律，表现为对宇宙本原及秩序的思考；在艺术特质的概括阶段，以人格自觉的形式思辨语言和思维的逻辑，表现为对艺术精神及追求的弘扬；在美感心理的细分阶段，以审美自觉的形式推想理性和感性的体验，表现为对生命本质及意识的肯定。通过对“神”之审美发生、历史风貌、理想范式和现代遭际的检视，可看出这一概念的形成和发展，既反映了古人对创作规律认识的深化和对审美主体、审美客体及审美经验的重视，也再现了中国古代文艺思想在原点处即通于一种劲健不息、虚灵无滞的美学观念。

在中国古代文艺思想中，“神”是一个具有时代活力、阐释效力及理论魅力的元关键词，以超强的理论生命、内涵幅度和指涉功能，扎根于古人的知识图景上而不易诠解。作为通变恒久的关键词，“神”的理论生命从“前学科时代”延至“后现代时期”，以会通、融通、变通的知识形态建构出深远、广泛及持久的价值取向，成为古人的生命之本、修养之本及精神之本。作为弥纶群言的关键词，“神”的内涵幅度从“有形迹者”转向“无形迹者”，其可虚可实的全幅形态，实则藏之，虚则露之，融通人之精神意识与物之客观变化，更有对意义世界的建构，对精神传统的塑造，对主体意识的探索。作为指涉强大的关键词，“神”的指涉功能从哲学话语变为文论话语，最具有绵延性、发散性和渗透性，在思维方式、生命意识和艺术精神上建构古人的诗性智慧，在哲学本体、经典诠释和美学品评上言说古人的普世价值。无论是从宇宙观、世界观的角度来看，还是方法论、价值论的角度而言，由“崇神”“尚神”而“通神”“入神”，都是古人的最高理想和最高目标，既致力于本体、本源及本质的探索，也致力于生意、生机及生气的会通，充满想象、理解和情感，弥漫趣味、观念和理想。在传统诗文评中，“比兴”“虚静”“神思”“滋味”“神韵”“意境”“物感”“性灵”“妙悟”等概念几乎都脱离不了“神”预设的价值立场、价值态度和价值倾向。

作为通用无碍的概念范畴，“神”一词完成了从哲学关键词向美学关键词的过度，无论是孔孟还是老庄，无论是佛徒还是道士，还是星占、神仙、巫医、诗文、书画等职者，都有对“神”的不同言说。在古人的文化视野中，“神”源于自然、生命及文艺之道的启悟与共振、应答与合类、互动与感应，既指生命元素的集中形态，精纯元气的存养状态，也指声音节奏的韵律之美，文章意蕴的精髓之美；既指尽器贯道的精神品相，整体流动的风格气韵，也指表演主体的精神面貌，表演样式的风姿气概。于是乎，“神”不仅是乐论、书论、文论、画论领域的活跃者，彰显出古典美学的风姿神韵，还是批评意识、批评思维、批评实践和批评理想的承载者，成为贯通诗文书画的批评话语。在这一发生过程中，既规范了“由道化艺”的审美逻辑，也深化了“由艺返道”的审美机制，亦探讨了“道艺合一”的审美规律。由“崇神”“尚神”而“通神”“入神”，这一概念不仅涉及宇宙观、自然观、生命观和精神观的整体关联，还涉及本体论、认识论、方法论和价值论的对待立义，旨在探寻最高原因及原理，建构最高境象及境界，创造最高价值及表现。在传统文论视域中，这一概念呈现出不同面向，既有“以道统艺”的历史风貌，也有“以艺臻道”的审美发生，亦有“道艺相融”的理想范式。所以，“神”成为古人把握宇宙、观照世界及认识人生的理想范式（思维方式、审美方式、阐释方式），不仅是天人、群己和物我赖以沟通的生命形式，还是冲动、神思和才情赖以成文的精神依据。

在古人的文化视野中，“神”含有“三位一体”的概念结构，尤为涉及思维方式、审美趣味和话语形态。作为生命表征的“神”，与文学艺术的美感产生某种程度的关联，熔铸出“神思”“神韵”“神理”等命题，创制出“神趣”“神味”“神逸”等概念，诠释出“练神”“传神”“畅神”等范畴，既使人的观念有所依凭，也使人的心灵有所澄明，亦使人的精神有所托寄。如果说文学艺术是人的自由之境的话，那么，古人创构的“神”这一语词就是开启自由之境的“密钥”。于是，作为一种思维范式，“神”是对“气感之思”“神感之思”“心物之思”的集中体现，提供价值立场（认知前提），表现了尚自然、尚感合、尚和谐的思维传统；作为一种审美范式，“神”是对“悦耳悦目”“悦心悦意”“悦志悦神”的集中体现，提供价值态度（获知路径），表现了重体验、重感受、重过程的审美传统；作为一种阐释范式，“神”是对“自由把握”“本真生存”“诗意栖息”的集中体现，提供价值取向（致知原则），表现了崇本源、崇本相、崇本真的阐释传统。传统诗文评中“神”的范式作用，既源于“崇神”“尚神”意识的驱动，也源于“诗性”“思性”意识的运作，亦源于“自然”“生命”意识的书写。在古人的价值选择和价值判断中，“神”这一话语既蕴有文学艺术的致思方式，也蕴有文学艺术的入思方式，亦蕴有文学艺术的运思方式。

自曹丕提出“文以气为主”的命题以来，“神”面临“文气”论的牵制和羁锁，影响到其语义、语力及语用的正常建构。在古代汉语语境中，“神”是对宇宙本原及秩序的思考，对生命本质及意识的肯定，对艺术精神及追求的弘扬。然而，在现代学术语境中，“神”发生了新变，其时代活力、阐释效力及理论魅力都有所降低，从不断生成、富有自由的批评话语变为日常、普通的形容词，似乎不再致力于自然、生命及文艺之间的会通与平衡。由于“神”的高低降格，既遮蔽了“负阴而抱阳，冲气以为和”的思想传统，也割裂了“情深而文明，气盛而化神”的话语体系，亦搁置了“心生而言立，言立而文明”的价值取向。在传统与现代之间，“神”的现代遭际既有“语力弱化”“语义曲解”“语用背离”的困境，也面临“内外有别”“主辅之争”“搁置和谐”的难题，以至于其价值取向(价值立场、价值态度和价值倾向)被低估、限制。虽然说“神”暂时远离了传统语境，但是依然有冲击力、影响力及渗透力。所以说，我们有必要来检视和反思“神”的现代遭际，试验“神”与其他文论概念的关联性和整体性，研寻其所蕴含的知识图景、精神智慧及思想传统。

在传统与现代之间，虽然“神”遭遇困境和难题，但是这一概念具有的交感性、互渗性及融会性，依然是自然、生命及文艺之道的基本精神。面对“神”的现代遭际，我们有必要追索这一概念的本然状态、应然追求及实然发展，以便真正地理解“神”的存在领域，从而理解“神”本身。从概念史的角度来说，由“崇神”“尚神”而“通神”“入神”，“神”一词经历某种程度的旅行与变异，其价值取向必然会映射到理论生命之中，显现出不同的价值立场、价值态度和价值倾向。在古人的文化视野中，“神”隐于诸物，诸物皆蕴含“神”，既与生活同流，融于情性；也与生命同体，会于阴阳。观“物”旨在观“气”，观“气”旨在观“神”。“神”既是深刻的生命意味，也是鼓动的生命活力，亦是恒久的生命品格。在古人的诗性思维中，“神”的价值取向既指道法自然的艺境追求(本然状态)，也指守中致和的价值秩序(应然追求)，亦指内外兼修的阅历储备(实然发展)。如果说“道法自然”是“神”的道德标准、“守中致和”是“神”的审美标准的话，那么，“内外兼修”就是“神”的价值标准。作为道法自然的艺境追求，“神”既是自然基础，也是生命形式，亦是精神结构；作为守中致和的价值秩序，“神”既是审美法度，也是理想秩序，亦是中和传统；作为内外兼修的阅历储备，“神”既是体认功夫，也是默识功夫，亦是实践功夫。明乎此，欲证明“神”的独立性和自主性，确立“神”的有效性和适用性，须关注“神”的建构、传播和发展过程，然后，还原其复义形态，揭示其关键意涵，研寻其批评结构。随着中国文论关键词的重释、重估及重构，陷入弱化与迷失、焦虑与困惑之中的“神”终有激活、返本及开新的可能。

“神”这一概念既有生理培养的向度，也有心理培养的向度；既有道德修养的向度，也有知识追求的向度；既有工具理性的向度，也有价值理性的向度。在中国传统思想场景中，“神”蕴含着古人的知识图景、精神智慧及思想传统，其中既有对天、地、人关系的整体理解，也有对性、命、心关系的整体理解，亦有对理、事、情关系的整体理解。所以说，“神”的时代活力、阐释效力及理论魅力正在于斯，“神”的观念合力、思想动力及话语强力正在于斯，“神”的概念引力、批评张力及文化推力正在于斯。因此，由“崇神”“尚神”而“通神”“入神”，既可激发出创作冲动，鼓荡创作激情，燃起创作热忱；又可酝酿出审美意识，承载审美经验，浃洽审美取向。

参考文献[①]

一、著作

1. 白居易著，朱金城笺校：《白居易集笺校》，上海古籍出版社1988年版。

2. 北京大学哲学系美学教研室：《西方美学家论美和美感》，商务印书馆1980年版。

3. 蔡景康编选：《明代文论选》，人民文学出版社1993年版。

4. 蔡尚思、方行编：《谭嗣同全集》，中华书局1981年版。

5. 曹顺庆等：《中国古代文论话语》，巴蜀书社2001年版。

6. 曾振宇：《中国气论哲学研究》，山东大学出版社2001年版。

7. 曾祖荫：《中国古代美学范畴》，华中工学院出版社1986年版。

8. 畅广元：《文艺学的人文视界》，首都师范大学出版社2001年版。

9. 陈伯海：《回归生命本原：后形而上学视野中的"形上之思"》，商务印书馆2012年版。

10. 陈良运：《周易与中国文学》，百花洲文艺出版社2010年版。

11. 陈寿撰，陈乃乾校点：《三国志》，中华书局1959年版。

12. 陈望衡：《美学王国探秘》，陕西人民出版社1988年版。

13. 陈钟凡：《中国文学批评史》，江苏文艺出版社2008年版。

---

① 著作、论文均按照作者姓名音序排列，作者相同者依据文献出版时间升序排列。

14. 陈竹：《中国古代气论文学观》，华中师范大学出版社 1995 年版。

15. 陈竹、曾祖荫：《中国古代艺术范畴体系》，华中师范大学出版社 2003 年版。

16. 成复旺主编：《中国美学范畴辞典》，中国人民大学出版社 1995 年版。

17. 成复旺：《神与物游：中国传统审美之路》，山东人民出版社 2007 年版。

18. 成中英主编：《本体诠释学》第 2 辑，北京大学出版社 2002 年版。

19. 成中英：《创造和谐》，东方出版社 2011 年版。

20. 程颢、程颐著，王孝鱼点校：《二程集》，中华书局 1981 年版。

21. 程晶晶：《中国审美心境范畴论》，社会科学文献出版社 2015 年版。

22. 程俊英、蒋见元：《诗经注析》，中华书局 1991 年版。

23. 程树德撰，程俊英、蒋见元点校：《论语集释》，中华书局 1990 年版。

24. 程苏东：《从六艺到十三经》，北京大学出版社 2018 年版。

25. 程宜山：《中国古代元气学说》，湖北人民出版社 1986 年版。

26. 崔尔平选编：《历代书法论文选续编》，上海书画出版社 2015 年版。

27. 崔树强：《气的思想与中国书法》，人民出版社 2010 年版。

28. 戴名世著，王树民编校：《戴名世集》，中华书局 1998 年版。

29. 戴震著，何文光整理：《孟子字义疏证》，中华书局 1961 年版。

30. 党圣元：《在传统与现代之间——古代文论的现代遭际》，山东教育出版社 2009 年版。

31. 党圣元：《返本与开新：中国传统文论的当代阐释》，河南大学出版社 2011 年版。

32. 邓心强、史修永：《桐城派文体学研究》，安徽大学出版社 2012 年版。

33. 第环宁：《气势论：中国古代文学理论专题研究》，民族出版社 2002 年版。

34. 丁福保辑：《历代诗话续编》，中华书局 1983 年版。

35. 丁福保辑：《清诗话》，上海古籍出版社 2015 年版。

36. 董其昌著，印晓峰点校：《画禅室随笔》，华东师范大学出版社 2012 年版。

37. 樊美筠：《中国传统美学的当代阐释》，北京大学出版社 2006 年版。

38. 方苞著，刘季高校点：《方苞集》，上海古籍出版社 1983 年版。

39. 方东美：《生生之美》，北京大学出版社 2009 年版。

40. 方东树著，王绍楹校点：《昭昧詹言》，人民文学出版社 1961 年版。

41. 方克立主编：《中国哲学大辞典》，中国社会科学出版社 1994 年版。

42. 房玄龄等撰：《晋书》，中华书局 1974 年版。

43. 冯黎明：《学科互涉与文学研究方法论革命》，武汉大学出版社 2014 年版。

44. 冯天瑜：《中华元典精神》，武汉大学出版社 2006 年版。

45. 冯天瑜：《"封建"考论》，武汉大学出版社 2007 年版。

46. 冯天瑜等主编：《语义的文化变迁》，武汉大学出版社 2007 年版。

47. 冯友兰：《三松堂学术文集》，北京大学出版社 1984 年版。

48. 傅璇琮、陈尚君、徐俊编：《唐人选唐诗新编》，中华书局 2014 年版。

49. 傅亚庶撰：《刘子校释》，中华书局 1998 年版。

50. 高文强：《佛教与永明文学批评》，湖北教育出版社 2006 年版。

51. 高文强：《中国古代文论范畴发生史〈老子〉卷：道法自然》，武汉大学出版社 2009 年版。

52. 葛兆光：《中国思想史》，复旦大学出版社 2001 年版。

53. 古风：《中国传统文论话语存活论》，社会科学文献出版社 2013 年版。

54. 顾炎武著，黄汝成集释：《日知录集释》，上海古籍出版社 2006 年版。

55. 归有光著，周本淳校点：《震川先生集》，上海古籍出版社 2007 年版。

56. 郭必恒：《中国传统艺术观念关键词》，北京师范大学出版社 2017 年版。

57. 郭庆藩撰，王孝鱼点校：《庄子集释》，中华书局 2012 年版。

58. 郭绍虞：《照隅室古典文学论集》，上海古籍出版社 1983 年版。

59. 郭绍虞编选，富寿荪校点：《清诗话续编》，上海古籍出版社 1983 年版。

60. 郭绍虞主编，王文生副主编：《中国历代文论选》，上海古籍出版社 2001 年版。

61. 韩东育：《天人·人际·身心——中国古代“终极关怀”思想研究》，东北师范大学出版社 1994 年版。

62. 韩愈著，马其昶校注：《韩昌黎文集校注》，上海古籍出版社 2014 年版。

63. 郝经著，秦雪清整理：《郝文忠公陵川文集》，山西人民出版社 2006 年版。

64. 何建章注释：《战国策注释》，中华书局 1990 年版。

65. 何景明著，李淑毅等点校：《何大复集》，中州古籍出版社 1989 年版。

66. 何宁撰：《淮南子集释》，中华书局 1998 年版。

67. 何乔远撰，张家庄、陈节点校：《镜山全集》，福建人民出版社

2015 年版。

68. 何天杰：《桐城文派：文章法的总结与超越》，广州文化出版社 1989 年版。

69. 何文焕辑：《历代诗话》，中华书局 1981 年版。

70. 洪兴祖撰，白化文等点校：《楚辞补注》，中华书局 1983 年版。

71. 洪咨夔著，侯体健点校：《洪咨夔集》，浙江古籍出版社 2015 年版。

72. 侯文宜：《中国文气论批评美学》，中国社会科学出版社 2012 年版。

73. 胡建次、邱美琼：《中国古代文论承传研究》，中国社会科学出版社 2012 年版。

74. 胡经之主编：《中国古典美学丛编》，中华书局 1988 年版。

75. 胡经之：《文艺美学》，北京大学出版社 1999 年版。

76. 胡经之主编：《中国古典文艺学丛编》，北京大学出版社 2001 年版。

77. 胡经之：《文艺美学及文化美学》，复旦大学出版社 2016 年版。

78. 胡学春：《真：泰州学派美学范畴》，社会科学文献出版社 2009 年版。

79. 胡亚敏主编：《西方文论关键词与当代中国》，中国社会科学出版社 2015 年版。

80. 胡应麟撰：《诗薮》，上海古籍出版社 1979 年版。

81. 胡仔纂集，廖德明校点：《苕溪渔隐丛话》，人民文学出版社 1962 年版。

82. 桓谭撰，朱谦之校释：《新辑本桓谭新论》，中华书局 2009 年版。

83. 黄怀信撰：《鹖冠子汇校集注》，中华书局 2004 年版。

84. 黄晖撰：《论衡校释》，中华书局 1990 年版。

85. 黄霖、吴建民、吴兆路：《原人论》，复旦大学出版社 2000 年版。

86. 黄宗羲撰，沈善洪主编：《黄宗羲全集》，浙江古籍出版社

2005 年版。

87. 嵇康著，戴明扬校注：《嵇康集校注》，中华书局 2014 年版。

88. 季广茂：《隐喻视野中的诗性传统》，高等教育出版社 1998 年版。

89. 贾文昭主编：《中国古代文论类编》，海峡文艺出版社 1988 年版。

90. 贾文昭编：《中国近代文论类编》，黄山书社 1991 年版。

91. 贾文昭：《桐城派文论选》，中华书局 2008 年版。

92. 贾谊撰，阎振益、钟夏校注：《新书校注》，中华书局 2000 年版。

93. 蒋建梅：《和谐的生命之美："圆"范畴的审美空间与美学精神》，南京大学出版社 2015 年版。

94. 蒋孔阳主编：《哲学大辞典·美学卷》，上海辞书出版社 1991 年版。

95. 蒋孔阳：《美学新论》，安徽教育出版社 2007 年版。

96. 焦循撰，沈文倬点校：《孟子正义》，中华书局 1987 年版。

97. 焦循撰，刘建臻点校：《焦循诗文集》，广陵书社 2009 年版。

98. 皎然著，李壮鹰校注：《诗式校注》，人民文学出版社 2003 年版。

99. 康中乾：《有无之辨——魏晋玄学本体思想再解读》，人民文学出版社 2003 年版。

100. 况周颐著，王幼安校订：《蕙风词话》，人民文学出版社 1960 年版。

101. 黎翔凤撰，梁运华整理：《管子校注》，中华书局 2004 年版。

102. 李白著，瞿蜕园、朱金城校注：《李白集校注》，上海古籍出版社 1980 年版。

103. 李春青：《诗与意识形态：西周至两汉诗歌功能的演变与中国诗学观念的生成》，北京大学出版社 2005 年版。

104. 李春青：《在文本与历史之间：中国古代诗学意义生成模式探

微》，北京大学出版社2005年版。

105. 李春青主编：《先秦文艺思想史》，北京师范大学出版社2012年版。

106. 李存山：《中国气论探源与发微》，中国社会科学出版社1990年版。

107. 李德裕著，傅璇琮、周建国校笺：《李德裕文集校笺》，中华书局2018年版。

108. 李建中：《古代文论的诗性空间》，湖北人民出版社2005年版。

109. 李建中：《中国古代文论诗性特征研究》，武汉大学出版社2007年版。

110. 李建中、吴中胜、褚燕：《中国古代文论诗性特征研究》，武汉大学出版社2007年版。

111. 李建中、李小兰：《批评文体论纲》，武汉大学出版社2013年版。

112. 李建中：《体：中国文论元关键词解诠》，中国社会科学出版社2014年版。

113. 李建中、高文强主编：《文化关键词研究》第1辑，武汉大学出版社2014年版。

114. 李建中、高文强主编：《文化关键词研究》第2辑，武汉大学出版社2016年版。

115. 李建中主编：《中国文化：元典与要义》，北京师范大学出版社2016年版。

116. 李建中、高文强主编：《文化关键词研究》第3辑，武汉大学出版社2018年版。

117. 李清良：《中国阐释学》，湖南师范大学出版社2001年版。

118. 李渔：《李渔全集·闲情偶寄》，浙江古籍出版社1991年版。

119. 李泽厚、刘纲纪主编：《中国美学史》，中国社会科学出版社

1984年版。

120. 李泽厚：《美学四讲》，《美学三书》，安徽文艺出版社1999年版。

121. 李泽厚：《美学旧作集》，天津社会科学院出版社2002年版。

122. 李泽厚：《中国古代思想史论》，生活·读书·新知三联书店2008年版。

123. 李志林：《气论与传统思维方式》，学林出版社1990年版。

124. 林光华：《魏晋玄学"言意之辨"研究》，社会科学文献出版社2016年版。

125. 林衡勋：《中国古代文论纲目体系》，中国社会科学出版社2015年版。

126. 林同华主编：《宗白华全集》，安徽教育出版社1994年版。

127. 刘大櫆著，范先渊校点：《论文偶记》，人民文学出版社1959年版。

128. 刘耕华：《诠释学与先秦儒家之意义生成》，上海译文出版社2001年版。

129. 刘衡如校：《灵枢经》，人民卫生出版社1964年版。

130. 刘金波：《中国古代文论范畴发生史〈礼记〉卷：礼以节情 乐以发和》，武汉大学出版社2009年版。

131. 刘劭著，梁满仓译注：《人物志》，中华书局2009年版。

132. 刘文英：《中国古代意识观念的产生和发展》，上海人民出版社1985年版。

133. 刘熙载著，刘立人、陈文和点校：《刘熙载集》，华东师范大学出版社1993年版。

134. 刘熙载著，袁津琥校注：《艺概注稿》，中华书局2009年版。

135. 刘勰著，范文澜注：《文心雕龙注》，人民文学出版社1958年版。

136. 刘昫等撰：《旧唐书》，中华书局1975年版。

137. 刘义庆撰，余嘉锡笺疏：《世说新语笺疏》，中华书局 2016 年版。

138. 刘禹锡著，瞿蜕园笺证：《刘禹锡集笺证》，上海古籍出版社 2009 年版。

139. 刘运好：《魏晋经学与诗学》，中华书局 2018 年版。

140. 陆机著，张少康集释：《文赋集释》，人民文学出版社 2002 年版。

141. 陆机著，杨明校笺：《陆机集校笺》，上海古籍出版社 2016 年版。

142. 罗宗强：《魏晋南北朝文学思想史》，中华书局 1996 年版。

143. 罗宗强：《隋唐五代文学思想史》，中华书局 1999 年版。

144. 罗宗强：《明代文学思想史》，中华书局 2013 年版。

145. 梅曾亮著，彭国忠、胡晓明校点：《柏枧山房诗文集》，上海古籍出版社 2005 年版。

146. 孟郊著，华忱之、喻学才校注：《孟郊诗集校注》，人民文学出版社 1995 年版。

147. 敏泽、党圣元：《文学价值论》，社会科学文献出版社 1997 年版。

148. 敏泽：《中国美学思想史》，齐鲁书社 1987 年版。

149. 牟宗三：《生命的学问》，广西师范大学出版社 2005 年版。

150. 南帆：《南帆文集》，福建教育出版社 2017 年版。

151. 欧阳询撰，汪绍楹校：《艺文类聚》，上海古籍出版社 1999 年版。

152. 蒲震元：《中国艺术批评模式初探》，北京大学出版社 2016 年版。

153. 漆绪邦、王凯符选注：《桐城派文选》，安徽人民出版社 1984 年版。

154. 祁志祥：《乐感美学》，北京大学出版社 2016 年版。

155. 钱穆：《钱宾四先生全集》，台湾联经出版事业公司 1998 年版。

156. 钱谦益著，钱曾笺注：《钱牧斋全集》，上海古籍出版社 2003 年版。

157. 钱锺书：《谈艺录》，生活·读书·新知三联书店 2001 年版。

158. 权雅宁：《中国文学理论知识形态研究》，中国社会科学出版社 2014 年版。

159. 任遂虎：《文章学通论》，清华大学出版社 2011 年版。

160. 任雪山：《桐城派文论的现代回响》，安徽大学出版社 2015 年版。

161. 阮籍著，陈伯君校注：《阮籍集校注》，中华书局 1987 年版。

162. 上海书画出版社、华东师范大学古籍整理研究室选编校点：《历代书法论文选》，上海书画出版社 1979 年版。

163. 沈德潜著，潘务正、李言校点：《沈德潜诗文集》，人民文学出版社 2011 年版。

164. 沈德潜编：《古诗源》，中华书局 2006 年版。

165. 沈宗骞著，虞晓白点校：《芥舟学画编》，浙江人民美术出版社 2017 年版。

166. 石涛著，俞剑华注译：《石涛画语录》，江苏美术出版社 2007 年版。

167. 司空图著，郭绍虞集解：《诗品集解》，人民文学出版社 1963 年版。

168. 司空图著，祖保泉等笺校：《司空表圣诗文集笺校》，安徽大学出版社 2002 年版。

169. 司马迁撰：《史记》，中华书局 1963 年版。

170. 苏保华：《魏晋玄学与中国审美范式》，社会科学文献出版社 2013 年版。

171. 苏桂宁：《宗法伦理精神与中国诗学》，上海三联书店 2002

年版。

172. 苏轼著，孔凡礼点校：《苏轼诗集》，中华书局 1982 年版。

173. 苏轼著，孔凡礼点校：《苏轼文集》，中华书局 1986 年版。

174. 苏天爵编：《元文类》，上海古籍出版社 1993 年版。

175. 苏舆撰，钟哲点校：《春秋繁露义证》，中华书局 1992 年版。

176. 苏辙著，曾枣庄、马德富校点：《栾城集》，上海古籍出版社 1987 年版。

177. 孙光宪撰，贾二强点校：《北梦琐言》，中华书局 2002 年版。

178. 孙希旦撰，沈啸寰、王星贤点校：《礼记集解》，中华书局 1989 年版。

179. 孙诒让撰，王文锦、陈玉霞点校：《周礼正义》，中华书局 1987 年版。

180. 谭戒甫撰：《公孙龙子形名发微》，中华书局 1963 年版。

181. 汤显祖著，徐朔方笺校：《汤显祖全集》，北京古籍出版社 1999 年版。

182. 汤用彤：《魏晋玄学论稿》，上海古籍出版社 2005 年版。

183. 唐顺之著，马美信等点校：《唐顺之集》，浙江古籍出版社 2014 年版。

184. 陶秋英编选，虞行校订：《宋金元文论选》，人民文学出版社 1999 年版。

185. 涂光社：《原创在气》，百花洲文艺出版社 2001 年版。

186. 屠隆著，汪超宏主编：《屠隆集》，浙江古籍出版社 2012 年版。

187. 万奇：《桐城派与中国文章理论》，内蒙古教育出版社 1999 年版。

188. 汪荣宝撰，陈仲夫点校：《法言义疏》，中华书局 1987 年版。

189. 汪涌豪：《风骨的意味》，百花洲文艺出版社 2001 年版。

190. 汪涌豪：《中国文学批评范畴及体系》，复旦大学出版社 2007 年版。

191. 王弼著，楼宇烈校释：《王弼集校释》，中华书局 1980 年版。

192. 王弼注，孔颖达疏，李申、卢光明整理：《周易正义》，北京大学出版社 1999 年版。

193. 王弼注，楼宇烈校释：《老子道德经注校释》，中华书局 2008 年版。

194. 王冰撰：《黄帝内经素问》，人民卫生出版社 1963 年版。

195. 王夫之著，王孝鱼点校：《诗广传》，中华书局 1964 年版。

196. 王夫之：《张子正蒙注》，中华书局 1975 年版。

197. 王夫之著，戴鸿森笺注：《姜斋诗话笺注》，上海古籍出版社 1981 年版。

198. 王符著，汪继培笺：《潜夫论笺》，中华书局 1979 年版。

199. 王国维著，徐调孚、周振甫注：《人间词话》，人民文学出版社 1960 年版。

200. 王利器撰：《文子疏义》，中华书局 2000 年版。

201. 王念孙著，钟宇讯点校：《广雅疏证》，中华书局 1983 年版。

202. 王齐洲：《中国古代文学观念发生史》，人民文学出版社 2014 年版。

203. 王双龙主编：《阐释的限度："强制阐释论"的讨论》，中国社会科学出版社 2017 年版。

204. 王水照编：《历代文话》，复旦大学出版社 2007 年版。

205. 王廷相著，王孝鱼点校：《王廷相集》，中华书局 1989 年版。

206. 王文生：《中国文学思想体系》，上海古籍出版社 2017 年版。

207. 王先霈：《圆形批评论》，华中师范大学出版社 1994 年版。

208. 王先霈：《中国古代与中国艺术心理思想》，湖北教育出版社 2006 年版。

209. 王先谦撰，沈啸寰、王星贤点校：《荀子集解》，中华书局 2013 年版。

210. 王先慎撰，钟哲点校：《韩非子集解》，中华书局 2013 年版。

211. 王小舒：《神韵诗学论稿》，广西师范大学出版社 2001 年版。

212. 王阳明著，邓艾民注：《传习录注疏》，上海古籍出版社 2012 年版。

213. 王元骧：《审美：向人回归》，浙江大学出版社 2015 年版。

214. 王振复主编：《中国美学范畴史》，山西教育出版社 2006 年版。

215. 王镇远、邬国平编选：《清代文论选》，人民文学出版社 1990 年版。

216. 魏禧著，胡守仁等校点：《魏叔子文集》，中华书局 2003 年版。

217. 卫朝晖：《神：从庄学到诗学》，中国社会科学出版社 2010 年版。

218. 吴海伦：《中国古典美学范畴“观”研究》，中国社会科学出版社 2018 年版。

219. 吴建民：《中国古代诗学原理》，人民文学出版社 2001 年版。

220. 吴调公：《神韵论》，人民文学出版社 1991 年版。

221. 吴中胜：《原始思维与中国文论的诗性智慧》，中国社会科学出版社 2008 年版。

222. 夏静：《文气话语形态研究》，商务印书馆 2014 年版。

223. 夏静：《中国思想传统中的文学观念》，生活 · 读书 · 新知三联书店 2017 年版。

224. 萧统编，李善注：《文选》，上海古籍出版社 1986 年版。

225. 萧子显撰：《南齐书》，中华书局 1972 年版。

226. 徐成志、江小角主编：《桐城派与明清学术文化》，安徽大学出版社 2008 年版。

227. 徐成志、王思豪主编：《桐城派文集叙录》，安徽大学出版社 2016 年版。

228. 徐复观：《中国艺术精神》，华东师范大学出版社 2001 年版。

229. 徐复观：《中国文学精神》，上海书店出版社 2006 年版。

230. 徐元诰撰，王树民、沈长云点校：《国语集解》，中华书局2002年版。

231. 徐中玉主编：《中国古代文艺理论专题资料丛刊》，中国社会科学出版社2013年版。

232. 许维遹撰，梁运华整理：《吕氏春秋集释》，中华书局2009年版。

233. 许学夷撰，杜维沫校点：《诗源辩体》，人民文学出版社1987年版。

234. 荀悦：《申鉴(附札记)》，中华书局1985年版。

235. 严羽著，张健校笺：《沧浪诗话校笺》，上海古籍出版社2012年。

236. 杨伯峻编著：《春秋左传注》，中华书局1990年版。

237. 杨伯峻撰：《列子集释》，中华书局2013年版。

238. 杨国荣：《成己与成物：意义世界的生成》，北京大学出版社2010年版。

239. 杨儒宾、祝平次编：《儒学的气论与工夫论》，华东师范大学出版社2008年版。

240. 杨赛：《中国音乐美学原范畴研究》，华东师范大学出版社2015年版。

241. 杨星映、邓心强、肖锋：《中国古代文论元范畴论析：气、象、味的生成与泛化》，上海古籍出版社2015年版。

242. 杨义：《现代中国学术方法通论》，山东教育出版社2009年版。

243. 姚鼐著，刘季高标校：《惜抱轩诗文集》，上海古籍出版社1992年版。

244. 姚鼐纂集，胡士明、李祚唐标校：《古文辞类纂》，上海古籍出版社1998年版。

245. 叶朗：《中国美学史大纲》，上海人民出版社1985年版。

246. 叶朗主编：《现代美学体系》，北京大学出版社 1988 年版。

247. 叶朗主编：《中国美学通史》，江苏人民出版社 2014 年版。

248. 叶燮著，霍松林校注：《原诗》，人民文学出版社 1979 年版。

249. 于安澜编：《画论丛刊》，人民美术出版社 1989 年版。

250. 于民：《气化谐和——中国古典审美意识的独特发展》，东北师范大学出版 1990 年版。

251. 余敦康：《魏晋玄学史》，北京大学出版社 2016 年版。

252. 余英时：《中国思想传统的现代诠释》，江苏人民出版社 2003 年版。

253. 俞剑华编：《中国画论类编》，人民美术出版社 2016 年版。

254. 俞宣孟：《本体论研究》，上海人民出版社 2012 年版。

255. 俞樟华、胡吉省：《桐城派编年》，人民文学出版社 2015 年版。

256. 虞世南撰，胡洪军、胡遐辑注：《虞世南诗文集》，浙江古籍出版社 2012 年版。

257. 郁沅、倪进：《感应美学》，文化艺术出版社 2001 年版。

258. 郁沅：《心物感应与情景交融》，百花洲文艺出版社 2006 年版。

259. 袁济喜：《六朝美学》，北京大学出版社 1999 年版。

260. 袁济喜：《中国古代文论精神》，山西教育出版社 2005 年版。

261. 袁济喜：《和：审美思想之维》，百花洲文艺出版社 2009 年版。

262. 袁济喜：《兴：艺术生命的激活》，百花洲文艺出版社 2009 年版。

263. 袁枚著，周本淳标校：《小仓山房诗文集》，上海古籍出版社 1988 年版。

264. 袁中道著，钱伯城点校：《珂雪斋集》，上海古籍出版社 1989 年版。

265. 詹福瑞：《论经典》，人民文学出版社2015年版。

266. 詹福瑞：《中古文学理论范畴》，中华书局2005年版。

267. 张伯伟撰：《全唐五代诗格汇考》，凤凰出版社2002年版。

268. 张璁著，张宪文校注：《张璁集》，上海社会科学院出版社2003年版。

269. 张岱年主编：《中国哲学大辞典》，上海辞书出版社2014年版。

270. 张岱年：《中国古典哲学概念范畴要论》，中华书局2017年版。

271. 张岱年：《中国哲学大纲》，中华书局2017年版。

272. 张海明：《经与纬的交结：中国古代文艺美学范畴论要》，陕西人民教育出版社2006年版。

273. 张皓：《中国古代艺术理论论纲》，华中师范大学出版社1996年版。

274. 张皓：《中国美学范畴与传统文化》，湖北教育出版社1996年版。

275. 张建业主编：《李贽全集注》，社会科学文献出版社2010年版。

276. 张晶：《美学的延展》，商务印书馆2006年版。

277. 张晶：《神思·艺术的精灵》，百花洲文艺出版社2006年版。

278. 张荣翼：《阐释的魅力》，重庆出版社2001年版。

279. 张荣翼、李松：《文学史哲学》，武汉大学出版社2014年版。

280. 张祥龙：《海德格尔思想与中国天道——终极视域的开启与交融》，生活·读书·新知三联书店2007年版。

281. 张彦远撰：《历代名画记》，浙江人民美术出版社2011年版。

282. 张义宾：《中国古达气论文艺观》，山西人民出版社2003年版。

283. 张寅彭选辑，吴忱、杨焄点校：《清诗话三编》，上海古籍出版社2014年版。

284. 章学诚著，叶瑛校注：《文史通义校注》，中华书局1985

年版。

285. 赵建军：《魏晋南北朝美学范畴史》，齐鲁书社 2011 年版。

286. 赵建章：《桐城派文学思想研究》，北京图书馆出版社 2003 年版。

287. 赵孟頫著，任道斌校点：《赵孟頫集》，浙江古籍出版社 1986 年版。

288. 赵强：《"物"的崛起：前现代晚期中国审美风尚的变迁》，商务印书馆 2016 年版。

289. 赵树功、詹福瑞：《论寄》，人民文学出版社 2010 年版。

290. 赵树功：《气与中国文学理论体系构建》，人民出版社 2012 年版。

291. 钟嵘著，曹旭集注：《诗品集注》，上海古籍出版社 1994 年版。

292. 周敦颐著，陈克明点校：《周敦颐集》，中华书局 1990 年版。

293. 周来祥：《论中国古典美学》，齐鲁书社 1987 年版。

294. 周裕锴：《中国古代阐释学研究》，上海人民出版社 2003 年版。

295. 周祖譔编选：《隋唐五代文论选》，人民文学出版社 1990 年版。

296. 朱景玄著，吴企明校注：《唐朝名画录校注》，黄山书社 2016 年版。

297. 朱良志：《大音希声——妙悟的审美考察》，百花洲文艺出版社 2005 年版。

298. 朱良志：《中国艺术的生命精神》，安徽教育出版社 2006 年版。

299. 朱志荣：《中国审美理论》，上海人民出版社 2013 年版。

300. 宗白华：《美学散步》，上海人民出版社 1981 年版。

二、译著

1. [意]安贝托·艾柯等：《诠释与过度诠释》，王宇根译，生活·读书·新知三联书店 2005 年版。

2. [美]本杰明·史华兹：《古代中国的思想世界》，程钢译，江苏人民出版社2004年版。

3.［美］不列颠百科全书出版公司编：《西方大观念》，陈嘉映等译，华夏出版社2008年版。

4.［法］蒂费纳·萨莫瓦约：《互文性研究》，邵炜译，天津人民出版社2003年版。

5.［德］恩斯特·卡西尔：《人论》，甘阳译，上海译文出版社1985年版。

6.［德］恩斯特·卡西尔：《语言与神话》，于晓等译，生活·读书·新知三联书店1988年版。

7.［德］威廉·冯·洪堡特：《论人类语言结构的差异及其对人类精神发展的影响》，姚小平译，商务印书馆1999年版。

8.［德］海德格尔：《荷尔德林诗的阐释》，孙周兴译，商务印书馆2000年版。

9.［德］海德格尔：《在通向语言的途中》，孙周兴译，商务印书馆2004年版。

10.［德］海德格尔：《林中路》，孙周兴译，商务印书馆2015年版。

11.［德］汉斯-格奥尔格·伽达默尔：《真理与方法——哲学诠释学的基本特征》，洪汉鼎译，上海译文出版社2004年版。

12.［德］黑格尔：《历史哲学》，王造时译，上海书店出版社1957年版。

13.［美］H. 加登纳：《艺术与人的发展》，兰金仁译，光明日报出版社1988年版。

14.［德］卡尔·曼海姆：《意识形态与乌托邦》，黎鸣、李书崇译，商务印书馆2000年版。

15.［美］克利福德·格尔茨：《文化的解释》，韩莉译，译林出版社1999年版。

16.［法］列维-布留尔：《原始思维》，丁由译，商务印书馆1981年版。

17. [美]鲁道夫·阿恩海姆:《艺术与视知觉》，滕守尧、朱疆源译，四川人民出版社1998年版。

18. [英]雷蒙·威廉斯:《关键词：文化与社会的词汇》，刘建基译，生活·读书·新知三联书店2016年版。

19. [美]库恩:《科学革命的结构》，李宝恒、纪树立译，上海科学技术出版社1998年版。

20. [法]米歇尔·福柯:《词与物：人文科学考古学》，莫伟民译，上海三联书店2001年版。

21. [瑞士]皮亚杰:《发生认识论原理》，王宪钿等译，商务印书馆2009年版。

22. [美]苏珊·朗格:《艺术问题》，滕守尧、朱疆源译，中国社会科学出版社1983年版。

23. [美]苏珊·朗格:《情感与形式》，刘大基等译，中国社会科学出版社1986年版。

24. [英]泰勒:《原始文化》，连树声译，上海文艺出版社1992年版。

25. [意]维柯:《新科学》，朱光潜译，商务印书馆1989年版。

26. [日]小野泽精一、福永光司、山井涌编:《气的思想——中国自然观和人的观念的发展》，李庆译，上海人民出版社1990年版。

27. [波兰]英伽登:《对文学的艺术作品的认识》，陈燕谷等译，中国文联出版公司1988年版。

28. [德]雅斯贝斯:《生存哲学》，王玖兴译，上海译文出版社2005年版。

29. [德]伊泽尔:《审美过程研究——阅读活动：审美响应理论》，霍桂桓、李宝彦译，中国人民大学出版社1988年版。

30. [美]宇文所安:《中国文论：英译与评论》，王柏华、陶庆梅译，上海社会科学院出版社2003年版。

三、论文

1. 曾祖荫：《“文以气为主”向“文以意为主”的转化——兼论中国古代艺术范畴及其体系的本性》，《华中师范大学学报》2001 年第 6 期。

2. 畅广元：《文气论的当代价值》，《陕西师范大学学报》1997 年第 1 期。

3. 陈池瑜：《象、意、形、神：中国美术批评的基本范畴》，《三峡大学学报》2005 年第 1 期。

4. 陈池瑜：《象、意、形、神范畴在中国美术批评中的运用》，《南京艺术学院学报》2005 年第 3 期。

5. 陈少松：《“因声求气”说与古诗文吟诵》，《南京师大学报》1994 年第 4 期。

6. 陈良运：《论中国古代文论中的“神”》，《上海社会科学院学术季刊》1988 年第 4 期。

7. 陈守富：《文气与“人气”析》，《四川大学学报》1987 年第 1 期。

8. 陈晓虎：《魏晋时期人物品藻与形神范畴论——由〈世说新语〉发探析形神范畴发展趋向》，《首都师范大学学报》2012 年第 1 期。

9. 陈引驰：《“文”学的声音：古代文章与文章学中声音问题略说》，《文艺理论研究》2012 年第 5 期。

10. 成复旺：《自然、生命与文艺之道——对中国古代文论中“道艺论”的考察》，《求索》2003 年第 1 期。

11. 党圣元：《中国传统文学批评中的“体认”功夫论》，《学术研究》2016 年第 10 期。

12. 党圣元：《体貌与文相》，《贵州社会科学》2016 年第 12 期。

13. 党圣元：《中西文论中“神思”与“想象”的比较及会通》，《探索与争鸣》2017 年第 1 期。

14. 党圣元：《〈周易〉阴阳学说与“和合”美学观》，《陕西师范大学学报》2017 年第 5 期。

15. 党圣元：《“气”与建安文学》，《贵州社会科学》2018年第5期。

16. 董乃斌：《郭绍虞先生中国文学批评史研究的成就与贡献》，《文学遗产》1992年第1期。

17. 杜胜利：《试以系统论解析中国传统文化中的形、神范畴》，《山西大学师范学院学报》2000年第3期。

18. 樊波：《气论与书法审美的三个维度》，《美术学研究》第5辑，东南大学出版社2016年版。

19. 方英敏：《以气论身：身体构成论——先秦身体哲学的一个核心命题》，《中华文化论坛》2013年第4期。

20. 冯天瑜：《治学三门径：义理、考据、辞章》，《人文杂志》2018年第4期。

21. 高文强：《老子“妙”范畴之哲学内涵及其文论意蕴》，《江淮论坛》2010年第1期。

22. 高文强：《老子“味”范畴之哲学内涵及其文论意蕴》，《华中学术》2009年第1期。

23. 高文强：《“自然”：作为道家文化关键词之生成、流变及影响》，《理论与当代》2014年第5期。

24. 高文强：《真理与方法：古代文论现代研究再反思》，《中国社会科学院研究生院学报》2016年第1期。

25. 高文强、王婧：《传统“遗忘”理论对当代文艺创新的启示》，《中国文艺评论》2017年第10期。

26. 何睿洁：《张载哲学“神”范畴析略》，《陕西师范大学学报》2006年第3期。

27. 侯文宜：《文气说辨——从郭绍虞〈文气的辨析〉的局限说起》，《文学评论》2010年第5期。

28. 侯文宜：《中国文气论批评话语的价值与重构》，《晋阳学刊》2012年第2期。

29. 侯文宜：《王夫之“神理”说诗论及批评实践考》，《中国文学批评》2018 年第 4 期。

30. 胡红梅：《元气・体气・文气——跨学科视域下中国文化关键词“气”研究》，武汉大学 2014 年博士学位论文。

31. 胡立新：《中国文论及文化关键词“虚静”论纲》，武汉大学 2016 年博士学位论文。

32. 胡玉敏：《雄浑之勃发，万象之神气——论盛唐时期的书法艺术之美》，《书法赏评》2015 年第 6 期。

33. 黄保罗、李建中：《关键词研究的理论模型与实践路径——跨文化视域下文化关键词研究的学术对话》，《长江学术》2018 年第 4 期。

34. 黄生勇、张世华：《中国传统养生思想的基本内容之探究》，《西安外国语学院学报》1996 年第 1 期。

35. 蒋书琴：《浅谈古典舞美学之形、神、气、韵》，《艺术评鉴》2017 年第 10 期。

36. 蒋寅：《至法无法：中国诗学的技巧观》，《文艺研究》2000 年第 6 期。

37. 金丽：《先秦诸子与〈黄帝内经〉“神气”术语的研究》，北京中医药大学 2006 年博士学位论文。

38. 李春青：《浅谈中西文论关键词比较的意义与方法》，《文艺争鸣》2017 年第 1 期。

39. 李春青：《在“体认”与“默会”之间——论中西文论思维方式的差异与趋同》，《社会科学战线》2017 年第 1 期。

40. 李国新：《论谢榛〈四溟诗话〉的“诗三要”》，《中国矿业大学学报》2012 年第 1 期。

41. 李宏图：《概念史与历史的选择》，《史学理论研究》2012 年第 1 期。

42. 李建中、陈硕：《中华审美文化的四个元关键词》，《江西师范大学学报》2017 年第 1 期。

43. 李建中、胡红梅：《关键词研究：困境与出路》，《长江学术》

2014年第2期。

44. 李建中、李远：《放逐与重塑：论“力”与文学的关系》，《江汉论坛》2019年第1期。

45. 李建中、孙盼盼：《“艺”与Art：中西艺术观念的比较及会通》，《江西师范大学学报》2019年第1期。

46. 李建中、孙盼盼：《文章与literature：中西文论如何言说“文学”》，《学术研究》2017年第5期。

47. 李建中、袁劲：《先秦两汉“道术”批评与学术跨界》，《社会科学》2016年第8期。

48. 李建中、朱晓骢：《大学：中西通识与古今通义》，《华中师范大学学报》2018年第2期。

49. 李建中：《汉语“文学”的字生性特征》，《江海学刊》2018年第2期。

50. 李建中：《键闭与开启：中国文论的关键词阐释法》，《甘肃社会科学》2016年第1期。

51. 李建中：《前学科与后现代：关键词研究的前世今生》，《长江学术》2015年第4期。

52. 李建中：《文化关键词研究的实践品质》，《文化发展论丛》2018年第1期。

53. 李建中：《原始思维与中国古代文论的诗性特征》，《文艺研究》2002年第6期。

54. 李建中：《中国文论大观念的语义根源——基于20世纪“人”系列关键词的考察》，《文艺研究》2015年第6期。

55. 李建中：《中华元典关键词的原创意蕴与现代价值——基于词根性、坐标性和转义性的语义考察》，《江海学刊》2014年第2期。

56. 李天道：《“神”：杜甫诗论中的重要美学范畴》，《绵阳师范学院学报》2009年第1期。

57. 李颖：《论中国古典音乐思想之生命精神》，《飞天》2010年第

16 期。

58. 梁敦睦：《〈画云台山记〉句读考释辨》，《美术研究》1991 年第 4 期。

59. 刘此丁：《杜甫论“神”“气”——读杜笔记》，《内蒙古大学学报》1978 年第 1 期。

60. 刘昊：《气论视野下的性善论重构——基于王船山“生”的思想之考察》，《杭州师范大学学报》2017 年第 1 期。

61. 刘金波：《礼以节情，乐以发和：〈礼记〉文论关键词研究》，武汉大学 2009 年博士学位论文。

62. 刘金波：《论作为“方法的理论”的文化关键词研究——基于问题意识的思考》，《湖北大学学报》2018 年第 6 期。

63. 刘金波：《文化关键词研究的通变方法论》，《湖北民族学院学报》2018 年第 6 期。

64. 刘艳芬：《试析佛教“神”范畴对六朝诗学的影响》，《青海社会科学》2009 年第 5 期。

65. 刘燕平、涂维民：《论中国古代音乐美学范畴中的情与理、形与神》，《江西师范大学学报》2000 年第 3 期。

66. 柳春蕊：《神、理、声、色——姚鼐的诗歌体性论》，《北京大学学报》2004 年第 4 期。

67. 柳倩月：《“神”意象：一个文学的文化批评范畴的提出——中国古典文学“神”意象研究论纲之一》，《黑龙江社会科学》2004 年第 3 期。

68. 龙洲：《“工艺形气神论”在工艺美术与装饰艺术对比研究中的运用》，《美术观察》2017 年第 2 期。

69. 楼宇烈：《中国文化的道与艺——由艺臻道，以道统艺》，《学术交流》2014 年第 10 期。

70. 卢盛江：《殷璠“神来、气来、情来”论——唐诗文术论的一个问题》，《东方论坛》2006 年第 5 期。

71. 马洁：《“观”之观——〈周易〉中的文论关键词“观”之研究》，武汉大学 2007 年博士学位论文。

72. 梅向东：《“因声求气”：桐城派的诵读之学》，《安庆师范学院学报》2010 年第 11 期。

73. 牛月明：《中国文论话语的元范畴臆探》，《文史哲》2001 年第 3 期。

74. 潘链钰、李建中：《“经”“文”视阈下的中国文论话语范式研究》，《华侨大学学报》2016 年第 5 期。

75. 蒲震元：《从范畴研究到体系研究》，《文艺研究》1997 年第 2 期。

76. 蒲震元：《“人化”批评与“泛宇宙生命化”批评——中国传统艺术批评模式中的两种重要批评形态》，《文学评论》2006 年第 5 期。

77. 齐海英：《“气”——中国古代美学的元范畴》，《社会科学辑刊》2004 年第 3 期。

78. 钱锺书：《中国固有的文学批评的一个特点》，《文学杂志》1937 年第 4 期。

79. 饶龙隼：《两汉气感取象论》，《文学评论》2006 年第 4 期。

80. 任蜜林：《从本体论到工夫论：董仲舒的气论思想》，《中国社会科学院研究生院学报》2017 年第 4 期。

81. 宋文雯：《“法度”与“神气”影响下的蔡襄书法》，《美术大观》2016 年第 5 期。

82. 孙焘：《“文”、“物”、“象”与华夏艺术的人文源头》，《船山学刊》2011 年第 2 期。

83. 涂光社：《论〈庄子〉的“适”与“迹”——庄子自然论范畴的诠释》，《沈阳师范大学学报》2004 年第 5 期。

84. 涂维民：《中国古代音乐美学范畴中的情与理、形与神》，《南昌高专学报》1988 年第 4 期。

85. 王红：《“心见”与“眼见”——中国古典绘画艺术的抽象美与西

方古典艺术的理性美之比较》，《江西社会科学》2004 年第 11 期。

86. 王立：《“神”“气”辨——〈文心雕龙〉之〈神思〉〈养气〉管窥》，《北京科技大学学报》2009 年第 3 期。

87. 王米渠：《〈内经〉“神”的范畴探讨》，《湖北中医杂志》1985 年第 3 期。

88. 王新勇：《“神理”范畴的审美现象学观照(本体论)——自然性、铺叙性与“过程”的“整体显现”》，《湖北民族学院学报》2002 年第 6 期。

89. 王新勇：《神理范畴的审美现象学观照(创作论)——随物赋形、返朴归真与“回归事物本身”》，《湖北民族学院学报》2007 年第 1 期。

90. 王新勇：《神理范畴的审美现象学观照(审美论)——“体用一源”、“置心物中”与“诗意地栖居”》，《湖北民族学院学报》2008 年第 1 期。

91. 王岳川：《当代美学核心：艺术本体论》，《文学评论》1989 年第 5 期。

92. 王云熙：《古代文论中的文气说》，《文史知识》1984 年第 4 期。

93. 王振复：《诗性与思性：中国美学范畴史的时空结构》，《学习与探索》2006 年第 1 期。

94. 王振复：《中国美学范畴史研究的一点思路》，《上海大学学报》2006 年第 2 期。

95. 吴承学：《生命之喻：论中国古代关于文学艺术人化的批评》，《文学评论》1994 年第 1 期。

96. 吴孟复：《简论神理气味与格律声色》，《江淮论坛》1985 年第 6 期。

97. 夏静：《对待立义与中国文论话语形态的建构》，《文学评论》2010 年第 6 期。

98. 夏静：《“中和”思想流变及其文论意蕴》，《文学评论》2007 年第 3 期。

99. 夏静：《文学思想史的“加法”与“减法”》，《首都师范大学学报》2015 年第 5 期。

100. 夏静：《“顺着说”与“倒着说”：传统文学思想史研究中的学术自信问题》，《人文杂志》2017 年第 11 期。

101. 徐杰：《刘大櫆“神气、音节、字句”说研究》，四川师范大学 2009 年硕士学位论文。

102. 薛显超：《中国古典美学“神”范畴研究》，中国社会科学院研究生院 2012 年博士学位论文。

103. 严平：《说不可说：庄子道言悖论和中国文论的诗性言说》，武汉大学 2007 年博士学位论文。

104. 杨建刚：《陌生化理论的旅行与变异》，《江海学刊》2012 年第 4 期。

105. 杨瑞芳：《刘大櫆“神气—音节—字句”说探要》，内蒙古师范大学 2011 年硕士学位论文。

106. 杨星映：《论中国古代美学元范畴“气”》，《中国文学批评》2017 年第 1 期。

107. 叶朗：《美在意象——美学基本原理提要》，《北京大学学报》2009 年第 3 期。

108. 易加义：《论管乐吹奏中的“精、气、神”》，《音乐探索》1987 年第 3 期。

109. 于唯德：《宋蔡忠惠公书艺书学举要及其现实意义》，《西北大学学报》2003 年第 3 期。

110. 于晓强：《〈黄帝内经〉“神”理论发生学研究》，山东中医药大学 2012 年博士学位论文。

111. 余立勋：《刘大櫆诗歌的“神气”》，湘潭大学 2018 年硕士学位论文。

112. 郁沅：《桐城派美学理论中的“神气”说》，《江淮论坛》1982 年第 6 期。

113. 袁济喜：《“夫导达意气，其惟文乎”——魏晋南北朝的审美动力说》，《齐鲁学刊》1994 年第 6 期。

114. 袁济喜：《神会与妙悟——中国古代文论中的鉴赏心理学范畴》，《宝鸡文理学院学报》2001 年第 4 期。

115. 袁济喜：《从古代文论的“气感说”看文艺的生命激活》，《中国人民大学学报》2004 年第 5 期。

116. 袁济喜：《从“神感说”探讨古代文论的“神思说”》，《厦门大学学报》2005 年第 1 期。

117. 袁劲：《中国文化关键词“怨”的审美生成》，武汉大学 2017 年博士学位论文。

118. 张迪平：《桐城派美学思想研究——以“自然、义法、神气、境界”为例》，扬州大学 2016 年博士学位论文。

119. 张建军：《气・骨・神・韵——中国书画中的精神性范畴》，《艺术百家》2014 年第 5 期。

120. 张晶：《“凡象，皆气也”——诗学意象观念与气论哲学》，《社会科学辑刊》2007 年第 6 期。

121. 张晶：《中国美学中的宇宙生命感及空间感》，《社会科学辑刊》2010 年第 2 期。

122. 张晶：《〈文心雕龙・养气〉篇赞语的美学意义》，《安徽大学学报》2017 年第 5 期。

123. 张晓东：《论“神”“气”——兼及中国书法审美》，《中国艺术时空》2018 年第 1 期。

124. 张毅：《尚“气”、明“志”和凝于“神”——论韩、柳“古文”理论的实践品格》，《南开学报》2003 年第 3 期。

125. 赵华：《〈文心雕龙〉“化感”的内涵及其表达的理念》，《古代文学理论研究》第 42 辑，华东师范大学出版社 2016 年版。

126. 赵建军：《论魏晋“气”范畴的美学蕴涵》，《常熟理工学院学报》2005 年第 1 期。

127. 赵建章、赵迎芳：《魏晋南北朝美学“形”“神”范畴的语法分析》，《山东社会科学》2017 年第 7 期。

128. 郑兴中：《从“以气论圣”到“以心论圣”——从韩愈、李翱圣人观异同说》，《延安大学学报》2015 年第 1 期。

129. 朱良志：《中国艺术观念中的“幻”学说》，《北京大学学报》2009 年第 6 期。

130. 朱志荣：《意象创构中的感物动情论》，《天津社会科学》2016 年第 5 期。

后　记

本书是根据我的博士毕业论文改写的，以“神”为题，窥探中国文化的幽情壮采。论文稿完成于 2019 年 5 月，修订稿完成于 2020 年 1 月。对自己而言，完成博士毕业论文，从事中国古代文论研究，从“困惑”到“解惑”的转变，既是终点也是起点；从“否定”到“肯定”的转变，既是目标也是体验。

感谢珞珈山、东湖水所馈赠的美妙际遇，让我学会做人、做事、做学问，并由衷地感受到一种浪漫而质朴、自由而包容的武大情怀。在这一片山水中，文渗于景，景彰于文，求学于此，实乃幸事。

最应感谢的是李师建中先生，承蒙先生不弃，允我以列弟子门墙，进入中国文论关键词领域的学习。在武大读书期间，我于学业和生活上的种种转变，皆得益于李师的教导。无论是立身处世的原则，还是读书治学的方法，抑或待人接物的方式，李师都循循善诱、悉心指导，毫无保留地传授自己的人生经验。入门以来，我得到的不只是为学之道，还有为师之道、为人之道，人情的温馨和人格的魅力。感谢李师的“点火”“筑梦”“陪练”，使我得以品尝独立思考、精神自由的欢愉，得以坚定正直为人、严谨为学的信念。李师告诫我说：“写文章，要用材料说话(无一字无来历)，要实实在在(忌高蹈，忌空泛，忌飘浮，忌漫无边际)。”无论我走到哪里，都会牢记李师的教诲，行文如此，做人亦如此。

这份书稿的改写，是在中国社会科学院外国文学研究所跟随党圣元老师从事博士后研究期间完成的。自进站以来，工作之余，我时常想起在珞珈山的读书生活，怀念春日樱花的烂漫，怀念夏日鉴湖的清凉，怀念秋天梧桐的明艳，怀念冬季梅花的傲然。在博士论文开题、答辩过程中，王先霈、胡亚敏、张永清、曹建国、冯黎明、高文强、李松等老师给予我诸多鼓励和建议。我已用心领会，并在书稿中予以落实。在博士论文修订、扩充过程中，胡经之、陈良运、袁济喜、夏静、赵树功、侯文宜等老师的研究成果及经验，给我以深深地启发，对书稿的最终完成起到了重要作用。

自读书以来，自己有幸结识了一群优秀的同门好友。特别感谢袁劲师兄，他当之无愧是师门的“好师兄”，给我们这些师弟师妹们树立了一个好的榜样。在学业和生活上，他给了我许多宝贵建议及无私帮助，将自己的处事经验和治学经验分享给我，使我少走很多弯路。每每打扰师兄，自己过意不去，流露感激之意时，他总是会像李师一样打断我，说同门之间不必如此客套。这一份情谊，我将永远铭记于心。感谢同门殷昊翔、朱晓骢、李远的支持和鼓励，在学习和生活上惠我甚多。每当自己遇到困惑或不解时，齐凯、胡玉尺、郭东阳、朱克理等诸位学友，总能给我以安慰和劝告。在此致以诚挚的感谢！

本书能被纳入李师主编的“中华字文化大系”丛书，对我来说，既是一种鼓励，也是一种鞭策。由于时间仓促，选题较大，范围较广，一些问题未及充分思考和有效展开，有待于后续努力。我会以此书稿为基础，积极申报国家社科基金项目，进行深入的论证与研究。

最后感谢我的家人，辛勤付出的爸爸、妈妈，是他们的关心和支持，让我安心在外求学。也正是他们的鼓励和宽容，让我在陷入迷茫与低落时不至于迷失方向，始终感受到家庭的温暖、亲情的力量。

孙盼盼

2020 年 1 月于北京建国门